上海抗战与世界反法西斯战争系列丛书

淞沪

淞沪抗战史料丛书续编 Ⅰ

第六辑

上海抗战全史（第二编） | 憾庐 编

上海科学技术文献出版社
Shanghai Scientific and Technological Literature Press

图书在版编目（CIP）数据

淞沪抗战史料丛书续编．第六辑／憾庐编．—上海：上海科学技术文献出版社，2017

ISBN 978-7-5439-7259-9

Ⅰ．①淞… Ⅱ．①憾… Ⅲ．①一·二八事变—史料 Ⅳ．①K264.310.6

中国版本图书馆 CIP 数据核字 (2016) 第 302814 号

本书由上海市哲学社会科学规划课题资助出版

责任编辑：张 树 李 莺 王倍倍
封面设计：周 婧

丛书名：上海抗战与世界反法西斯战争系列丛书
书　名：淞沪抗战史料丛书续编第六辑：上海抗战全史（第二编）
憾 庐 编
出版发行：上海科学技术文献出版社
地　　址：上海市长乐路 746 号
邮政编码：200040
经　　销：全国新华书店
印　　刷：虎彩印艺股份有限公司
开　　本：889×1194　1/32
印　　张：11.625
版　　次：2017 年 3 月第 1 版　2017 年 3 月第 1 次印刷
书　　号：ISBN 978-7-5439-7259-9
定　　价：98.00 元
http://www.sstlp.com

《上海抗战与世界反法西斯战争》系列丛书总序

徐　麟

伟大的中国抗日战争，是近代中国人民反对帝国主义侵略并且取得第一次完全胜利的民族解放战争，是开展时间最早、持续时间最长的世界反法西斯战争东方主战场。在这场历经十四年之久的抗日战争中，中国各族各界人民同仇敌忾、共赴国难，经过艰苦卓绝的浴血奋战，以巨大的民族牺牲，打败了穷凶极恶的日本法西斯侵略者，取得了辉煌的胜利。正如习近平总书记所指出的，中国抗日战争“为拯救民族危亡、实现民族独立和人民解放，为争取世界和平的伟大事业，作出了彪炳史册的贡献”。中国抗日战争是在中国共产党倡导的以国共合作为基础的抗日民族统一战线旗帜下进行和取得胜利的。以爱国主义为核心的伟大民族精神是中国抗日战争胜利的决定因素，中国共产党的中流砥柱作用是中国抗日战争胜利的根本保证，全民族抗战是中国抗日战争胜利的重要法宝。

上海抗战是中国抗日战争的重要组成部分。在中国抗日战争与世界反法西斯战争中，作为中国共产党的诞生地，上海这座具有反帝反封建光荣革命传统的英雄城市，发挥了独特的重要作用，作出了重大的历史性贡献。

20世纪三四十年代，上海这座国际性的大都市，已经成为中国与世界各国通商贸易的主要港口，成为中国经济、文化中心和政治、外交副中心。同时，上海又是当时中国最大的军港和守卫长江的大门，具有重要的军事战略地位，因而始终成为日本法西斯军国主义觊觎的一个战略要地。1931年九一八事变后，日本法西斯军国主义进而在上海挑起了一·二八事变，发动了对淞沪地区的武装侵略，驻守上海的十九路军和前来增援的第五军与上海人民奋起抵抗，给予日本侵略者以沉重一击，成为中国局部抗战历史进程中承前启后的关键性一役。九一八和一·二八时期的抗日武装斗争和民众抗日救亡运动，在世界上率先举起了反法西斯的旗帜，揭开了中国抗日战争和世界反法西斯战争的序幕。1937年七七事变后仅一个月余，日本法西斯军国主义又把侵略魔爪伸向上海，遭到中国爱国军民的顽强抵抗，形成了以上海为中心的一场气壮山河、震惊中外的八一三淞沪抗战。七七卢沟桥事变和八一三淞沪会战，标志着日本法西斯军国主义全面侵华战争的开始。在中国共产党的积极倡导和推动下，抗日民族统一战线正式形成，揭开了中国全民族全面抗战的序幕，也标志着世界反法西斯的第二次世界大战在亚洲的东方战场正式形成。在八一三淞沪抗战历时一百多天的日日夜夜，中国军队和上海人民以其鲜血和生命，筑成了一座民族自卫的血肉长城，谱写了一曲民族团结、共御外敌的壮丽史诗。上海沦陷后，上海民众在全国人民和全世界爱好和平的各国人民的声援、支持下，面对极其艰辛险恶的环境，仍然以大无畏的英雄气概，坚定不移地继续投身于全民族抗战的洪流，对日伪的法西斯统治进行不屈不挠的斗争。中国共产党始终高举抗日民族统一战线的伟大旗帜，发动民众，团结上海各界人士，从人力、物力、财力等方面支持抗日民主根据地和抗战大后方的斗争，冒着腥风血雨，迎接抗日战争的最后胜利。

两次淞沪抗战及上海民众在十四年中不间断的抗日救亡运动，构成了一幅幅上海抗战英勇悲壮的画卷，也铸就了上海在中国抗日战争和世界反法西斯战争中的重要历史地位：上海不仅是中国对日作战的一个坚强的军事战略重镇，也是中国抗日救亡运动的前期中心和中国抗战文化的发源地；不仅是支援抗战大后方和抗日民主根据地的重要基地，也是世界反战反法西斯人士和中外难民的庇护所，是世界反法西斯舆论战、情报战的东方主要阵地，又是中国联系国际反法西斯阵营的纽带和桥梁。更为重要的是，上海抗日战争凸显了其重要的历史意义：它在外敌入侵、民族危亡的关键时刻，全面地、全方位地弘扬了以爱国主义为核心的民族精神，折射了中华民族有同侵略者血战到底的气概、有在自力更生的基础上光复旧物的决心，有自立于世界民族之林的能力，上海抗日战争在中国抗日战争和世界反法西斯战争历史上树立了一座永不磨灭的丰碑。

今年是中国抗日战争暨世界反法西斯战争胜利七十周年。在中共上海市委的领导和支持下，上海学术界和理论界，经过多年的努力，联合推出了《上海抗战与世界反法西斯战争》系列丛书。这套系列丛书分为三个子系列，**一是上海抗日战争史丛书**，内中包括上海抗战史通论、一·二八淞沪抗战、八一三淞沪抗战、日军在上海的罪行与统治、上海人民抗日救亡运动、上海郊县抗日武装斗争、上海人民支援新四军与抗日根据地、抗战时期的上海经济、抗战时期的上海文化、上海抗战与国际援助等；**二是淞沪抗战史料丛书**，选辑和汇集民国时期有关上海抗战的具有代表性的通讯、纪实、回忆录及报告文学等鲜为人知的孤本、藏本影印重版。**三是上海抗战与世界反法西斯战争研究丛书**，其中包括：资料性著作：如记忆中的淞沪抗战、淞沪抗战中文报刊资料选编、淞沪抗战档案史料选编、上海抗战历史文献选编等；专题性著作：如中国共产党与上海抗战、当代学者论淞沪抗战、国外学者论淞沪抗战、一·二八淞沪抗战画史、八一三淞沪抗战画史等；工具性著作：如上海抗战与世界反法西斯战争大事年表、上海抗战与世界反法西斯战争事件人物录等；通论性著作：在上述论著的基础上完成一部通论性著作，即上海抗战与世界反法西斯战争全史。这三个子系列丛书各有千秋、各具特色，在集结出版后，更能起到互相参照、取长补短的作用。可以说，这套系列丛书是上海学术界和理论界研究上海抗日战争和世界反法西斯战争的一项重大的学术成果，是对上海抗日战争史研究的一个重要总结和一次集中展示，也是向中国抗日战争暨世界反法西斯战争胜利七十周年献上的一份厚礼！

“疑今者，察之古；不知来者，视之往”。历史是最好的教科书。《上海抗战与世界反法西斯战争》系列丛书的出版发行，更是为了向社会提供一部能够弘扬时代正能量、培育与践行社会主义核心价值观的好教材。让我们站在新的历史起点上，进一步铭记历史、缅怀先烈、珍视和平、警示未来，为实现中华民族伟大复兴而奋斗，为促进世界的和平和发展作出我们应有的贡献。

出版说明

《淞沪抗战史料》丛书续编充分利用南京图书馆馆藏资源，将已见或未见的关于淞沪抗战史料以影印的形式出版，内容涵盖两次淞沪抗战，即一·二八淞沪抗战和八一三淞沪抗战，力求比较全面、翔实和生动地反映淞沪抗战的全貌。

两次淞沪抗战，是中国人民伟大的抗日民族解放战争的重要组成部分，特别是八一三淞沪抗战是在中国共产党的抗日民族统一战线政策的指引下，以国共两党的合作为中心，全国各爱国党派团体、中央和地方各系抗日军队、各界爱国民众以及海内外侨胞，在抗日御海、共赴国难的基础上发动和进行的，堪称民族自卫战争史上的伟业。它体现了中国人民血洒战场、拼死抗战的决心和民族团结精神。在抗战胜利70周年之际，阅读这些史料，重温那段中华民族优秀儿女面对强敌、誓死抗争的精神，就是最好的爱国主义教育。两次淞沪抗战展示了中华民族奋起改变自己国家命运的伟大信念，爱国主义激发出全体中国人民的巨大力量，这种信念和力量，在今天仍然弥足珍贵，令人心怀激荡。两次淞沪抗战中那些大气磅礴、气壮山河的史诗故事，均在本套丛书资料中有翔实的记录和质朴的史料作为佐证。

由于各种原因，原书中存在着印刷错误，而且有些细节也与史实不符，对书中的一些观点我们也不完全赞同，为了给读者提供最原始的抗战史料，对上述问题未做任何处理，希望读者能够给予理解。

编者

2016年9月

目录

上海抗戰全史

第二編

中華民國二十六年九月份

憾廬編輯

弁　言

茲編繼八月份而述抗戰經過史實，益以前編存稿之國際關係，戰時外交，與世界輿論等合本月份而一併敘述之。此外，以滬報評論頗有為國人所欲覩者戰時交通不便遠處不及見之故，選取十餘篇以為我輿論之代表。（選錄以日報為限，不及定期刊物，以日報不易保存而期刊每有合訂本也。）是編材料較前編增多三之一，雖滬報評論及特寫以新五號字排印，而篇幅仍多出十之二。至於經濟概況，救國公債，救護事業等，因篇幅故未能列入，當於第三編與十月份合述之，希讀者諒焉。

憾廬——二十六，十，三十日。

目錄

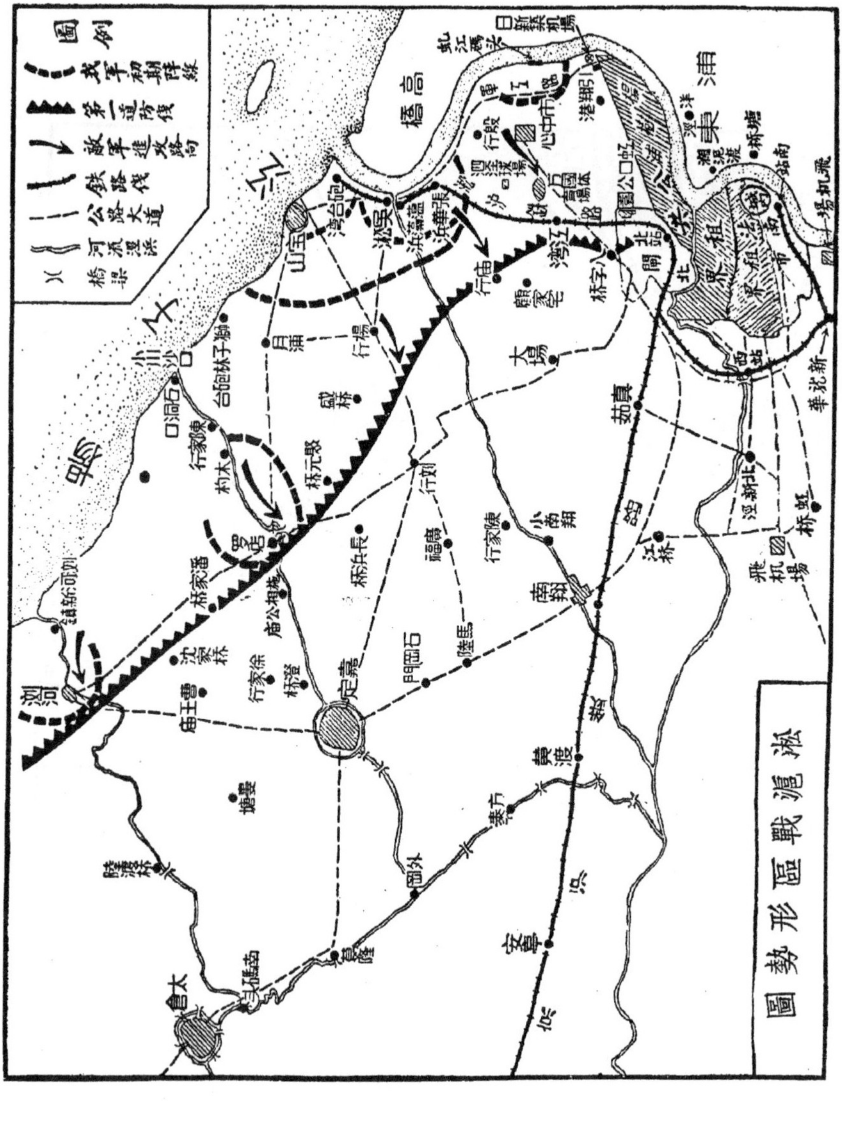
淞滬戰區形勢圖
圖例
我軍初期陣綫
第一道防线
敵軍進攻路向
鉄路线
公路大道
河流湼浜
橋梁

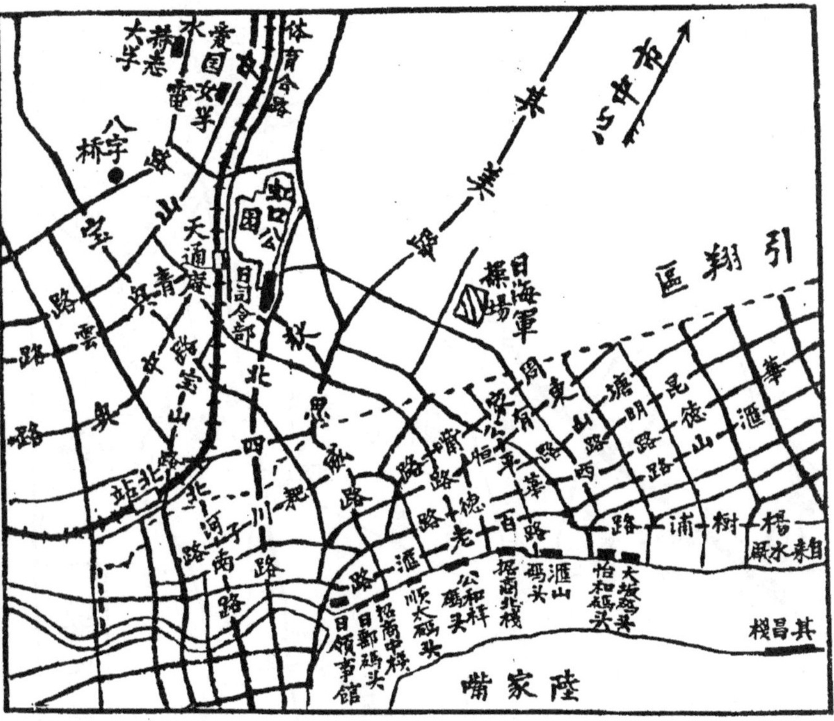

閘北虹口楊樹浦毗連戰區圖

第一章　沿江沿浦之消耗戰

九月份之戰事，可分爲前後兩期。前期自月初（實則始自上月二十日）至十三日，我軍在沿江沿浦一帶與登陸之敵抗戰，予以迎頭痛擊，目的在挫其銳氣，消耗其實力也。迨十一日，我方陸續撤退，敵人毫未覺察，至十三日晨，我軍完全撤至預定之第一道防綫。據外國軍事家觀察，早應退守此先已構築完成之防綫，然我方戰略原爲竭力防阻其登陸部隊之聯絡，痛加打擊，使不能一鼓作氣，而必須消耗其無數兵力與軍火，損失其戰鬥力量與勇氣也。至此，敵人已死傷鉅萬，高級軍官陣亡亦多，數次增援，壯氣喪失，而我戰士英勇抗戰之精神已傳佈於天下矣。於是我乃姑讓與沿岸一帶之地，退守第一道防綫，作持久之防禦戰焉。本章專敍退守前之抗戰情形，餘將於次章述之。

上月杪，敵軍登陸者爲蘊藻浜吳淞鎮，石洞口至羅店，及瀏河口等處，而爭持最烈者，一爲羅店鎮四週，一爲蘊藻浜張華浜之間。我軍對於諸處，均取包圍勢，使不能聯絡發展。雙方蓋已爭持一星期，傷亡奇重矣。

九月一日

晨一時起，吳淞方面於昨晚血戰稍息後，復展開極猛烈之血戰。

增援登陸激戰

敵增援部隊晨再在吳淞鎮登陸。敵機十餘架在上空向我陣地投彈轟炸，江心敵艦亦以大炮密集射擊。我扼守部隊，不避犧牲，向登陸敵軍，奮勇迎擊。激戰數小時，卒以該鎮近江邊，敵軍砲火過於猛烈，不得已向後稍退。

羅店我軍進展

我軍昨日克復羅店鎮，進展至鎮北里許，收復附近村莊五個後，本日復血戰竟日，已推進至曹王廟·普家廟·施相公廟一帶。該線敵軍五百餘人，被我軍擊潰。

瀏河一帶戰況

獅子林敵軍，被我軍迫至江邊後，敵軍昨晚又有援軍登陸，會合殘餘部隊，向我反攻甚烈。我軍取包圍形勢，終日在血戰中。瀏河登陸之敵軍，已被擊退至鎮北之上河邊，離江口四五里。但敵軍亦有援兵登岸，圖作困獸之鬥。

虹口楊樹浦區

楊樹浦一帶敵軍，已換由正規陸軍駐守。原駐該處之陸戰隊，則調至虹口方面駐防。今日清晨，敵軍向我春江路（魚市場附近）方面陣地攻擊，並用密集重炮掩護。我軍浴血抗戰，奮不顧身，至晨十時許，將進犯之敵軍擊退。雙方傷亡均甚重。

敵增援三師團

敵軍侵滬，迭爲我軍所挫，傷亡頗重，且爲對外視聽所係，故敵乃不惜傾其精銳，以圖一逞。日來陸續到滬及在開拔中之援軍，已達三師團之衆。計爲久留米師團之福岡旅團，差通寺師團之住島旅團，廣島師團之山口旅團，名古屋師團之靜岡旅團，金澤師團之敦賀旅團，熊本師團之鹿兒島旅團。

二日

楊樹浦虹口一帶之敵，得陸軍之援助，昨夜又向我反攻。浦中敵艦頻以重砲轟擊掩護，砲火集中於我北站方面。我方砲兵亦以大砲還擊。楊樹浦一帶，我以步槍及機關槍密集射擊，激戰至拂曉，敵終未得逞。

吳淞兩日血戰

吳淞鎮兩日來之戰事，爲滬戰以來最劇烈之一幕。昨日下午二時許，敵開始用艦隊發砲，掩護陸軍二千餘人，在吳淞鎮上陸，與昨者盤踞淞鎮外馬路之敵會合，突破我軍重圍，向我扼守部隊猛攻。同時海空兩軍，亦集中目標轟炸。我軍奮勇迎擊，搏戰至爲激烈，卒以該鎮地濱江邊，無險可守，不得已後退。敵軍卽分兵兩路：一路向砲臺灣方面推進，企圖進犯寶山；一路向月浦鎮進擾，目的在溝通至羅店之路綫。惟兩路敵軍，均被我援軍迎擊，澈夜血戰，至今晨八九時，戰況益形猛烈。進犯砲臺灣之敵，與我軍遭遇後，各以全力相爭。我軍前仆後繼，勢如潮湧，敵軍傷亡約七八百人，卒不支向吳淞鎮潰退。進犯月浦鎮之敵，亦被我軍取包圍勢堵截，敵雖奮勇突擊，終不得逞。

張華浜敵負嵎

自敵方援軍陸續登陸後，張華浜方面之敵屢次來犯，均經擊退。現敵盤踞於張華浜蘊藻浜吳淞鎮一帶鐵路綫以東，負嵎頑抗；且在該處築有長達一里之浮碼頭，以圖源源登陸。

羅店敵被痛擊

被困羅店西北隅之敵，係第六第十一兩師團之四個聯隊，及工兵第七十一聯隊。我軍一日晨向敵進迫，先後佔潘宅孟宅石橋施相公廟及長橋附近，並向前繼續推進。敵於晚十一時，曾組敢死隊五縱隊，向我反攻，冀圖奪圍而出。經我軍痛擊，敵軍創傷甚巨，殘部仍向後潰退。

三度炮擊敵軍

我浦東方面砲兵陣地，今晨拂曉，以重砲向虹口一帶之敵軍陣地轟擊。同時，我方另一迫擊砲陣地，亦開始砲擊虹口。敵方以我炮火猛烈，標的準確，受損甚鉅。日本總領署附近敵軍集中之一處，着彈頗多。旋我砲兵又於上午十時，及午後二時許，兩度轟擊虹口一帶敵軍。

三日 晨零點三十分，敵軍集中兵力，向我北站方面猛攻。我軍沉着應戰，俟敵軍逼近時，即以機關槍密集掃射，同時並以迫擊炮向敵軍陣地轟擊。激戰約半小時，敵軍傷亡重大，不支而退。八時許，我砲兵以重砲轟擊虹口敵軍陣地，約一小時有奇，敵方受損頗巨。午後四時許，敵軍又向我閘北及北站方面進攻，我軍奮勇擊退。

吳淞又起激戰

退守吳淞鎮之敵軍，晨六時許又向同濟大學北泗堂方面進犯，敵艦先發大砲轟炸，繼以步兵衝鋒。我軍扼守堅固陣地，不爲敵軍砲火所動，俟敵軍迫近時，以機關槍步鎗掃射。敵軍猛烈衝鋒，蜂湧而來。我軍亦愈戰愈勇，士卒均躍出壕溝，以手溜彈刺刀，向敵衝殺，形成壯烈之肉搏戰。此時敵艦不敢轟擊，砲火失效，我軍勇氣百倍，佔絕對之優勢。戰至十時許，敵軍卒不支，向吳淞鎮潰退。敵軍傷亡極重，我軍犧牲亦頗大。

羅店敵受圍

羅店區戰事，連日至爲激烈。敵雖負隅頑抗，但我軍推進壓迫，已將羅店戰區全面積，佔領三分之二。昨晚起，戰事澈夜未停。至今晨，我軍復出奇兵，由小川沙西北隅抄敵後路，形成包圍之勢。敵苦戰旬日，情形頗爲狼狽。

浦東敵軍登陸未遂

上午十時許，敵軍百餘人，分乘小艇多艘，在敵艦炮火掩護下，突由浦東陸家嘴春江碼頭登岸。我駐軍立即以機關鎗密集掃射，並以手溜彈向敵襲擊。敵軍倉皇應戰，至十一時許，除少數退登小艇生還者外，幾全部被我殲滅。午後二時許，又有小艇四五艘，滿載敵軍，企圖再度登陸。我軍俟其逼近時，即以機鎗掃射，敵軍無法傍岸登陸。直至晚間，敵艇尚在游弋，但我軍戒備嚴密，敵迄未得逞。晚十時許，又圖駛近浦東爛泥渡太古碼頭登陸，被擊退。

終日砲戰空前激烈

當敵軍今晨在陸家嘴登岸時，敵艦以密集炮火，向我轟擊，藉作掩護。我炮兵陣地，亦立即以重炮還擊，炮火集中於浦中敵艦及楊樹浦方面之敵軍陣地。迨至午刻，敵司令艦出雲號命全部敵艦，集中炮火，向我浦東猛擊，連續不斷。我亦以迫擊炮向虹口方面敵軍陣地射擊。敵曾命飛機兩隊往浦東偵察一小時許，惟未發見我砲位所在，僅胡亂投彈十餘枚而去。我砲兵俟敵機去後，繼續發砲轟擊。敵方狼狽不堪，急調原泊淞口最新式之六號驅逐艦三艘，駛進浦口，同時發砲向我浦東方面轟擊，我亦繼續以重砲猛烈還擊。雙方炮戰終日，直至晚間七時許，炮聲始漸停止。我軍炮擊標的異常準確，楊樹浦方面敵軍陣地有多處着彈起火，受損頗鉅。日本總領署附近一帶，着彈共達十餘枚之多。日總領署亦被我擊中三炮，當卽爆炸，毀損甚鉅，並死傷多人。日方狼狽不堪，急將總領署內之重要物件，倉皇遷出。

敵艦兩艘受傷

正午時有炮彈兩枚落浦中，距離敵司令艦出雲號僅二十餘碼。郵船會社碼頭泊有敵方驅逐艦一艘，於午後一時許，被我擊中尾部，受傷甚重。此外尙有敵十六號驅逐艦一艘，亦被我擊中受傷。

四日

晨三時半起，虹口方面敵軍屢圖反攻，被我擊退。閘北方面，敵機轟炸終日。晚七時後，敵又猛烈反攻，我軍据巷夜戰，機關鎗怒掃。敵軍三次衝鋒，敵機亦在空中助戰，惟我軍沉着迎擊，終將敵軍擊退。浦東方面，本日歸於沉寂。

吳淞激戰敵軍敗退

晨四時許，我軍分兵三路，向吳淞鎭敵開始總攻擊，結果均獲勝利。西路自金家宅沿泗塘河進攻，我以重炮助戰；至午已將敵軍撲滅一部份，殘敵潰退蘊藻浜北岸一帶。中路我軍沿同濟路向前猛衝，越過同濟大學，與敵發生激烈巷戰，至下午已進展三四華里，迄晚尙在激戰中。東路方面，炮台灣之敵，淸晨以飛機大炮掩護坦克車向我進攻，企圖襲擊寶山縣城，至獅子橋附近，與我軍劇戰終日，敵不支，向炮台灣車站潰退。下午，我已克復獅子橋，繼續向淞滬鐵路挺進。

晨起，我軍在敵艦炮火下英勇挺進，先頭部隊經趙家樓申家巷，迫近盛橋敵軍陣地。該處敵已搆築極鞏固防禦工事，故我軍衝鋒進展極爲困難。另一路我軍已出羅店鎮北進擊，包抄敵後路。全區惡戰終日，因雙方白刃搏戰，敵機轟炸及炮火均失去效能，敵被我截成數段，加以包圍。敵軍中有少數僞滿軍隊，當我軍衝鋒時，該項僞軍高喊：「我們都是中國人，大家一起來幹日本鬼！」呼畢，即繳鎗投誠。晚十時後，雙方炮戰甚烈，我生力軍夜襲活躍，進展甚速。

羅店我軍挺進

瀏河敵圖偷襲

瀏河方面登陸敵軍，昨晚乘黑夜向我陣地偷襲。我軍佯作不知，待敵軍越過我防線，齊起躍出戰壕，包圍痛勦。敵軍數十人，無一生還。現敵軍在瀏河鎮北小河北岸，我軍在南岸，雙方隔河對持。

敵軍死傷八千

日來敵在羅店吳淞等處，企圖完成其聯絡陣線，迭向我猛烈襲擊，但終不得逞，而傷亡慘重。此兩日間各路陣亡者五千餘人，受傷者三千餘人。其中尤以吳淞方面死亡最多，達三千餘人。其次爲羅店獅子林張華浜等地。

又敵艦自侵滬後，陸續增加，現已達一百三十艘左右（中有運輸艦四十九艘），敵大批援軍至本日均已抵滬。昨有敵商船二艘運來軍械，即裝載傷兵及死屍返日。

五日 敵艦調遣極為繁忙。虹口滙山區內之日軍，連日甚形活動。除調出十八磅之重砲四中隊，坦克車若干輛外，步兵入該區者為數甚衆。同時，楊樹浦大連郵船會社碼頭，有多數軍用飛機運至岸上。

寶山城被圍困

敵軍在吳淞鎮登陸後，曾經我軍壓迫，退至江邊。四日夜間，一部敵軍復由砲臺灣登陸，向寶山疾進侵犯。我軍奮勇迎擊，血戰通宵，敵軍創傷甚巨。至五日下午，敵又大批增援，傾全力來犯。我軍抵抗至為激烈，惟以敵艦及飛機猛烈轟炸，傷亡頗重，餘部不得已退入寶山城內，死守待援。現我獅子林至月浦鎮之綫，仍由重兵扼守，不令敵軍與羅店區殘敵溝通。

羅店我軍勝利

我軍連日在羅店方面進展，昨夜又藉砲火掩護，進迫敵軍，短兵接戰。我軍以手溜彈刺刀與敵浴血肉搏，卒得絕大之勝利。是役也，我軍除克復羅店長途汽車站外，並乘勝佔領羅店東北兩面之村落共達六處。

敵圖襲獅子林

連日有敵軍企圖在獅子林方面偷渡登陸，均經我軍以密集之機鎗掃射，敵不逞而退。本日敵軍又強奪我民船多艘，集中於獅子林江面，有大舉偷襲登陸之勢，我軍在嚴密戒備中。

江灣與楊樹浦

江灣之敵，拂曉向我愛國女學及粵東中學陣地反攻，以戰車三輛領前衛鋒，當被我軍奮勇迎擊，敵之戰車爲我迫擊砲平射砲小鋼砲所射傷。中有一輛被我步兵俘獲，晚間解至孫師司令部中，其餘二輛負傷逃回。楊樹浦方面，滬江大學之東，敵我有激戰，雙方均以機關鎗密集掃射，敵軍始終未能逼近我軍陣綫。

六日

晨五時許，敵艦又向我浦東轟擊，炮火甚密。我方亦予還擊，並令前哨將士嚴密警戒，防止敵人偷渡。至七時，炮聲始停。

滬東區大激戰

昨晚有敵援軍約三千人，又炮兵一隊，携帶大炮多尊，由滬東登陸，增援楊樹浦一帶。今晨拂曉，此增援部隊與該處敵軍，在重炮掩護下，向我軍工路及引翔鄉一帶併力猛攻；敵機多架亦出動助戰，向我陣地不斷轟炸。我軍奮勇應戰，雖炮彈及炸彈如雨而下，絕不稍退；一俟敵軍逼近，即以機關鎗密集掃射，激戰之烈，得未曾有。經八小時之血戰，我軍陣線絕無變動。

敵登虬江碼頭附近沙灘

本日自晨迄午，敵機不斷在市中心區及江灣一帶轟炸。同時敵艦二十餘艘，停泊虬江碼頭附近江面，以密集炮火向我轟擊，掩護敵軍由虬江碼頭登岸。我軍亦以密集之機鎗掃射，抗拒敵軍登岸。相持至午後，卒有一部之敵，强登虬江碼頭附近沙灘。

寶山方面我精銳反攻血戰

昨我軍一營，始終堅守寶山城內待援。今晨，我精銳生力軍趕到，下令反攻，展開滬戰以來最猛烈之惡戰，我軍有進無退，向敵肉搏衝擊，敵亦拼力頑抗。我逐步進逼，戰至下午三時半，寶山南面敵軍被我完全擊潰，向吳淞鎮逃竄。我軍乘勝追擊，敵遺屍遍野。

又敵軍昨夜曾派一部兵力，越寶山城向我獅子林及月浦綫前進。同時，我增援之某精銳部隊亦已趕到，與敵遭遇肉搏。敵軍傷亡極重，不支潰退。我軍乘勝猛烈追擊，今晨已進至距寶山三里之三官堂；敵應援部隊到達，再度猛戰。我軍勢如潮湧，忘命前進，喊殺之聲，震驚天地。至下午一時許，更逼近城郊，敵軍仍作困獸之鬥。此役我軍雖頗有損失，但敵軍傷亡之重，則遠在我軍一倍以上。

吳淞一帶劇戰

吳淞方面敵軍，於昨日猛攻寶山時，亦向我軍反攻，企圖與攻寶山之敵軍相呼應。自昨日下午起，即以主力進犯，淞口敵艦亦集中炮火，對我陣地猛轟，掩護部隊前進。雙方在泗塘河及三官堂一帶激戰甚烈。我軍沉着應戰，肉搏衝鋒，予敵重創。敵軍死亡枕藉，至本日晚已向後潰退，集中於淞鎮。

羅店我軍猛攻

羅店敵軍退至顧涇東岸以後，本日下午二時起，又大舉反攻，沿澆花浜古村浜前進。雙方砲火甚烈，敵機十餘架輪流轟炸不息。入晚砲聲漸稀，敵亦未敢深入。夜十時後，我軍開始猛攻，並用重砲遙擊。至十二時許，戰況更烈，顧涇以東潘家宅之敵方陣地已見動搖。

敵艦攻獅子林瀏河

敵旗艦出雲號，於晨二時許向淞口駛出，率二十餘艦，拂曉時向我獅子林瀏河月浦等處，開炮轟擊。同時，敵兵亦紛乘小艇登岸，猛力衝鋒。我軍奮起迎戰，並以機關鎗掃射，敵傷亡頗重。旋敵機十餘架，向獅子林大肆轟炸。激戰至下午一時，敵軍始不支潰退。惟敵機仍不時飛往投彈，尤以獅子林投彈爲最多。

又瀏河方面之敵，昨夜在猛烈炮火掩護之下，開始向我猛攻，藉以牽制我方兵力，企圖使羅店東北盛橋一帶被我包圍之敵可突圍而出。我軍沉着應戰，敵終不得逞。

敵圖襲楊林七鴉各口

自晨拂曉起，敵艦集結於瀏河小川沙楊林口及七鴉口等處，企圖登陸。我方戒備嚴密，一俟敵軍小艇逼近，卽予痛擊。直至晚間，敵軍登陸企圖終告失敗。

敵偷登白龍港覆沒

高橋區白龍港方面，昨晚十一時許有敵軍二百餘人，乘汽艇四艘，拖帶木料，欲圖在該處舖設臨時碼頭。事先由敵艦上用探照燈窺我陣地，察探虛實。我軍不動聲色，待敵放胆上岸，突出掃擊。敵猝不及防，被我軍全部掃滅。

七日

全綫均有劇烈戰事。敵以海陸空軍全力襲擊我軍各路陣地，企圖擊破各段包圍之勢，打通連絡綫路。惟終不能突破我全綫任何一點。

閘北方面激戰

晨拂曉起，虹口天通庵之敵，頻頻向我閘北陣地進犯。我守軍沈着應付，敵屢圖衝出，俱犧牲於我密集之機鎗及手溜彈之下，不支而退。下午，敵軍又向我閘北守軍進犯，雙方之苦鬥又行開始。至六時，浦江敵艦以重砲向閘北我軍猛轟，我軍亦以重砲還擊，瞄準敵海軍司令部直射，一時聲震遐邇。八時後砲聲漸稀，然仍斷斷續續，在互相轟擊之中。夜間，雙方鏖戰異常激烈。衝出之敵，卒被我軍擊退。

楊樹浦敵潰退

楊樹浦方面，於拂曉起，由浦中敵艦頻以大砲向引翔港跑馬場一帶我軍陣地轟擊，掩護該方面敵軍進擾。我軍沉着以待，俟敵軍迫近約百米達之處，即以迫擊砲機關鎗等密集射擊，激戰甚烈。迄傍晚時分，敵不得逞，全部潰退，傷亡慘重。

吳淞終日激戰

拂曉之前，蘊藻浜方面有敵軍四五百人，渡浜至吳淞鎮增援，猛力向我反攻。停泊江面之敵艦，亦同時向我炮擊。我軍奮勇應戰，並以重炮還擊，迄晚猶在激戰中。

獅子林方面，敵軍於昨晚由敵艦炮火掩護下强行登陸，與我軍激戰終日，至晚猶在爭持中。

寶山城陷光榮犧牲

寶山我軍一營死守孤城，抱與城偕亡之決心，忠勇抗戰。惟該城懸立海濱，爲敵艦砲火控制所及，而敵軍於吳淞及獅子林登陸後，必欲佔之而與月浦方面之敵聯絡。昨晨又有大批敵軍自吳淞鎮登陸，急沿淞寶路向我寶山郊外陣地猛攻，炮火非常激烈。又炮台灣一路敵軍增援後，上午猛衝至離寶山南門三四里之王府附近，與我軍展開血戰。至午後猶在苦戰中。下午二時許，寶山東門外敵艦發炮，掩護陸軍登陸，我城內駐軍努力抗戰。惟城牆被敵炮擊破多處，我填補加防，已感不及。敵兵乘隙而至，我軍絕不示弱，瞄準射擊，輒將敵擊退。卒以敵源源增加，破城而入，發生巷戰。我彈盡人絕，遂全營犧牲，負傷脫險者僅二三人。此役我將士抗戰之烈與犧牲之悲壯，實爲滬戰開始以來最偉大之一幕，亦且我民族解放戰爭上最光榮之一頁。該營營長爲姚子青，於最初本可退出，乃抱與城共存亡之決心，率部堅守不退，終於殉志以歿。噫，亦烈矣！

羅店敵軍反攻

羅店以北之敵，本日下午，曾集中其新登陸之隊部，猛力反攻，以大批坦克車助戰。我軍勇往直前，由某營戰士決死衝鋒，搶獲一部份坦克車。敵軍見我軍奮迅如獅，視坦克炮火如無物，戰慄不已。故我軍肉搏衝鋒時，敵胆魄俱裂，莫不望風披靡。

八日

晨六時，北四川路方面敵軍，又藉炮火之掩護，向我寶山路方面進攻。我駐軍沉着應戰，敵屢次衝鋒，均未得逞，死傷頗衆。激戰至八時後，敵始悄然退去，我亦未予追擊。

我軍猛攻匯山敵陣

敵軍源源開到後，對租界東區內之陣地，調配甚忙，仍圖進攻。昨晚我匯山區邊境之駐軍，乘敵不備，分數路猛烈進攻。敵見來勢兇猛，即倉皇應戰。我聲東擊西，使敵疲於應付。激戰澈夜，至今晨漸趨沉寂。

敵坦克車攻八字橋

八字橋一帶之敵，於下午三時，以坦克車向我陣地猛衝，並有大隊飛機不斷擲彈，敵陸軍步兵亦乘勢進攻。我軍俟其逼近，用手溜彈轟擊；並有決死隊，身裹炸藥，滾入坦克車下，血肉與烈燄齊飛，遂使敵車偕敵兵同盡。敵坦克車燬壞數輛後，不敢再進。我伏處壕溝之戰士，更一躍而出，利用大刀作白刃戰，敵兵紛紛後退。一場惡戰之後，我陣地仍固如金湯。我雖有相當犧牲，但敵兵屍體枕藉，死傷倍於我。

虬江碼頭激戰

虬江碼頭方面之敵，前日强渡登陸，經我軍猛烈進攻，將敵軍壓迫退至軍工路一帶。敵軍復於昨晚大批登陸增援，在敵艦炮火掩護下，以裝甲車爲前導，猛烈向我反攻，而以市中心區爲目的地。激戰至晚間十一時許，卒被敵軍左翼衝到王家宅，右翼進入五權路。今晨拂曉之前，我軍增援向敵猛衝，壯烈之肉搏戰，於焉開始。我軍盡上刺刀向敵衝刺，間以手溜彈向敵襲擊，以血肉之軀相搏。敵軍大亂，倉皇棄械而逃。下午四時許，敵軍復藉炮火與敵機掩護，拚命猛衝。我軍於密集炮火下，沉着應戰，初尚用機槍手溜彈對付，繼見敵蜂擁而來，長官一聲號令，我健兒躍出戰壕，奮不顧身，衝入敵陣，揮刃作戰，血花四濺。敵欲退不及，多被我勇士大刀刺刀砍斃，餘敵狼狽逃回江邊。

敵艦炮轟月浦

下午一時半，月浦方面之敵艦，向我陣地後方開炮轟擊，我炮隊亦開炮還擊。時敵艦上又有二三百人企圖登岸，當經我軍迎擊，激戰甚烈。而我別方面駐軍，亦向左翼兜擊，於是敵腹背受擊，傷亡頗重，向江濱潰退。

敵屢襲浦東均不逞

日軍自侵襲浦東計劃失敗後，連日利用兵艦猛烈炮轟，以爲示威。昨晚七時許，連續之炮聲又起，我軍間亦發炮還擊。其時有日方小汽艇四艘，滿載兵士，衝至春江碼頭外面，以機槍向岸上掃射，當經我軍還擊，敵兵知難登陸，折至攷山碼頭外面，經我方機槍掃射後，四汽艇難以停留，迅即遁去。敵既進犯不遂，入晚惟用大炮轟擊，通宵不停。今晨拂曉，敵艦又放重炮數響。至晨七時，日方小汽艇一艘又駛至春江碼頭外擋，以機槍掃射。但一經我方還擊，敵即疾駛逸去。

我炸燬新三井碼頭

浦東沿江各碼頭及堆棧，自被我軍先後佔領後，所有敵方堆存之大量日煤，均爲我方所監視。是以每值深夜，敵艦輒用小艇數艘，企圖偷運堆煤。故今晨二時許，我方爲正本清源起見，用極大炸力之武器，將新三井碼頭炸燬。時值深夜，轟然巨聲，響澈全市。

九日　敵軍增援部隊，已掃數登陸，加入前線作戰。

閘北擊退敵軍

晨三時許，虹口敵軍又猛向寶山路一帶進攻，以坦克車數輛爲掩護，當被我軍以機關槍手溜彈擊退。迨六時許，有敵機三架飛閘北一帶投彈十餘枚，我陣地無損失。下午一時許，寶山路一帶又起激戰。敵分由東寶興路吟桂路等線，向我陣地進襲。我以迫擊炮及機關槍迎擊，使敵不能進；並憑所築工事，與敵軍遙遙相對峙。

虬江碼頭敵軍猛攻

晨五時許，敵艦開炮向我軍工路五權路一帶射擊，敵機亦飛來轟炸，同時虬江碼頭方面之敵，卽向我馮家宅十字路口進攻。我軍誘敵深入，故意後退，敵軍追蹤至張家宅附近，我沈家行駐軍卽由東北向敵軍左側背突擊。敵處我軍夾擊中，受創甚鉅，傷亡達三四百人，聯隊長飯田七郎及中隊長梅田貞夫，小隊長加藤，均被我當場擊斃，敵軍乃倉皇向江邊潰退。迨下午一時，虬江碼頭之敵，與軍工路敵會合，大舉進犯我陣地，企圖突破市中心區防線。我軍急起奮戰，至下午三時許，激戰更爲猛烈。敵軍藉炮火飛機掩護，復增加大批坦克車，爬行挺進。我軍出壕肉搏，以白刃刺刀衝鋒，我炮兵亦以精妙之描準技術，發大炮轟擊。敵方坦克車二輛，當被我擊燬。同時，軍工路之敵軍庫亦中我炮彈，轟然爆發，濃烟騰空，火勢延燒附近，歷數小時猶未熄。我軍仍隔虬江，與敵激戰。

寶山方面激戰

寶山一帶戰事，終日不停。傍晚，敵驅大批坦克車，猛衝我三官堂陣地。我軍初沉着應戰，不發一槍，待敵坦克車過木橋時，即引發橋下地雷，轟然爆發，敵坦克車數輛炸成粉碎。斯時，我軍軍官下令衝鋒，士兵於一片喊殺聲中，踴躍衝出。敵軍大炮機槍俱失效力，見我軍上刺衝鋒，即紛紛潰逃。我軍奮勇追擊，由三官堂以東前進數里。是役我軍犧牲殊大，而敵軍傷亡則尤甚。

羅店敵又進攻

羅店方面敵軍，午後又大舉來攻。我軍據堅強工事，猛烈迎戰，雖敵艦發炮掩護，敵機猛烈轟炸，而我軍於彈雨中，拚命抵抗，前仆後繼。激戰兩小時，敵勢不支而退。晚六時，敵軍又作第二次進攻。我軍肉搏衝鋒，敵我雙方均發炮助戰，炮聲震撼天地。我軍英勇激戰，誓死不退。

敵艦炮轟引翔

晨五時許，敵艦開炮向我引翔鄉之觀音堂路一帶轟擊，敵機亦飛翔於上空轟炸。同時滬江大學方面之敵軍四百餘人，以坦克車五輛爲前導，沿軍工路向我進犯。七時許，到達春江路附近，楊家宅方面之我軍，當即起而迎擊。敵軍乃向王家宅方面移動，企圖由虬江橋之東向我進攻。我軍嚴陣以待，並將虬江橋炸燬，以阻敵軍前進，雙方在虬江之兩岸對峙。

敵窺浦東未遂

上午十一時許，有少數之敵，乘小艇偷渡，由浦東三井碼頭登岸。我軍俟敵登岸後，即以機關槍掃射。敵軍不支，被我軍擊斃六人，倉皇登艇而逃。午後零時十五分，又有一汽艇直向陸家嘴春江碼頭駛來。迨離岸僅四尺時，我哨兵即用機槍掃射，該艇遂疾駛逸去。午後三時，敵機四架，又飛至浦東上空盤旋，在其昌棧一帶投彈數枚而去。

十日　戰事現方傾重於虬江碼頭及月浦寶山方面。晚間十時後，閘北方面有激戰，陣線均無變動。

虬江碼頭我軍反攻

虬江碼頭附近一帶，昨日激戰終日，我軍予敵重創，除擊斃敵聯隊長以下軍官多人，及敵兵四五百人外，並將敵軍壓迫退至軍工路以東一帶地段。午夜後，我軍復乘勝進擊，敵軍再度敗退，偪處虬江碼頭附近之沙灘。今晨拂曉，我軍士兵在天色未明之際，曉風撲面，精神抖擻，乘敵軍喘息未停，疲乏不堪之時，繼續進攻。始則以來福槍及機關槍射擊，繼則以手溜彈向敵襲擊，最後紛上刺刀，衝鋒肉搏。激戰至午刻，敵軍披靡，遺屍遍地，爭先逃入虬江碼頭之內，藉堅固之建築物爲防禦，負嵎頑抗。我軍即將虬江碼頭三面包圍，迄晚止，我軍尙在圍攻之中。

月浦方面激戰

月浦之線，九日晚發生極猛烈之戰。敵以主力進犯，坦克車十餘輛，在最前線活動，步兵隨後跟進。同時江中敵艦，以連續不息之重炮，向我陣地轟擊。敵機亦在上空活動，炮彈炸彈，密下如雨。我守軍沉着應戰，以迫擊炮描準敵車猛烈轟擊，將其燬壞多輛，敵遂被迫後退。我軍堅守原有陣地，屹然不動。敵軍於夜間雖再進攻，惟迄今晨止，始終未能得逞。

寶山敵軍敗退

下午三時，寶山方面之敵約四五百人，向我寶楊路及王家宅陣地進犯，以大炮及坦克車掩護，猛力衝來。我軍待其逼近，由戰壕中躍出，奮勇前撲，以機關槍及手溜彈掃擊，繼之白刃肉搏，敵傷亡過半。同時我軍由上淸橋兜擊，向敵軍包圍。至傍晚，雙方猶在相持。

吳淞方面激戰

吳淞方面之敵，九日下午，以坦克車前導，向我陣地進犯。我軍奮勇迎擊，敵無法前進，相持甚久。旋敵方續增坦克車多輛，向我陣地猛衝，步兵隨之而進，致被進抵楊行東北之一帶地段。嗣於晚間，我後方部隊到達增援，併力反攻，以重兵向敵軍之兩側突擊。敵軍匆促間，未能發揮坦克車之力量。我軍奮勇衝入敵軍陣地，與敵肉搏。敵軍傷亡重大，不支而退。我乘勝進擊，仍扼守原有陣線。

蘊藻浜敵進犯

蘊藻浜張華浜方面之線，我軍遏四塘西岸構築工事，敵屢圖進犯，迄未得逞。今日拂曉，敵又圖進犯，沿蘊藻浜前進，向里村宅沈家宅我方陣地突擊。我軍奮勇抗敵，敵即潰退。至上午十時，敵又以坦克車多輛後隨大隊步兵，向我猛衝。經我沉着應戰，並由兩翼包抄後路，敵卒不支棄車潰退。敵兩度進犯未就，乃於午刻起，以軍艦飛機猛烈轟擊，同時並調坦克車多輛，再度向小徐宅一帶突襲。在黑楊宅方面，則有敵戰車三輛，掩護步兵突圍而入，我軍四散隱伏射擊，敵傷亡甚多，仍狼狽退去。計敵三次來犯，激戰整日，終被我擊退。

浦江激烈炮戰

上午十一時半，敵艦突向我浦東方面炮擊。我浦東方面之炮兵陣地，立即予以還擊，炮火甚密。十一時四十分左右，我軍擊中日本郵船會社碼頭附近兩炮，敵方受損頗鉅。正午，有敵機飛浦東窺察，圖襲擊我炮位，盤旋甚久，毫無所得。浦中敵艦仍繼續向我炮擊，迄午後一時二十分始止。午後四時四十分，敵艦再度炮擊我浦東，我炮兵亦即以重炮還擊。五時許，有敵二十一號驅逐艦一艘，由淞口駛來助戰，即被我擊中一炮，尾部受傷甚重。嗣有敵機飛浦東偵察，我方炮兵寂然，敵機毫無所得而去。我炮兵陣地又繼續發炮，敵艦亦集中向我浦東猛攻，發炮極密。五時二十分許，敵軍分乘小艇數艘，企圖由陸家嘴登岸，被我擊退。是時炮戰猶在繼續之中，炮聲隆隆，聲震全市。我方標的異常準確，日本郵船會社碼頭，大阪碼頭，及黃浦碼頭，被我擊中多炮，敵方損失甚重。日總領署及敵軍陣地，着彈亦多。元芳路曾起大火，延燒甚烈。五時三十分，停泊郵船會社碼頭之敵運輸艦一艘，亦被我擊中一炮。直至晚間七時半，炮聲始漸稀少。

十一日　虬江碼頭方面，敵軍自連日進攻被我擊退後，卽不敢再進攻，惟自晨起，敵艦仍不時以炮火向我射擊。張華浜蘊藻浜之線，敵艦炮火於晨四時起卽連續射擊，密如連珠，至下午五六時始稍停，約在五千發以上。但我前線士兵仍屹然不動，並不時出擊，曾一度衝入黑橋宅敵軍陣地，斃敵數十人，獲槍數十枝。

楊行方面激戰　敵軍於昨日炮擊後，卽以步兵千餘，向寶楊公路南方我軍陣地猛攻，並有飛機三十架助戰，頻頻投彈，低飛掃射。我守軍沉着抵抗，殲敵甚衆。惟陣地曾爲敵突破一點。我軍勁旅趕往援救，竭力阻擊，敵軍始未再前進。是役敵我雙方死傷均甚衆。今晨，敵仍向寶楊公路北面我軍陣地進擊。我軍前仆後繼，以手溜彈刺刀與敵肉搏。激戰至下午，楊行鎮南北兩方均發現敵軍小部隊活動。我軍當將正面部隊後移，使能與南北兩方相呼應。迄晚止，該處仍在激戰中。

吳淞敵主力猛攻

吳淞方面之敵，本日傾全力進犯。同時有飛機助戰，肆意投彈。我軍不得已後退，敵亦未敢深入。至晚我卽分軍由楊村附近公路兩側，施行夜襲。敵立足未穩，被我突擊，卽行潰退。至夜十二時，我卽恢復原有陣地。未幾，敵又以主力來犯，突擊我右翼張家村附近陣地，並佔據我張家村吳家宅一帶，與我在廟村之部隊對峙中。

月浦方面爭持

自寶山失陷後，公路卽被敵軍截斷。月浦鎮東北濱江，東界寶山，西接羅店，形勢極爲扼要，而敵軍爲完成其寶山羅店之啣接計，勢必得之而後甘心。數日以來，敵之大炮飛機及寶山羅店兩處敵軍，連續轟炸進攻，炮火所及，盡成焦土。我守軍抱定及汝偕亡之決心，死守不退。故敵軍在該處損失亦甚鉅大，乃捨棄正面攻擊，而由右翼迂迴，向我側攻。我軍當卽調往生力軍補充固守。

羅店方面，敵困守鎮內，深溝高壘，未敢出擊。瀏河鎮東南有敵軍七八百人，於昨晚蜂擁而來，企圖進犯，爲我擊退。又小川沙及石洞口一帶，有大隊之敵軍登陸，準備向我進犯。

十二日　晨零時三十分，敵向我愛國女學方面陣地進犯。我軍俟敵逼近，以機關槍密集掃射，並以手溜彈向敵襲擊。敵軍受創甚重，不支而退。午後四時二十分，敵由楊家宅方面，向我八字橋駐軍襲擊。我軍出而應戰，用機關槍小鋼炮掃射，敵始終不得逞。五時許，敵退原防。

月浦楊行線我軍後移

敵軍自羅店突進包抄計劃失敗後，遂以中央突破方法，向我寶山楊行月浦一帶，作主力侵犯。寶山楊行既相繼淪陷，敵復以全力猛攻月浦。我軍扼守月浦，衝鋒肉搏，浴血抵抗，旅進旅退者達數十次之多。卒以傷亡過重，與楊行我軍之聯絡線被敵切斷，且月浦係突出之一角，乃於晨間退出月浦鎮。

楊行方面之敵，晨又以主力沿公路向劉行方面猛烈進攻，以飛機大炮，投彈轟炸極烈。自晨迄晚，敵我兩軍於劉行東七八里處，各出死力相持。我大隊生力軍，已於晚間開往增援，猛烈反攻，澈夜血戰。

羅店方面之敵，因日來敵以主力犯我楊行月浦，故改攻爲守。我軍乘機向敵陣猛烈進攻，敵軍傷亡甚重。

蘊藻浜炮戰連續廿四小時

蘊藻浜張華浜方面，自十一日中午起，浦江敵艦復以密集炮火，向該兩處轟擊，連續二十四小時。我方亦開炮還擊，炮戰異常激烈。至本日中午，炮聲始漸稀。下午仍有不斷炮聲，但時密時疏，至傍晚始停。

敵又增援兩師

敵方露出消息：滬戰誤於海軍當局輕敵，致陸戰隊先後死傷六千餘人。初東京計劃，擬以第三艦隊牽制華南，以利華北軍事發展。但以陸戰隊敗績及南口相持，不得不變更戰略，推進淞滬戰事。敵軍在滬登陸激戰，陸軍死亡亦多至二旅團，然至今仍難越過羅店一帶。日前到達援軍兩師團，已加入作戰，死亡甚多。故昨日又續到兩師團，日內將開始主力戰。

十三日 我軍自奮起抗戰，迄昨晚已閱一月。此一月中，我軍屢予敵重創，極力防阻其登陸及各部之聯絡，使敵不得不屢次增援。計日軍在滬已用十萬以上之兵力，死傷達二三萬人，而始終偪處於沿岸一帶之地而已。我軍於消耗敵方兵力之目的既達之後，遂自動撤退，於十一日起卽暗中後移，仍以少數精銳部隊向敵反攻奮擊，故敵方迄未知之。至本日晨間，我軍已完全退至第一道防線。

退第一道防線改攻為守

我軍自月浦楊行後撤後，已在瞿家浜一帶據工事堅固之新陣地堅守。同時敵軍因傷亡慘重，亟待整理，亦未敢再進。惟我市中心區引翔鄉及楊樹浦一帶，陣地突出，易被敵軍包圍，在軍事上為極不利之形勢。我軍為避免無謂犧牲計，自動移至北站至江灣一帶之第一道防線，改取守勢。至羅店方面之殘敵，仍被我大軍嚴阻，決難前進。現我軍全線所守之第一道防線，工事早經築就，陣地異常堅固。且離江邊較遠，可使敵艦七百餘門大炮火力失其效用，於我極為有利。

我軍發言人談：我軍對沿江作戰計劃，早經決定：在其登陸之時，奮勇攻擊，予以重大損失，並延長其時間；在其登陸之後，使其各個不能互相聯絡。現此項計劃已按步實現，敵軍所遭受之損失為前所未有。我方目的既達，自前日起已照預定計劃，自動撤至第一道防線，其目的在逐漸脫離敵艦炮火之威脅，而引入於陸軍陣地戰。現我軍新陣地已佈置就緒，此後戰事當有重大之發展云。

外國軍事專家觀察

某外藉軍事專家，談及滬戰情形，對我軍此次以整齊之陣容，退守預定之第一道防線，頗為讚揚。據云：中國軍隊在若干處早已安然撤退，日方猶以大炮轟炸，迨發覺中國軍隊已離去其轟炸之目的地，始以謹慎之態度緩緩前進，藉防地雷爆炸。即此一點，可見中國軍隊進退有序，已足令人刮目相視。在過去一個月中，中國軍隊在各線作戰，狀如輪齒，呼應極爲困難。惟中國軍隊在此種不利之地形中，猶能奮勇與巨量日本海軍炮火猛鬥，予日軍以極重大之創傷。此種精神實堪欽服。中國軍隊現在所守之第一道防線，與一二八滬戰開始時之陣地，除較爲袤長外，大致相彷。但中國軍隊之質量數量與作戰精神已遠勝疇昔，工事之堅固亦有顯著進步，余不信日軍能達速戰速決之目的也。

外報評論一班

英文大美晚報：中國軍隊，於昨日有計劃的退守長約六十至七十公里，由瀏河至北車站之强固防線後，自信足以防止敵軍之前進。此弓形之新防線，於滬戰爆發後，即開始建築。緣中國軍事當局，在先即已預定於敵軍登陸時，予以痛擊後，即退而固守此道防線故也。此間各外國軍事觀察家對華軍此次之退守第一道防線，均認爲係有計劃之戰略行動；並以爲此種後退，於上星期即應實行。華軍後退後，昨晚戰局，實際上並無變化。日軍顯然愼重將事，不敢深入華軍所遺之陣地，因有誤觸所埋地雷之危險也。至於閘北之華軍，並無撤退之意。該處陣地，堅固如常。浦東方面之華軍仍堅守其强固之陣線；日軍於過去數週間，曾屢次偵察該處華軍炮兵陣地，予以轟炸，惟均未命中，毫無所獲。

字林西報：日軍之登陸，可謂已遭遇强烈之抵抗。此種抵抗，華軍以迂緩之行動出之，甚爲有力。爲貫澈此種戰略起見，於是有退至第一道防線之行動。此次行動，與一九三二年之戰況不同，因此次華軍之向後移動，實非完全後退也。因華軍抵禦得力，使楊樹浦與吳淞之間，成一凸角形，此實予日軍一種幸運；而寶山華軍英勇之抵抗，足以削弱日軍聯絡之企圖。華軍種種阻止日軍前進之抵禦，其犧牲顯屬重大。就一般的情況而言，華軍事當局現正竭力設法，使華軍之損傷在現在戰區一帶減至最少限度。由上而言，華軍退至第一道防線，使損傷得以減少，其理由之正當，實不足異。

上海泰晤士報：中立軍事觀察家以爲華軍雖屢挫日本登陸部隊，且曾達到阻止其前進之目的，因此引起大衆之敬佩。然以士兵安置在日艦重炮轟炸之下，未免冒險過多而犧牲過大。今後撤退，華軍可從容佈置後方防禦工作，又可與在西面之軍隊相互呼應，其用意之深遠，不可妄加菲薄也。試將地圖一展，便可知華軍在閘北之陣線，必操軍事上之優越地位。倘戰事再向西移，則戰區勢將擴大，而誰勝誰敗，更難預料矣。一月以來，範圍愈趨而愈大，則將來大戰之激烈，實可引起軍事觀察家之無上興趣也。

法文日報：星期一上午，華軍因戰略關係，自市中心及引翔港撤至淞滬鐵路之高境廟以北，國際跑馬場以南。該地陣線鞏固，防務嚴密，如日軍進攻，萬難得逞。公共租界以北至江灣華軍陣地，一如往日。日艦炮火漸失其效用，則今後華軍之抵抗，當百倍於過去一月也。

第二章　第一道防綫之防禦戰

我軍退守第一道防綫後，除沿綫派駐重兵外，有若干處猶在防綫之前，設置警戒綫，與敵相持。現我軍之新陣地，自北站至八字橋江灣大場劉行以迄羅店瀏河，實卽一二八戰事發生時之原來陣地。但目前我軍警戒綫，仍在羅店與月浦間之新鎮起，經永安橋（楊行與劉行之間）以至廟行，復由第一公墓越三民路西首至臨近江灣跑馬之八字橋宅，澄衷醫院，折至黃興路，以達東區租界甯國路之接壤處。全綫長五六十公里，工事堅强，足資固守。

十四日 由市中心區一帶後撤之我軍，現據淞滬路以東，扼守由高境廟至萬國體育會之綫。敵軍則侵抵由陸家嘴（在市運動場之西）至泗涇球場（在殷高路楊家宅附近）之綫。自昨夜起，敵數度向我進犯，我軍以機關槍密集掃射，並以手溜彈向敵襲擊。迄今午止，敵未得逞。至於我軍由引翔鄉一帶後撤之部隊，扼守於黃興路之綫，右翼仍踞租界北部之綫，絕無變動。

閘北一帶敵軍，自晨迄晚，不斷進犯；機槍與步槍聲，終日不斷，間有大砲聲。晚間至深夜後，槍聲與小鋼砲聲尤密。我軍沉着應戰，予敵痛擊，敵軍未有寸進。

楊行敵猛犯被擊退

楊行月浦方面之敵，昨晚七時，沿馬路河向新鎮永安橋（在小運河上）進犯以坦克車前導，猛力衝鋒。我軍俟敵蜂湧而來，即躍出戰壕，以機關槍手溜彈向敵猛擲。敵遭重大打擊，即向左右分兵；我亦紛紛出壕應戰。當時戰線延長至四千公尺，敵我雙方，各出死力相撲。白刃既接，我軍縱橫敵陣，所向披靡。如是者進退十餘次，至今晨拂曉，敵傷亡過半，不支潰退。我仍固守原有陣地。

羅店我軍退西郊堅守

我軍為戰略關係，將羅店方面兩翼部隊向後移動，惟仍固守羅店鎮。敵圍既解，即增撥精銳部六千人，於十三日晨，以大砲及飛機掩護步兵，由月浦分軍三路猛襲。我軍沉着應戰，當將其擊退。入晚，敵集中砲火，向淑里橋附近一點轟擊，我所築工事被破壞，戰軍乃伺隙而入，在小金宅渡小河而襲羅店之東，同時另有一部份敵軍猛襲北面。我軍奮勇迎戰，肉搏多次，始將右翼之敵擊退。本日敵整軍再來，卒有一小部隊突圍而入，在鎮上縱火焚燒。我軍以已無法堅守，即退出該鎮，堅守西郊原定之陣線。此役敵軍所受損失甚重，我軍亦有相當損傷。

翔殷路有激戰

敵軍進據引翔鄉及市中心區，但引翔鄉方面我軍，現仍退守甯國路西黃興路一帶。今晨拂曉，該處敵軍以鐵甲車及坦克車二十三輛，配以步兵及騎兵各約三百人，沿淞滬公路向南進犯，企圖威脅我特區北部引翔區之駐軍。我軍自軍工路一帶後撤，步步爲營，在黃興路一帶已有强力據點。當時我軍沿黃興路迎擊，奮勇抗戰，有進無退。敵受重大打擊，卽遁翔殷路與我相持。

我軍砲轟敵司令部

青雲路八字橋一帶我軍，自晨至午，向北四川路方面猛烈砲轟。日本海軍陸戰隊司令部及北四川路日本小學附近，被我砲隊擊中二十餘彈，敵受創殊重。另數彈落於敵司令部之南約四百碼處。

江灣方面，我軍在新陣地築有堅强之防禦工事。高境廟附近，晨有敵軍一聯隊，向我陣地進犯，經守軍出壕迎擊，在市立公墓前接觸。敵一戰而潰，我未予追擊，嚴守新陣綫。

敵圖浦東登陸未遂

午後四時許，有敵艇艘，滿載士兵，游弋春江碼頭一帶浦面，向我岸上窺探；同時，敵艦開大砲轟擊掩護敵軍向該碼頭登陸。我軍立即開鎗掃射，敵亦開鎗還擊。交鋒僅數分鐘，敵艇不支逸去，但雙方仍繼續砲戰不止。至晚六時三刻，又有敵艇數艘再度向該碼頭試襲，卽告敗退。

敵艦犯虎門及厦門

廣州電：敵艦五艘今日來犯虎門，經我守軍發砲還擊，一艘重傷，另二艘輕傷。敵見勢不支，始倉惶而逃。事後據航空界消息，重傷之敵艦，駛至赤灣附近，已全部沉沒。又訊：日艦五艘與虎門砲台交綏後，卽駛往下游，有一艦之舵樓，爲砲彈所擊毀，又有一艦爲炸彈所擊中，濃烟直冲。

厦門電：厦港外十三日來敵艦六艘，十四日晨七時五十分，四艦向港口突襲我砲台迎擊，砲戰至九時十分，卒將敵艦擊退，我無損失。市面安謐如常。

十五日

外人方面消息：先前楊樹浦一帶之敵軍，因傷亡過半，潰不成軍，已於十四日晚六時起向後撤退。同時，該地一帶防線，由最近二三日內登陸之敵軍開往填防。並添配坦克車等機械化部隊，以作進攻之用。

昨晚，敵軍曾兩路進犯東體育會路及其美路之綫，爲我痛擊，不支而退。又六三花園方面，敵以大砲猛轟，並用坦克車前導，衝我粵東中學方面陣地，被我迎擊。激戰半小時，敵傷亡甚重遂退。

天通庵路敵進犯未逞

上午十一時，天通庵方面敵軍，以鐵甲車衝鋒，掩護步兵，向我愛國女校附近陣地進犯。經我軍奮勇迎擊，激戰多時，敵不支後退。至下午三時，敵又來犯，仍被我軍以機鎗掃彈及手溜彈轟炸，敵終不能得手而退。敵軍在此二次進攻中，死傷頗多。

翔殷路方面

敵本日數度向我其美路及黃興路陣地進犯。我軍沉着應戰，俟敵軍逼近，即以來福鎗及機鎗迎擊。敵軍屢次進犯，均受重創而退，迄未得逞。

敵猛犯廟行被擊退

晨三時起，我江灣第一道防線外警戒區內之國軍，又予敵人以重創。敵楊行部隊，與蘊藻浜張華浜部呼應，圖直越我廟行。該處我駐軍即向前後左右分散，待敵深入。敵以爲我軍已盡撤，竟衝至我警戒線，滿以爲一鼓可下廟行。乃我軍待敵深入，即四面包抄圍擊，斃敵五百名以上。大捷之餘，今晨拂曉起，趕出警戒線，驅敵至萬國公墓以東。迨天明後，已將敵主力消耗殆半。

永安橋我反攻大捷

在楊行之東，劉行之北，與潘涇浜平行之南北線，以永安橋爲中心。昨晚敵軍進抵林家宅張宅徐宅及新宅一帶。是時我後方部隊到達增援，即在大雨之下，併力反攻。敵軍大爲驚惶，蓋我軍反攻之速，出乎其意料之外也。我軍乘敵軍立足未穩之際，猛力衝入敵軍陣地，在濘泥雨水中，與敵肉搏，殺聲震天，白刃盡赤。敵軍狼狽潰退，遺屍遍野。我軍即在今晨拂曉之前，恢復原有之陣地。迄晚止，我軍仍扼守該線，敵軍未敢再來進犯。

羅店激戰後已克復

我軍退出羅店鎮後，羅店南北兩面陣地，曾發生攻守激戰：(一)鎮南我軍据守南郊要隘，今晨敵以砲火集中轟擊，掩護步兵猛犯。我軍沉着應付，後方砲兵陣地亦猛烈射擊，故敵死傷甚重，毫無進展。(二)羅店之北，我取攻勢，於昨晨以兩縱隊兵力猛進，至午夜已抵張家堰，洪家宅，李家宅及丁家樓以西附近之綫。今晨五時，敵又向我左翼反攻，經我痛擊，敵傷亡慘重。(三)羅店鎮東南淑里橋，敵連日猛犯，雙方各出死力相撲，旅進旅退後，我沿顧家閣小錢宅間河堤，與敵隔河對峙。今日拂曉，敵分兩路進襲我陣地，爲我擊退。至本日傍晚，我後方部隊開到增援，乃猛烈反攻，在大雨滂沱下，與敵肉搏於泥濘之中。我軍英勇前進，殺敵如麻；敵狼狽潰退，遺屍遍地。我軍即克復羅店鎮，並乘勝向東追擊。有英文大美晚報記者一人，曾隨我軍開入羅店鎮，據云：日軍慘敗，所受損失殊爲重大。華軍於夜色朦朧中，自東郊反攻，將日軍驅入羅店鎮內，雙方即在該發生激戰。日軍卒不支向東北潰退。

敵謀犯浦東未遂

敵軍前屢圖由浦東陸家嘴方面登岸，均遭我擊退，受創甚鉅，乃改變策略，企圖由浦江下游登岸。本日午後，有敵艦多艘，駛往浦江下游之馬橋，杜陵，及浬昇港等處，企圖登陸。我軍俟敵艦逼近，即以機鎗密集掃射。敵無法登岸，乃發砲向我轟擊，聊以洩憤。又於上午，停泊於大阪商船會社碼頭之敵艦，曾向浦東日本郵船會社碼頭之後方開砲，浦東我軍即加還擊。

十六日　敵軍在市中心江灣一帶，不斷砲轟我閘北，自晨至暮，砲聲未絕。我軍亦時以重砲回擊，北四川路底敵海軍陸戰隊司令部，下午一時許曾中兩砲，受傷頗巨。三時左右，日本小學及日海軍操場一帶，亦中十餘彈，敵軍頗受窘挫。

閘北迭起激戰

晨八時許，虹口公園附近敵軍向我八字橋及愛國女學方面進攻。我軍分頭迎擊，奮勇衝鋒，兩小時後，敵卒不支而退，至中午，寶山路一帶又發生激戰。敵軍圖襲我軍陣地，我以機關鎗手溜彈密集掃射。激戰兩小時，敵軍頗有死傷，又告潰退。晚間八時許，敵集中砲火，向我閘北方面轟擊，我亦以迫擊砲還擊。敵軍復於砲火掩護下，向我北站猛攻。激戰半小時許，卒被我軍擊退。

閘北水電路到江灣體育會路一綫，晚八時一刻，敵軍一聯隊又分向持志大學又體育會路方面我軍陣線進攻，勢甚猛烈。我軍俟敵砲火稍稀，敵軍逼近時，卽躍出戰壕，與敵肉搏。激戰一小時左右，敵勢不支，紛紛潰退。

高境廟我反攻

高境廟方面，我軍全綫反攻，砲火甚烈。敵受我意外攻擊，陣勢大亂，一部圖卽向蘊藻浜方面潰退，至午夜，該方面鎗砲聲尚未止息。

永安橋我反攻進展

午刻，我軍在重砲掩護下，由永安橋南北之綫向敵反攻。新雨初晴，我軍涉泥水疾進，浴血猛搏。敵軍不支潰退，遺屍遍地。迄晚，我軍已進抵楊行附近，與敵激戰。

敵再圖浦東未逞

敵軍於上午兩度企圖由浦東陸家嘴登岸，均告失敗。午後有汽艇一艘滿載敵軍，游弋於陸家嘴一帶江面，未敢登陸。

敵軍火被砲擊

晚七八時許，我閘北方面砲隊，開砲向大阪碼頭滙山碼頭等地轟擊，先後開砲一百餘發。時敵援軍三千餘人正在該處登岸，大批敵軍火亦在起卸，經我轟擊後，敵方損失甚鉅。該援軍係今晨由敵驅逐艦三艘運到者。

十七日 閘北江灣無大接觸，僅前哨戰而已。晨一時許，敵軍曾企圖在浦東登陸，敵開砲掩護，我砲兵亦卽還擊。我軍在砲火下嚴陣以待，敵小艇始終未能近岸。至晨八時許，雙方又起砲戰，一小時後始止。

羅店方面戰況

我軍克復羅店後，敵屢以步騎兵反攻，均經我擊退。昨晚九時，我軍乘細雨紛紛，道路泥濘之際，向敵進攻。敵猝不及防。死亡枕藉，向潘家橋潰退。我分兵三路：中路向前衝鋒，然後佯爲退却，俟敵追來，乃返身迎戰，時左右翼勁旅已包抄敵後路，敵腹背受攻，遂紛向東北方面潰退。我軍乘勝追擊，今晨遂佔領潘家橋。上午十一時許，敵增援向我反攻，激戰至下午二時許，敵不支潰退。下午四時，瀏河方面之敵又集中砲火向我轟擊，旋我方砲隊趕到，亦卽還擊。雙方砲戰，非常劇烈，直至晚間七時半，砲聲始漸疏。

楊行方面戰況

楊行方面敵軍。昨晚六時許，被我軍猛烈反攻。傷亡慘重，沿小永河潰退。我軍乘勝追擊，向楊行鎮進逼。八時許，敵援開到，卽以密集砲火向我轟擊，繼而猛力衝鋒。雙方一場激戰，爲近數日來所罕有。敵我人數，相差懸殊，惟我軍絕不畏怯，澈夜肉搏血戰，曾一度被敵衝過永安橋。旋我生力軍趕到，加入作戰。於是士氣大振，向前猛進；敵遂不支，且戰且退，我軍復越過永安橋，向楊行鎮挺進。

至今晨拂曉，戰事始漸沉寂。越二小時，砲聲又起，敵軍復增援反攻。於是又展開血戰，至下午三時許，敵始向楊行鎮潰退，我軍前鋒到達鎮西南郊。

劉行車站失而復得

昨晨起，敵即以大砲向我劉行汽車站及離站七八里南面一帶轟擊，並以飛機投彈轟炸。該處一帶村落民房，着彈起火，焚燒十餘小時，盡成瓦礫。同時，又以坦克車鐵甲車向我猛衝。我軍奮勇迎戰，亦以大砲機關鎗手溜彈還擊。雙方猛烈血戰，旅進旅退者十餘次。至昨日下午六時，因我軍防禦工事被燬，不得已暫時放棄劉行車站及金家灣一帶陣地。晚八時，我生力軍開到，開始反攻。時大雨泥濘，敵軍坦克車等無法施威，被我猛烈衝鋒，血戰至深夜十一時，仍將汽車站及金家灣等陣地奪回；並奪獲敵重機關六架，步鎗一百餘枝。是役敵軍死傷三百餘人，我軍亦犧牲頗烈。

侯家宅激戰敵軍敗退

蘊藻浜張華浜方面敵軍，連日屢向張華浜廟行一線侵襲。昨晚初更時分，敵曾來進犯，雙方激戰達一小時。午夜後，我駐侯家木橋部隊，乘秋雨未霽，皓月未明之際，以一部兵力，向侯家宅以東激進。敵在是處原有相當配備，惟多為我東三省同胞，故一聞我軍趕到，立即擕鎗來歸。其餘敵人拼力奔逃，亂放信號呼援。迫敵援軍千餘人趕至，我據險扼守，敵難進展。廟行一路，已固如金湯。

敵又增援數千　敵陸軍又有一部開到，約四千人，係屬於第九師團者，日昨在虬江碼頭登陸後，即派赴市中心區之西增援。又本日上午，續有敵運輸艦生田丸及地洋丸駛滬，載來敵軍千餘人。

十八日　上午十一時許，敵軍向我持志大學一帶陣地進犯，我軍猛烈迎擊，敵不支潰退。我軍乘勝追擊，突進三百公尺。晚八時許，敵向我閘北陣地進犯。我軍與之激戰一小時有半，敵死傷甚多，狼狽潰退。我軍乘勝追擊，一度進抵北四川路。旋以無防禦工事可守，即行退回原防。

我砲兵猛轟敵陣地　晨六時半起，我閘北及浦東方面砲兵陣地，同時發砲向虹口及楊樹浦一帶敵軍陣地猛轟，北四川路敵司令部及附近一帶被我擊中多砲。八時許，我江灣方面之砲兵陣地，亦以重砲轟擊虹口及楊樹浦一帶敵軍陣地，敵受損頗鉅。敵方砲隊雖亦還擊，惟我軍未有損失。至十時許，砲聲始漸稀少。

犯劉行敵遭我痛　向劉行公路兩側進犯之敵軍，晚攻擊甚猛。我軍奮勇擊退，并乘機反攻，克復村莊數處。敵死傷奇重，遺屍六七百具。我擊斃其大隊長一員，又奪獲聯隊旗一面。敵恐我繼續進攻，終夜砲擊未停。

羅店鎮爭奪戰劇烈

羅店方面，十五日午夜我軍收復該鎮，此後失而復得者又數次。昨日七午，敵即以大砲飛機向羅店之南塘口北塘口龔宅金宅附近，連續猛烈轟擊，掩護步兵二三千人進攻。終日戰鬥，極爲激烈。敵因傷亡過重，於本日拂曉退去。當戰事激烈時，又有另一部敵軍，由北朱店侯家宅猛襲我東西姜宅；其他一部之敵直趨小堂子，擬渡河向我高家宅進襲。我軍當予以猛烈掃射，激戰良久，敵死傷甚多，始狼狽遁去。午後，敵又分三路向我進攻，並以一聯隊之衆，雜以水平砲溜霰彈，攻我東西姜宅。我砲兵亦還砲應戰，守兵皆出壕衝鋒，揮刃肉搏，雙方均有死傷。至傍晚，我軍以前線工事悉遭破壞，不得已退出該鎮，移至錢王宅一帶，與敵激戰。小堂子及東西蘇塘兩線，我軍嚴陣以待，敵不得逞。

十九日 近一週來，敵以全力向羅店劉行一帶我軍陣地進犯，企圖於九一八前，完成中央突擊戰略，切斷我全線聯絡。經我軍痛擊後，敵軍創傷之巨，確爲滬戰以來所未有，而爲第三次之大慘敗。現敵正整理增援，故前線殊爲沉寂，僅有小接觸，我軍仍堅守原陣地。敵援軍七千人已於前日開到，在吳淞登陸，預料三二日內，雙方主力將發生接觸，大戰又將再起。

閘北方面晚十一時起，又發生砲戰，雙方互轟，惟戰事並不激烈。虹口鄧脫路等處敵軍陣地，曾被我砲彈擊中起火。

下午三時及六時，我軍二度向敵永安橋陣地反攻，砲隊並發砲助戰，敵倉皇應戰，不支後退。我即推進至永安橋，此處爲十三日我軍變化陣綫以來，敵攻擊最烈之點。

羅店劉行方面，我陣綫屹然不動。自羅店再陷後，該方面我軍，現在五斗涇南北塘口北朱店等處，與敵相持，敵連日損失極重。劉行以東，本日上午曾有一度激戰，未幾卽息。晚又一度進攻，被擊退。

二十日 午前，敵軍向我北站陣地數度進犯，均未得逞。又有敵軍一隊，沿體育會路前進，到達水電路之東端，卽遭我軍迎頭痛擊，不支而退。下午三時，敵軍三四百人，向我天通庵陣地進犯，發生激戰。敵死傷强半，卒敗退。

劉行激戰斃敵旅團長

晨一時許，敵分兵兩路進犯我劉行之線，鏖戰至烈。我軍奮勇肉搏，展開白刃戰，卒將敵擊退。移時敵又由東北方面猛攻，我亦迎頭痛擊，敵又潰退。如是者不下數次，至下午五時左右，敵終不支而退。至六時許，敵又以精銳部隊向我孟灣中心宅盛宅等陣地猛攻，我亦加以反攻，曾衝鋒二次，將其主力擊潰。是役敵軍死傷達二千名以上，敵旅團長鷹森被我軍擊斃，當時代理鷹森指揮作戰之森田部隊長亦相繼陣亡，可見是役戰事之猛烈，與我軍之英勇。

羅店為我控制

敵軍三次總攻羅店，經我奮勇抗戰，迭受重創。敵雖再度進據該鎮，惟在砲火焚毀之餘，已無完棟，且受我小堂子方面重兵之威脅，不敢頑守，故亦退至鎮之東北一帶佈防。該鎮之東西南三面，仍為我大軍扼守。瀏河方面，敵雖曾分兵往擾，均被擊退。

敵第五次增援

軍息：滬戰迄今，敵軍之死傷人數，總計在二萬人以上。傷亡最慘重者，為首先犯我吳淞張華浜獅子林羅店一帶之久留米師團；敵海軍特別陸戰隊，亦幾全數傷殘。故又第五次增援一師團，已分由長崎神戶等地動身，約明日可抵滬，且尚有大批軍火運來。

廿一日 因大雨故，全綫頗為沉寂。除瀏河方面有接觸，敵猛攻被我擊退外，各處間或前哨戰而已。羅店及劉行方面，我確保原有陣綫。

午後四時許，敵機數架，在浦東低空窺察數週。至四時三刻，停泊外白渡橋浦面之敵艦，向我浦東方面發砲，我砲兵亦即開砲還擊。日領署附近，被我擊中數彈，頓時着火。二十分鐘後，砲聲始歸沉寂。

廿二日 連日敵謀實行中央突破計劃，各綫兵力重新配置。敵計劃突破廟行江灣一線，預備以六聯隊之衆進犯。日來忙碌築構工事，卽將爆發猛烈戰事。閘北方面，日來雙方陣線仍保持原狀，惟每日小部隊接觸及砲戰而已。

楊樹浦及市中心方面之敵軍砲兵，與浦江中之敵艦，昨夜起，向我浦東江灣及大場三處陣地轟射。午夜後砲聲尤密，至清晨始止，但我前線工事並無損失。

劉行方面激戰

敵軍於午後二時，以一聯隊猛攻劉行附近之孟灣我軍陣地。我待其先頭部隊衝過，卽從中突擊，掃射其衝鋒大隊，敵倉皇逃去。其先頭部隊被我俘獲五十餘名，擊斃卅餘名。至五時，廟行沿蘊藻浜以北敵軍，與我軍有激烈接觸。

羅店方面進犯

昨晚起，羅店敵開始向我作第四次攻擊。在正面陣地，以小股部隊不斷進犯，我軍沉着應戰。同時在我左翼之綫，敵又分兩股夾攻，冀突破我顧家宅之線。我軍在該處駐有精銳重兵，敵軍進犯，卽奮勇抗戰，繼以白刃肉搏，至今晨拂曉，敵終不支潰退。惟敵欲圖與楊行東南方面取得聯絡，故不移時又向我尤梅宅張家宅金村之線攻擊甚烈，而尤以金宅附近戰鬥更烈。我軍士氣旺盛，紛紛出壕應戰，並以機闢鎗及手溜彈掃擊，敵傷亡慘重。激戰至傍晚，因工事被敵砲火破壞，張家宅金村我軍暫向後移。晚八時後，我增援生力軍趕到，於是復展開血戰，向敵猛力攻擊。敵卒不支潰退，我軍仍恢復原陣線。

廿三日 晨有敵約二百人，藉鐵甲車掩護，自江灣路底根據地，向我持志大學陣地進犯。我軍以機關槍密集掃擊，敵衝鋒多次均未得逞。相持一小時許，敵始敗退。

劉行方面戰況

劉行顧家宅一線，晨五時許，有敵軍五百餘向張宅楊木橋我陣地進攻。我軍俟其迫近時，即躍出戰壕，以刺刀向敵猛撲。當被我殺傷二三百人，奪獲步槍自動步槍甚多。下午一時起，敵軍即發砲猛擊顧家宅附近，前後共落二千餘彈。我砲兵陣地當亦發砲還擊，直至晚八時始止。十時許，有敵軍百餘向楊家宅侵犯，惟未越半小時，即被擊退。

羅店我克復金家村

拂曉時，羅店右翼我軍，乘敵不備，突以勁旅一隊，越滬太公路猛烈反攻。盤踞於公路東側金家宅之敵，陡聞喊殺之聲，我軍已疾馳而至，勢如潮湧，敵軍紛紛潰竄。我不血刃而將該村收復，且乘勝追擊，東進二千公尺。敵退據南塘口東蘇塘之綫，憑工事頑守，至晚尚在激戰中。

廿四日 敵援軍又到七千，計日來已到者達一萬五千人左右。閘北江灣一帶無戰事。敵於午後曾砲擊浦東，圖掩護部隊登陸，不得逞。

劉行方面激戰

昨晚，敵集中砲火，向我楊木橋孟灣朝王廟及跳板橋之綫猛烈轟擊。敵步兵卽在砲火掩護之下，數度向我衝鋒。我軍奮勇迎擊，敵終不得逞。至今晨，戰事益烈。敵以全力向我陣地猛撲達十餘次，我軍奮起肉搏，直鏖戰至午後，敵因傷亡過重，卒不支潰退。

羅店方面，敵自拂曉起，以大砲轟擊數小時，我陣地無損。

廿五日 敵援軍又到五千人。晨五時半，敵進犯八字橋江灣，未逞。九時至下午四時，連續砲擊我寶山路一帶陣地。

敵犯顧家宅我獲全勝

下午三時半，劉行方面砲聲隆隆，激戰又起。敵以三聯隊之衆，以半數攻小朱宅西南我軍陣地，以半數攻顧家宅我軍陣地。我軍沿蘊藻浜進擊，將敵軍切斷，截而爲二。後段敵軍且戰且退；前段敵軍被我包圍，肉搏兩小時，敵全部殲滅，俘三百七十餘人，死二百餘人。獲機關槍三十餘挺，步槍五十餘枝，其餘槍枝子彈甚多。小朱宅方面敵軍亦被我包圍，在殲滅中。

廿六日 閘北方面，各路咸有激戰：市中心區之敵，攻我江灣；愛國女學方面之敵，攻我八字橋一帶；虹口區之敵，則攻我閘北諸陣地。各路敵以鐵甲車為前導，猛烈衝鋒數次，均經我軍擊退。各處陣線如舊，未有變化。

下午五時，我軍發砲向愛國女校敵軍陣地轟擊，並由曲家橋粵東中學兩方面，派兵向警戒陣地進逼。敵軍驚惶異常，曾派坦克車十餘輛，在江灣路掩護步兵進犯，雙方砲火甚烈。至七時左右，我軍仍囘水電路陣地，憑壕固守，與敵相持。

浦江砲戰甚烈

敵軍在楊樹浦虹口一帶，頗受我浦東方面砲兵威脅，故敵迭圖掩護步兵登陸，均遭我該處守軍擊退。敵機雖時往轟炸，惟我軍陣地，絕未受損。上午，敵機三架復往浦東窺察，盤旋良久，時用機鎗掃射。下午二時許，在浦江中所停泊之敵艦二十餘艘，向我浦東方面間隔發砲轟擊，我方以重砲還擊，均中楊樹浦虹口一帶敵軍陣地，敵軍受損不少。於是雙方轟擊，更趨激烈，直至傍晚始息。

我克復永安橋

羅店至劉行以南，全線自昨晨起發生激戰。劉行東面之金家灣，敵曾以主力來犯，攻擊甚猛，一度被其侵入。至午後，我援軍開到，協力反攻。敵駐足未定，經我猛衝，當卽潰退，我卽恢復原有警戒綫。旋敵又猛攻，激戰終日及夜，先後失而復得者兩次。至今晨，我軍乘勝推進，克復永安橋。

廿七日 敵援軍又到五千人，下午一時登陸，又敵機近亦大量增加。晨九時許，有敵機在浦東偵察後，敵艦即發砲向浦東轟擊，我亦以重砲還擊。砲戰良久，敵陣地頗受損失。

三路進犯閘北江灣發生激戰

晨五時，敵以大砲向我閘北陣地亂轟，敵機五架亦頻以巨量炸彈轟炸，間以機關槍向下掃射。九時許，轟炸益烈，但於我軍無所損。同時我砲兵亦以極大口徑之重砲，向楊樹浦一帶敵陣地猛轟。至晚七時，敵以一聯隊以上之兵力，藉坦克車十餘輛之掩護，沿翔殷路向我體育會路陣地進撲。我軍奮勇抵抗，即發生空前激戰。約半小時後，又有敵一中隊向北站方面進襲。經我以機關槍掃射，斃敵多人，相持僅一刻鐘，敵即知難而退。八時左右，持志大學粵東中學及八字橋兩處，亦發現大量敵軍，與翔殷路一部敵軍，向我夾攻。激戰至深夜，敵未有進展。

永安橋我進展

我軍收復永安橋重要地點後，乘勝追擊，緊隨敵後。至昨晚，我向東北推展約一公里，進據康家弄沈家宅兩村。敵亦以坦克車為臨時防禦物，掩護頑守，至今晨激戰未已。敵艦頻以大砲轟擊，敵機亦低飛盤旋轟炸，圖毀我軍陣地，但未獲逞。至下午五時左右，敵軍兩聯隊，又分兩路來犯，一路攻永安橋，一路攻孟灣，惟我早有準備，大批生力軍亦開抵前綫。激戰兩小時，蘊藻浜北我佔絕對優勢，仍節節推進。永安橋方面，進犯之敵勉强支持至八時後，敵勢不支潰退。

廿八日 閘北方面，下午四時後有激烈砲戰。晚九時，我以重砲猛轟虹口方面，目標爲敵司令部及其軍械庫，敵損失甚重。至深夜，砲聲猶未停止。

晚八時起，市中心區之敵，沿三民路西進，即在江灣跑馬廳之北李家宅，北季宅，東宅等處，與我前哨發生接觸。敵知我戒備森嚴，未敢深入。

羅店敵進攻被擊退

劉行以迄羅店鎮，我軍現扼守西自下家橋張宅孟灣寶家弄，經須宅朱宅紫籐海，東至南王宅楊家宅心一線。昨晚七時，敵二聯隊進犯我下家橋張宅孟灣寶家弄陣地。我軍出奇兵，分左右兩翼包抄，前後夾擊，大獲勝利。此役擊斃敵中隊長一名，士兵二百餘人，獲敵輕機槍五挺，步槍四十一枝。本日下午五時，復有敵二聯隊，猛攻須宅。激戰至六時左右，被我軍擊潰。至晚十二時，敵軍六百餘人再向下家橋攻擊，我軍俟敵逼近時，以手溜彈轟擊，敵軍當即四散敗逃。

廿九日 敵援軍又續到七千。閘北方面，下午三時半，敵軍一隊沿橫浜河向我寶山路橋進犯，被我擊退。該處雙方前哨相距僅五十公尺，我據各橫路口固守。

江灣我坦克車創敵

江灣方面泗涇球場之敵，晨向我賀家宅警戒綫進犯，相持半日，午後更趨激烈。至五時左右，我機關槍隊在坦克車掩護下，突由正面出擊，敵倉皇應戰，相持一小時，我軍予敵以重創後，退歸原防。入晚，市中心區敵砲不時向我體育會路一帶射擊，掩護市中心區敵軍調動。

劉行方面激戰

昨晚，敵戰車十輛掩護部隊向劉行東北之西王宅進犯。敵勢異常猖獗，曾衝破我警戒綫鐵絲網，闖入我陣地內。我軍沉着應戰，向隨戰車前進之步兵猛擊，阻其前進。敵前後不能接應，乃悄然引退。今晨八時許，又增戰車至三十輛，再度來犯，激戰終日，迄未得逞。

劉行永安橋之綫，晨起敵砲轟擊殊烈，我方砲隊亦予以還攻。敵機多架在劉行亦大爲活動，偵察投彈。因砲戰猛烈之故，楊行劉行之間，各村落俱着火，延燒甚廣。

羅店敵左右翼猛攻

羅店方面，兩日來激戰頗烈。敵軍左右兩翼同時進犯：左翼向羅店之西，以施相公廟爲目標；右翼則集中兵力於羅店鎮之東南，滬太公路之東面蔡家宅張家宅一帶我軍陣地。昨晚敵以小部隊猛烈進攻，敵機十餘架大施轟炸，大砲百餘門集中火力於該處一帶我軍陣地，掩護其步兵前進，坦克車亦在前列掩護衝鋒。我軍砲隊立卽予以還擊，前哨步隊沉着應戰，坦克車被我軍砲隊轟毀多輛，後我英勇將士，俱躍出戰壕，向敵猛撲。敵軍死傷無算，生還無幾。午夜後，敵又作第二度之猛衝，我軍堅守不退，最後敵仍不支退去。拂曉，敵三度進犯，激戰頗烈，至午方退。晚間，羅店左右兩翼，仍在繼續激戰之中。

羅店西北之敵，晨二時許，以小部隊進擾我曹王廟蒲家廟一帶陣地。我軍初置不理，伏居壕內。敵以爲我軍無備，悍然來犯。我軍俟其逼近，卽以機關槍掃射，敵倉皇遁去，情形極爲狼狽。我軍見敵已退，仍固守陣地，不予追擊。

三十日 敵軍第四次總攻似已開始。下午三時起，敵又以大砲及飛機，向我八字橋，水電路，江灣車站，高境廟車站一帶，猛烈轟炸，發砲達四五百枚之多，目的在破壞我方工事，並窺察我弱點，乘勢進犯。我軍除嚴密戒備外，並改取攻勢，將盤踞愛國女校之敵完全逐出。我軍於達到任務後，仍退回原防。

下午六時左右，在天通庵六三花園之敵二中隊，又攻我八字橋陣地。我軍正面穩守不動，另由粵東中學方面向廣中路突出，與敵週旋。經一小時之激戰，將敵擊退。後敵又列戰車為陣，與我對壘，迄深夜尚在相持中。下午七時左右，敵以軍艦大砲坦克車及機關槍隊三種兵力，向江灣復旦大學以北般翔路我軍進犯。我步兵聯絡機關槍隊，予以痛擊；晚八時後雙方接戰最為激烈，結果將敵坦克車擊退。

敵猛轟羅店劉行綫

敵對羅店至劉行一段，昨傾全力進攻，但迄無進展。敵計無所施，仍集中砲火，不斷轟擊，希圖破壞我方工事。至本日拂曉，敵猛攻我羅店至劉行警戒線，導以坦克車卅輛，向陶家宅，周家宅，及塘灣一線猛衝。惟該地阡陌連綿，溝渠縱橫，故行動滯呆，經我以迫擊砲猛轟，相持至午刻，終為我擊退。又敵於晨起向施相公廟方面進犯，激戰終日，仍不得逞。

下午二時許，敵向我顧家宅孟灣之南進攻，我軍以敵時來騷擾，決加以鉅創，遂出壕肉搏。敵見我衝鋒，即倉皇敗退。

晚五時許，敵又向我劉行東南，顧家宅西北等線進攻，並不時以大砲向我轟擊。我軍以密集機槍手溜彈掃射，敵軍傷亡甚多。

敵轟襲浦東未遂

晨敵艦向浦東我陣地連發數十砲，後即有敵機三架，在浦東迴旋窺察。至午刻，敵艦突以機關槍向浦東日本郵船會社碼頭一帶房屋掃射，不久即行停止。迨晚十一時許，敵艇載士兵多名，又企圖在其昌碼頭登岸。我軍俟其迫近碼頭，即以密集機關槍掃射。激戰一小時許，敵軍不支，紛紛潰退。

第三章　空軍戰績與敵機肆暴錄

我空軍於上月作戰中，表示非常之成績，而技術之優於日方，則尤爲外人所稱道者也。本月空戰仍烈，惟我空軍多注重於前方助戰，轟炸敵軍陣地，故多未爲外間所知，報上亦略而不詳也。至敵機之肆虐，亦幾於無日無之，特漫無標的耳。

九月一日 晨六時，日機十五架由象山石浦洋面襲甯波，爲我空軍升空奮勇擊退。又日機於上午十時許飛石湖蕩投彈，炸燬橋梁，故往來旅客均須渡河。

南翔附近空戰 下午五時，我空軍與敵機兩架，在南翔附近上空遭遇，當卽互相射擊。結果，擊落敵機一架，另一架受傷逃遁。

二日 敵機於昨晚及今日午後二時暨六時許，曾三度飛往眞如，轟炸國際無綫電台，惟未得逞。晚七時半，在閘北投燃燒彈三枚，延燒焚燬民房甚多。

空戰擊落敵機 下午三時許，敵機一小隊於江灣羅店一帶偵察我軍陣地，并投彈轟炸，適有我機多架由西南飛來，雙方遂發生遭遇戰。我機卽將敵機包圍，用機關槍掃射。敵機二架被我擊中，一架墮落於羅店附近，一架墮落於江灣附近。

敵機襲廈退

敵艦一艘三日晨駛抵廈門，竟發砲向我方射擊；我砲台守軍予以還擊，敵艦卽逸去。至八時半，敵機十二架飛廈轟炸，經守軍以高射砲擊退。下午一時半，敵機二次犯廈，在胡里山投彈數枚。我軍開高射砲猛擊，歷一小時，敵機始向東逸去。現金門方面到有敵航空母艦一艘。

四日

自黎明以迄薄暮，敵機又成羣結隊，在閘北滬西等處轟炸掃射，以致租界內及南市滬西等地，流彈橫飛，市民死傷者不下五六十人。中午，有敵機一架，在閘北麥根路一帶飛翔甚低，於投彈一枚後急轉頭上升，忽尾部冒出火焰，驟然由空中直落墮地，機內所裝炸彈立時爆炸，轟炸巨響，聲震全市。後悉係被我軍防空大隊，用高射砲高射機關槍襲擊，有一彈打在敵機油槽上，頓時爆發，墮落在廣肇路廣肇山莊坟地。此外尚有敵機一架於下午二時在北站一帶投彈，飛行甚低，又經我軍描準，發砲擊落，機身落地燬，機師當場殞命。

轟炸敵陣地空戰激烈

晨六時許，我空軍數隊出動，分頭飛赴吳淞蘊藻浜張華浜及虹口楊樹浦敵軍陣地上空，投彈轟炸，非常活躍。敵軍以高射砲猛擊，但均未能命中。

大批敵機亦由吳淞口飛升，與我機在空中發生戰鬥，相互以機槍掃射，盤旋追逐，自東而西。空中軋軋之聲，與拍拍槍聲，在六時三刻起，卽非常劇烈。流彈紛飛，公共租界及閘北新橋一帶，均有墮落，死傷甚夥。雙方激戰至九時許始已。

敵機襲京未逞

敵重轟炸機六架，於下午七時四十五分許，繞道江北來京，企圖夜襲。我方聞報，卽派驅逐機前往攔擊，遇敵機於江北泗陽上空。敵見勢不佳，遂倉皇遁去。

五日

敵軍因戰局未有發展，屢受重創，在懊喪之餘，乃大舉轟炸，以爲報復。兩日來敵機盤旋全市上空，偵察掃射，晝夜不絕，致無辜人民傷亡甚多。本日清晨，敵機十六架在距公共租界西五里許之北新涇鎮轟炸，投彈數十枚。該鎮臨馬路之屋尙屬完整，惟大街西端兩旁樓屋均被炸燬，已成一片瓦礫。在各處檢得屍體已有三十餘具，受傷者四十餘人。至十時許，又有兩架至該處偵察，連投兩彈。又至離鎮不遠之陳家渡，亦投數彈，在渡頭候船之難民，十九炸斃，受傷者二十餘人。又周家橋附近等處亦被炸燬，死傷多人。敵軍之一再轟炸我無辜平民，益堅我全民同仇敵愾之決心，並引起世界人士之惡感而已。

中山路上空戰

晨七時半，敵機數架飛眞如中山路一帶偵察，當有我機二架起而迎戰。歷十餘分鐘，敵機遁去。又上午七時至八時間，敵飛機四架在閘北潭子灣，交通路，及中山路上空盤旋，投彈七八枚。後經我軍用高射砲及高射機關槍擊退，敵機先後向東北方面逸去。

六日　晨有敵機多架，在太倉及嘉定一帶轟炸，燬民房甚多。晨七時半，敵機四架，在虹橋區內及租界西北面之京滬鐵路上空投彈。一時半至二時間，敵機在滬西聖約翰大學以北鐵路線處，及遠東跑馬場附近轟炸。

我機炸中敵艦三艘

我空軍轟炸機一隊，於晚間七時，飛往滬上轟炸停留小川沙口敵艦。當我空軍已飛近敵艦上空時，敵方始發覺，急倉皇發砲。我軍在砲彈密集中，上下自如，投彈數十枚。當有敵方兩驅逐艦中彈起火。稍頃，火焰愈烈。此外尚有敵巡洋艦一艘，亦被我機炸傷，受損甚鉅。

襲廈敵軍擊退

敵艦多艘，敵機兩架，六日下午三時半再犯廈門。我軍即予迎擊，激戰至四時四十五分，敵機負傷飛去，敵艦亦即退出港外。

七日　晨七時許，敵機十餘架，在滬市天空盤旋達二小時許。敵機先在滬南一帶窺察甚久，旋分成若干小隊，在閘北浦東滬西等處投彈轟炸。閘北一區投彈尤多，並用機槍掃射。我駐軍以高射砲及高射機關槍射擊，敵機始行逸去。

午後，敵機又大隊出動，先在引翔鄉市中心區一帶盤旋偵察，並在跑馬場附近投彈十餘枚。後向東而飛，在楊樹浦底來回偵察。同時，浦東方面另有三機在海口高橋一帶成環形盤旋；更有一機，則在賴義渡上空低飛偵察，頻以機槍向街上行人掃射。至約二時，各機結集大隊，向西南而去，進擾滬杭路沿綫。

敵在華南佔海島作空軍根據

香港路透電：據可恃方面消息，與香港西面領海相接之伶仃島，昨夜為日方所佔據。又此間密唎西報 (China Mail) 今日登載海產公司職員所述日軍佔據東沙島時之暴行。該職員等頃甫乘馬達船來此，據云：彼等備受日水兵虐刑，於彼等頭上置一利刃，旁有日水兵一人執錘而立，苟所問不答，則此水兵即錘擊利刃破其頭顱。後復令彼等與燈塔人員排立於海灘上，而以機關槍對之，作欲擊狀，強令其供出軍火窖藏之所，實則該處並無軍械窖藏所也。日軍刻將東沙島改為水上飛機根據地，已陸續將大批汽油運至島上。當彼等乘自己之馬達船離島時，見日驅逐艦多艘向汕頭方面駛去；其留駐島上者，唯日本陸戰隊與若干機關槍高射砲耳。日水兵登岸後，旋將無線電台與氣象台搗毀無遺。海產公司職員雖經釋放，然燈塔人員則被日軍拘留，視同戰時俘虜云。

八日 敵機於晨起又肆活動，在閘北浦東南市等處偵察外，又在市中心區，引翔鄉，洋涇鎮，閔行等處，投彈轟炸。

敵機炸松江難民車

敵機本日又施行其滅絕人性慘無人道之殘暴獸行，在松江轟炸滿載難民之火車，致車站上血肉橫飛，屍骸堆積，令人慘不忍覩。上午十時十分，由上海西站開出客車一列，滿載難民，向杭州駛去。至十二時二十分，到達松江，停於站內。時有日機多架飛翔上空，投彈轟炸，當有客車五輛全部炸毀。一時車內難民無法躲避，悉罹浩刼，炸斃三百餘人，傷者四百餘人。車站之天橋及水塔，亦全部炸毀。敵機在松江轟炸時，我空軍奮起應戰。當時有一敵機被擊受傷，向滬飛逃。我空軍將士何惠發亦略受微傷。

我空軍再飛滬夜襲

我飛機數架，晚七時許飛滬夜襲，浦中敵艦曾以高射砲亂射，我機從容飛越，向浦中敵艦與楊樹浦及虹口一帶敵軍陣地，投擲炸彈多枚。敵軍陣地有數處着彈起火，受損甚鉅。約歷二十分鐘，我機均安然離滬而返。午夜後零時十分，我空軍一隊飛往吳淞口外，向敵艦轟炸。當越過浦江上空時，浦江中敵艦，均倉皇以高射砲亂擊，然我機從容越過。至一時左右，我空軍又至浦江上空，一時敵艦高射砲聲又大作，敵方探照燈亦照耀於浦江上空。我機卽向敵艦投彈轟炸，在一時許，曾聞巨大爆炸聲數響，似已擊中目的物（後悉有敵艦一艘被炸重傷）。我機旋又飛滬東一帶敵軍陣地轟炸。

外國軍事家觀戰談

據觀戰之外國軍事專家述我空軍夜襲敵方情形云：『余係研究空軍戰鬥術者，故不時參觀中日空軍戰術。綜觀歷次中日空軍搏鬥，中國空軍戰士之技術較日方確高超數倍，蓋精神振奮，而技巧更純熟也。今晨一時華空軍夜襲日艦時，日艦以處此天未明曉前，甚感恐怖，於是紛紛移動，有不知所措之感。迨中國空軍投彈之際，日方必以探海燈，照明彈，高射砲，高射機關槍，一齊向東南西北上空亂放亂射。蓋既不知飛機有多少架，又不知高度有多少，祇得無的放矢矣。而於此時，中國飛機倐又不見矣。迨砲聲稍稀，華機則又飛起鶻落，突來投彈，而使日艦一無所獲，無法應付。如是者數十次，始安然離去。』

九日　敵機除在戰地活動外，又於浦東南市龍華高昌廟等處偵察投彈。下午五時許，我空軍飛機八架，飛陣地助戰，並轟炸敵艦。經過浦江上空時，敵艦高射砲及機關槍亂發，當時租界中區頗有流彈及鐵片落下。

我機飛滬夜襲建功

夜十一時半，我空軍又到滬夜襲。當時浦江敵艦驚惶失措，又亂放高射砲。但我機安然飛往虹口轟炸，在明華糖廠敵司令部投下三彈，均爆炸。內有一彈落於楊樹浦祥泰木行附近，頓時起火。至零時卅分左右，我空軍又飛抵浦江上空。一時敵艦砲聲又起，密如連珠；而信號彈及探海燈，同時齊發，耀如閃電。我機亦以機關槍還擊，格格之聲，發於雲際，戰況甚為激烈。我機翱翔數匝，即安然飛去，未投彈。當時有隆隆之聲，則係我軍所發之重砲，藉敵艦所發信號為標的而瞄準轟擊者。敵艦被我夾攻，頗有損傷。

敵機多架被我炸燬

午夜一時，我空軍於吳淞口外向敵艦轟炸後，即折至楊樹浦軍工路滬江大學附近敵軍臨時築成之飛機場，實行轟炸。連續擲下四彈，落於場內。時敵機十餘架停於該處，被炸毀。敵以高射砲還擊，終因漫無目標，未能得手。我空軍以目的已達，從容飛去。

敵機又襲汕頭潮安

本午十二時半，敵機三架轟炸汕市，當被我防軍以高射砲槍射擊。敵機投彈十餘枚後，於下午一時卅五分後倉皇逃去。又下午三時五十分，另有敵機三架，經汕飛潮安轟炸。

十日

敵機又四出活動，分至浦東及市中心區一帶轟炸。在浦東方面投彈尤多，企圖炸毀我軍工事及砲兵陣地，而於浦江砲戰時，尤盤旋不斷投彈。惟我預作戒備，故未被命中，僅附近村落多處民房被燬。

我機四度夜襲

晚九時四十五分，及十一時二十分，我空軍一隊，二度夜襲浦江敵艦及楊樹浦陣地。曾擲下炸彈四五枚，一彈擊中楊樹浦裕豐紗廠敵軍營房，一彈擊中浦江中敵運輸艦。我機於使命完成後，從容飛返。詎飛至潭子灣上空，遇敵機二架，即發生遭遇戰。我機將敵機包圍，以機關槍掃射；敵機不支，向東遁去。午夜零時一刻及三時一刻，我空軍又兩度飛至浦江，施行轟炸。江中敵艦於慌忙中，急以探海燈四五只四週照射，同時照明彈及高射砲向天空亂放。但我空軍態度十分鎮靜，仍從容投擲炸彈數枚，擊傷砲艦一艘。並曾於虹口楊樹浦敵軍陣地投數彈，敵軍損失頗鉅。

十一日

敵機曾飛往廣東韶關偵察掃射，旋又飛至英德，與我空軍相遇交鋒，後乃向東逼去。

空軍夜襲炸敵陣地

我空軍於晚間七時十五分飛滬夜襲，在敵艦高射砲密集中飛越浦江上空，至楊樹浦一帶敵軍陣地，投擲炸彈多枚，敵方受損頗鉅。迨十時三十五分，我空軍再度飛滬，敵艦又倉皇以高射砲及高射機關槍亂射，旋派敵機起與我機激戰，互開機關槍掃射。一時空中火光迸發，槍聲不絕。某外僑曾在北京路外灘，目覩敵機一架，被我機擊傷尾部，突然下降，前部推進機頓發出强烈響聲，向楊樹浦方面而去。約戰半小時，我機均安然飛返。

外人消息：連日中國空軍夜襲之目的，顯欲破壞日軍新近裝置完竣之陸地砲位。此兩晚夜襲之結果，確已將日軍最大之砲位擊毀一部分。

十二日　敵機復四出轟炸。晨八時左右，有敵機飛閘北沿中山路南飛至龍華，高昌廟及南市一帶偵察，並用機槍掃射我無辜平民。旋又東飛，偵察我浦東陣地。十時許，在虹橋飛機場附近投六彈。十二時半，至閘北一帶偵察，在麥根路站附近投一彈，蒙古路一帶投五彈。旋更在廣肇山莊附近恆豐路廣肇路一帶，投硫磺彈二枚，彈落該處貧民草棚，燃燒頗烈。下午二時，又有敵機二架，在浦東南市窺察，並以機關槍掃射。三時許，該二機又飛往閘北投二彈。此外，於正午十二時左右，復有敵機多架，在楊行月浦一帶偵察，同時投下炸彈多枚。

我夜襲炸中敵艦兩艘

我空軍於晚七時二十分曾一度來滬。當飛經浦江上空時，敵艦信號彈高射砲一時齊發。時敵機一架，在浦東方面偵察，遂在空間相值，發生激戰，機槍聲格格發於空際。相持約一刻鐘，我機乃飛楊樹浦及獅子林方面投彈轟炸敵艦，爆炸聲甚巨。旋返經浦江上空，敵高射砲聲又起，惟我機安然越過，飛返原防。當時我浦東方面砲兵，亦瞄準射擊，以爲策應。至十一時四十五分，我機又飛滬襲擊，予敵艦以重大損害。

路透社訊：中國空軍今夜飛滬轟炸日本軍艦。據飛行師歸來報告，至少有日艦五艘被擊中，其中兩艘爲巡艦。

【十三日】晨六時，敵機二架在浦東投二彈，未爆炸。九時許，敵機四架在浦東投三彈，傷數人。下午一時四十分，敵機五架飛浦東白蓮涇一帶，連續投彈十一枚。三時半，敵機二架飛白蓮涇投彈六枚，死傷居民廿餘。

敵機一小隊晨在南市一帶偵察。下午三時，敵機三架至南市薛家浜一帶投彈十餘枚，旋又至大東門小南門外投彈。下午四時許，敵機三架在城外投彈七八枚，十六舖東門路擲兩彈，南車站投兩彈，但死傷尚少。

又敵機晨在閘北共和路一帶投硫磺彈，以致火勢蔓延，不可嚮邇。

粵空軍炸沉敵艦

廣州我空軍一隊，於上午十時，飛廣州灣外海一帶轟炸敵艦，乘敵方不備之際，齊向敵艦猛投數彈，均告命中。一時艦上火光冲天，爆炸巨響，聲震數里。稍頃，該艦遂下沉。我空軍以任務已達，乃相偕安全返防。又香港電：十三晨四時許，有敵機九架飛虎門，我機截擊，敵卽向東北逃。瀕行投數彈，我無重大損失。一敵機被擊傷，墮伶仃洋。

敵機炸惠陽美醫院

香港路透電：惠陽美致會醫院主任湯姆士今晨抵港，言及星期日惠陽醫院被轟事，謂彼等今晨離廣州，攜有受傷者二人，一爲男子，一爲華人主任醫師之妻。據彼等所得之最近消息，日機今晨又向該醫院及附近飛行場投彈轟炸。醫院雖懸美旗，然日機不加理會，故無論何國人民住於醫院附近，現皆不復安全云。

敵機飛滬杭路偵察

晨七時廿分，滬杭鐵路沿線各站至筧橋止，均發現日機。最多時爲九架，在楓涇石湖蕩間偵察良久；到筧橋爲五架；一架飛艮山門一帶偵察，三架在長安一帶偵察；到杭州時爲十時零五分。旋至翁家埠筧橋一帶偵察，卽向東北逸去。午後有小輪一艘，拖帶帆船九艘，載難民駛往嘉興，在蘇州河野雞墩遇敵機轟炸。擊沉帆船三艘，並毀六艘，死傷四百餘人。

十四日 敵機上午在南市偵察，並以機槍掃射平民。午後在浦東南市及滬西中山路一帶偵察並掃射。下午六時，敵機數架至南翔覘察數匝後，卽以車站爲目標，投彈多枚，卽行爆炸，附近平民罹難者三十餘人。

粵空軍再建攻

路透社訊：日艦五艘今晨五時至六時，開砲向虎門砲台轟擊，砲台卽予還擊。中國飛機亦升至天空，向攻擊者加以轟炸。六時半，各飛機安然歸來，聞已炸毀敵艦兩艘。同時，珠江已被中國當局堵塞一部份，僅留一狹道可通船隻。

十五日 上午，敵機在北站上空偵察，被我高射砲擊退。下午三時許，敵機一隊又飛往浦東楊家渡投擲炸彈二枚，炸燬民房二十餘間，平民死傷甚多，由浦東區紅十字會派員救護醫治。

粵炸燬敵艦

廣州我空軍一隊，上午七時半飛沿海一帶，轟炸敵艦，在汕頭海面擊沉敵艦一艘。又在赤灣沉沒之敵艦，查明係廿九號，卽曾搜擾英輪泰山號者。

路透社訊：昨晚中國飛機攻擊泊於澳門領海外之日驅逐艦兩艘，澳門居民大爲驚惶。旋有日驅逐艦一艘，在香港界綫附近赤灣外沉沒。

航空界息：敵艦數艘於十五日晨八時許，駛至汕頭洋面附近，企圖襲擊。我廣州空軍聞報，當即派機一隊前往應戰，遇敵艦於馬嶼口一帶，乃向敵艦轟炸。彈落火起，焰高數丈，當有一艦爲我炸燬。至九時十分，我空軍乃相偕安全返防。

十六日 晨十時，敵機四架飛浦東楊家渡一帶偵察，投彈多枚。旋於南市以機槍掃射。下午，有敵機多架飛閘北南市及浦東偵察。

落敵機

下午二時半，敵機三架，在我永安橋一帶陣地偵察。當時有敵機一架飛行極低，我軍用輕機關槍對敵機射擊，擊中機身，立時起火燃燒，落於我軍陣地內，人機俱毀。

又軍息：我軍十六日在嘉定羅店前方，計擊落敵機三架。

粤空軍威脅敵艦

香港電：據澳門開來之英國商船蘇太號報告，珠江口中之日本軍艦，因中國空軍之猛烈轟擊，現已退出珠江。該船自澳來港時，已不見日本軍艦之影蹤云。

下午六時五十六分，敵機七架，經廣九路樟木頭站來襲廣州。我空軍在東郊截擊，激戰約二十分鐘，敵機不支，在東郊投彈數枚，卽逃去。

下午二時，兩敵機飛粵境潮安揭陽，先後投彈五枚。至二時半，被我軍擊退。

十七日　上午十時二十分，敵機飛往浦東投彈。越二十分鐘後，又在陸家嘴擲彈數枚，我軍開機關砲射擊始去。十一時，又有水上飛機一架飛浦東上空，我軍立開機關砲射擊，始逸去。

敵飛徐州擊退

敵機十五架，午由連雲港飛徐，潛行高空，以兩機低翔偵察，被我高射砲齊發環攻。敵機不敢逗留，僅以機槍掃射城區，並無損傷，敵機倉皇向東北逃去。連雲港敵艦四五艘，來去無定，現在泉車牛山平山一帶。十七日捕我東連島漁戶多人，毆訊軍情，並殺傷投海。

投彈轟炸湖水笑劇

崑山來人云：某夜零時許，敵機多架黑夜西飛，經過崑城西北十七八里處，見有星火點點，卽猛擲數彈，但寂然未炸。旋以照明彈一再探望，則澄波浩瀚，三五漁船正張燈捕魚，蓋所投之彈付諸流水矣。敵機無的擲彈，良堪發噱。上述該處係陽澄湖一脈之傀儡湖。

十八日 下午五時半，敵機四架飛往滬西，轟炸我虹橋飛機場。共投七彈，四彈落場內，三彈落場外，我方無大損失。又在滬西北新涇及虞姬墩一帶投彈，有難民船一艘被擊沉。

上午十時十分，常州到有敵機二架，盤旋一週，並用機槍掃射。因我防空周密，未受損害。

下午七時十五分，敵機一架，經嘉興飛向杭州。防空司令部即發出警報，實施燈火管制。該機於七時三刻抵杭，盤旋約一小時，至八時半許向海甯附近許邨飛去。旋又飛回杭州，投下二彈。十時，仍循嘉興桐鄉原路回滬。

敵機一架墮落浦江

黎明時，有敵機多架，飛浦東窺察。中有水上機一架被我機槍擊傷，倉遽間飛至三井碼頭附近時，機身因受劇烈震動，跌落於三井碼頭浦面，旋即沉沒。

我空軍三次夜襲

連日陰雨，晨始放晴，沉寂已久之滬市上空，於皎潔明月燦爛星光中的「九一八」之夜，我空軍又飛滬夜襲，展開空前未有的大空戰：晚七時半，我轟炸機一隊，出現雄姿於滬市上空，立時敵方紅綠白三色之信號彈飛舞空際，同時敵艦探海燈向空探照，長虹閃耀，亮澈雲霄；敵方之高射砲及機關槍聲，亦如聯珠而至。時我空軍所投擲巨量炸彈之宏亮爆發聲，亦隨之以起。後我機復從容飛淞口轟炸敵軍，至八時三十分折回滬市，盤旋楊樹浦虹口一帶，在敵高射砲密集砲火中，上下翻騰，投彈多枚，多處中彈起火。八時三刻，我機在楊樹浦公大紗廠附近，向該處敵新築飛機場投下炸彈五枚。

夜間首次激烈空戰

此時敵方空軍亦飛起掩護，於是浦江上空發生滬戰爆發以來第一次最激烈之空中夜戰，雙方清脆之機槍聲充滿空際。鏖戰歷廿分鐘之久，始告停止。十一時一刻，我大隊飛機再度出現於滬空，向敵艦及敵軍陣地猛施轟炸，盤旋甚久。敵方高射砲高射機關槍，雖同時齊發，但我英勇空軍仍大顯威力，在敵軍重要陣地投彈甚多。至一時廿分左右，始安然離滬返防。

砲兵助戰共奏大功

此次我空軍夜襲，奏功甚偉，敵重要陣地及敵艦被我擊中多處，予以重大損害。當八時十五分左右，停泊於百老匯路招商局北棧浦面之敵艦一艘，被我機投中一彈，頓時爆發，受傷甚重。我浦東方面砲兵陣地，亦乘敵艦以探海燈照射之時，以燈光為目的，發砲猛轟，又有敵艦一艘被我擊中，受重傷。虹口楊樹浦一帶中彈起火者，有敵新築飛機場，楊樹浦明華糖廠（敵軍重要根據地），及其他七處。

炸燬敵大批軍火

事後悉，此次我空軍來滬轟炸，目標爲大阪黃浦匯山大連等碼頭，因我方據報，是日有大批敵軍火運抵上海。十一時十分許，我機「浙江號」，乘敵高射砲不及注意之時，直飛大阪碼頭，擲彈三四枚，適擊中敵軍火集結地點，頓時爆炸，盡付一炬。又東熙華德路兆豐路空地上，停有敵坦克車及裝甲車多輛，亦被我空軍炸燬。據十九日晚東京廣播消息：中國空軍十八日夜轟炸上海虹口，擊中日本軍械倉庫，損失極鉅。

十九日 敵機兩架，晨六時，由運雲港外航空母艦上，飛淮陰高空窺視良久，其中有一架被我高射砲擊中尾部。敵機兩架，晨九時飛抵滁州，低飛偵察，在車站附近投下兩彈，無甚損失。

敵機到處施虐

晨六時許，敵機四架由滬飛嘉善，在車站投彈四枚，死二人；旋至城內投彈一枚，居民死一傷三。後竄嘉興，投彈六枚，車站機車房，機車一輛，及列車三輛被毀。松江車站投十餘枚，幸站屋軌道無損。鄞縣上空，晨九時發現敵機一架盤旋窺伺，十一時由象山港又來敵機四架，於江北岸冬白沙投彈四枚，損失輕微。

午後四時五十分，敵機六架襲蘇州，先後擲彈十餘枚，惟無大損失。

晨敵機兩架飛徐窺察後，午後二時半，復由連雲港口外飛來轟炸機八架，驅逐機四架，盤旋於東車站一帶，擲彈十餘枚，損失輕微。平民被敵機掃射死一人，傷二人。我高射砲齊發，敵機狼狽東返。內有一機尾部被擊，晚傳城南某鄉落受傷敵機一架。

• 午後三時四十分有日機廿餘架，經滕縣到臨沂，向西南飛去，經海州方面窺察。同時濟南亦發現日機一架。滄州有日機一架在站投數彈，我方無損失。

夜間，敵機一架飛杭，盤旋達二時之久，擲彈兩枚而去。午夜後一時許，敵機一架又至，盤旋兩週，越錢塘江東去。二時後又飛杭，在筧橋上空盤旋，至三時許始飛去。

京市上空猛烈戰鬥

晨八時半，敵機四十六架，由東南方向京進襲。我空軍急前往迎擊，至鎮江附近與敵機遭遇，當卽發生猛烈戰鬥。敵機連被擊毀兩架，一落於高資，一落於儀徵。我隊中之二機，被敵包圍，陷於苦戰，雖曾迭予敵創傷，卒有一架被敵擊傷墮落。另一機則殺出重圍，與他機聯合向敵進攻。鏖戰中，突有敵機一架，從旁趕來，將我一機擊傷。此時，敵機廿一架襲入京市，餘機仍應付我軍之追擊，至揚中及江甯縣屬祿口鎮，又被我擊落兩架。襲入京市之敵機，經我防空部隊槍砲猛攻，未能肆虐，在江東門附近投下數彈，無重大損失。至十時四十分，卽解除警報。此役敵損失轟炸機四架，我亦損兩架。我空軍戰士黃居國戴廣進兩員殉難，又五人受傷。下午三時一刻，又有敵機廿餘架襲京，經我驅擊後卽逃逸，僅在中華路等處投下數彈，毀民房十餘間，死傷數人。

擊落敵機四架

據江寧縣府息：晨九時許在縣屬祿口鎭義陵鄉被擊落之敵機機上有「九六艦爆」「愛知三十一號」等字樣，飛航員二人均已斃命。縣府擬卽將敵機殘骸運京。又其他擊落三敵機中飛航員五人，被俘後均因傷重殞命，逃逸二人尙未弋獲。

鎭江電：侵襲首都之敵機，被我空軍在鎭江高資鎭東南二里許湯家莊擊落，係中島一零五號水上偵察機一架。機內三人均斃命，機槍兩架及機上零件已運鎭。同時據儀徵報告，該縣西古淯鄉亦墮落敵機一架。

南京路透社訊：首都已二十四日未遭日機空襲，今日敵機二十一架又來肆擾。晨八時三十分，此間警號大作，半小時後，敵轟炸機以驅逐機爲護，出現天空，於是高射砲聲卽隆隆大作。敵機最注意之地點，爲中央廣播台，自來水廠，飛行場，兵工廠。自來水廠附近落下兩炸彈，廠屋安然無損；飛行場損庫房一所。敵機被擊落者四架，一爲高射砲所中，落於下關附近；其餘三架爲華機擊落。敵機逗留天空，歷廿分鐘之久。晨十時十五五分，解決警報。華方失機兩架，死飛行員二人，又傷四人。聞華機駕駛員一人於機毀後，卽用降落傘安然降下。日方宣傳曾毀華機廿六架，當局斥爲無稽，謂我方升空與敵機交戰者，共僅十五架。下午，敵轟炸機與驅逐機共廿餘架又來襲擊，出現於燕子磯天空，在南城與太平路西自來水廠附近擲彈數枚後，卽爲華機擊走。下午四時四十五分解除警報。

二十日 晨九時至十時許，敵機飛浦東南市偵察，並散下荒謬傳單；又在眞如中山路等投彈十餘枚。旋飛至北新涇開槍掃射，民衆廿餘受傷。

晨八點四十分，敵機十二架過臨沂郯城台兒莊犯徐州，十點半飛回連雲港。九點十分又有六架，九點半又有十二架，過郯犯徐。又滄州有敵機三架轟炸掃射。九點半一架窺濟，夏津樂致清平德州濰縣均發現敵機。

下午一時，敵機八架，在武進投一彈，落車站附近田中，傷一人，毀屋數間。又昨日在武進福景鎮，敵機一架落下，駕駛員西園哲夫，航空兵山下清明，屍體奉令運省掩埋。所獲戰利品旗幟等多件巳送縣府，該敵機爲大村海軍航空機。

敵襲京被擊落五架

今晨敵機又飛京轟炸。我空軍升空應戰，飛將軍樂以琴劉粹剛奮勇殺敵，又迭奏鉅功。敵機五十架，晨十時分兩隊襲京，我軍派機攔擊，在京郊發生壓戰。我軍奮勇殺敵，在紫金山上擊落敵機二架，落地起火，餘機紛紛逃去。我軍追擊至棲霞山上空，敵轟炸機一架受傷，落地焚燬。我軍乘勝進迫，至江陰一帶，有一敵機尾部被我射中，頓時發火，墜於江邊。我軍均安全返防。事後調查，敵方此次在城中所擲之彈，落於城南及城中居民較稠密之區，致平民十五人炸死，十六人炸傷，房屋五十餘間被炸燬。

據丹陽縣府報告稱：當我空軍與敵機交綏時，有敵方受傷轟炸機一架，自遠方狼狽飛來，至丹陽湖邊，不支墜落。當時幷未起火，機身全部完整，損壞部份亦極輕微，機內二戰鬥員已中彈斃命。按我空軍已擊落敵機四架，計連此架共達五機。

上午九時，敵機飛江陰，被我長江軍艦擊落一架，墜三圩港面，機師二人被擊斃。

敵機又襲蘇州

午後四時許，敵機九架復飛蘇州進襲，盤旋四十分鐘，向火車站等處投彈廿餘枚。時有難民正在車站附近休憩，被敵機炸死傷者甚多。紅十字會火車亦被擊中，傷兵死傷多人。

二敵機墮蘇州

敵機二十日中午襲京後，皆紛紛東返。過蘇州上空時，市民多目擊有二敵機左右猛烈搖動，稍頃，見黑烟縷縷，突向下墜，想係已被我擊傷過重，不克支持。聞約在離蘇十餘里地帶，該二機果墜落地上，當時曾發出爆炸巨聲。當局已派人前往搜查。

日方恫嚇各國駐京人員

十九日下午，日本駐滬總領事，將日本第三艦隊司令官通告，面交駐滬美總領時高斯，請其轉送美國大使館，通知南京美僑；並請美大使館代為通知南京其他外國大使館及公使館查照云：日本海軍航空隊以南京係中國軍事活動之主要根據地，茲為消除中國軍隊之敵對行動，早日結束目前之敵對狀況起見，將於一九三七年九月廿一日正午十二時以後，對南京城內及附近之中國軍際，及一切屬於華軍軍事工作活動之建築，採取轟炸或其他手段。在此次襲擊之中，友邦人士之生命安全，自應嚴密注意。惟為避免友邦人士遭受中日敵對行為中無法預防之危險計，不得不勸告各友邦現在居住南京城內或附近之官員及僑民，採取妥善步驟，自動撤入較為安全之地帶。至於長江中之外國軍艦及其他船舶，亦應停泊下關上游以免危險。各國對此均表示不滿，即對日軍當局抗議。

我空軍又夜襲

晚十時五十分，我空軍一隊突向浦江敵艦襲擊。我機已逼近敵艦上空，敵始發覺，倉皇以紅色信號及高射機關槍高射砲等，向空亂放。而我機已以迅雷不及掩耳之手段，投下兩彈，訇然鉅響，落在江心沙魚市場附近之敵軍陣地。我機於擲彈後，即向淞口方面飛去，繼續向敵艦施行轟炸。

敵犯連雲港被擊退

上午七時，敵機十二架由連雲港外起飛，經新浦郊外上空向西北飛去，八時廿分復向東飛去，十時五十分，又由西向東北飛去。下午二時，敵機五架過台兒莊飛徐，旋經郯城返連雲港外車牛山根據地。下午三時，敵機十餘架在該港掩護陸戰隊，企圖登陸。我守軍以大砲還擊，戰二小時，敵艦收退港外，未得登岸。

廿一日

敵機本日大舉轟炸首都之恫嚇未見實現。我政府與人民，前日以來，均極鎮定。美大使雖曾一度登砲艦呂宋號，翌日亦返使署照常辦公。各國（連意德二國在內）均對日政府嚴重抗議。

下午三時許，敵機九架飛浦東我軍陣地投彈，我防軍施放高射砲射擊，命中敵機一架。該機尾部冒黑烟，向楊樹浦急速下降。餘機深藏雲中，迴翔於外灘一帶，不敢向浦東進犯。

敵兩襲粵擊落四架

上午六時廿九分，敵機十八架，經唐家灣飛襲廣州。我空軍派機迎擊，市內高射槍砲紛然雜作。激戰一小時餘，當被我軍在白雲山附近擊落二架，敵機於倉皇中向市東郊投彈三十餘枚逃去。我機乘勝追擊，先後復在赤磡深圳附近擊落二架。是役我二機不幸略受微傷，機師一人因跳傘下降，面部微傷。又敵機曾往粵漢路小坪車站附近，投彈二枚，均落荒地。下午一時三十五分，敵機二次襲粵，經我機擊退。敵曾投彈十餘枚。晨我空軍冒雨偵察，在東沙島附近，向敵艦投十餘彈，一中敵艦甲板，濃烟即起，當已受傷。

廿二日

上午九時許，敵機在浦東滬西偵察，並散發荒謬傳單。在浦東曾以機關槍掃射路人；滬西曾投一彈，傷一小孩。下午四時，在浦東炸一米船，死二船夫。

徐州擊落敵機

上午敵機到徐州投彈時，被我高射砲擊落一架。又本日魯南境內亦擊落敵機一架。

敵機襲京發生激戰擊落四架

晨十時一刻，敵機五十一架襲京，我空軍事先升空準備迎擊。十一時許，敵我空軍在京郊相遇，即發生激戰。敵機有二架中彈受傷，狼狽遁去，一飛至浦口北三十餘里起火落地，一飛至鎮江附近爆炸墜地。其餘敵機聯合向我一戰鬥機撲來，以衆寡勢殊，我機在三汊河對江受傷降於水上，二戰士受微傷。我空軍戰將董明德殺敵心切，乃單獨猛加追擊，至江陰上空時，當將一敵轟炸機控制在手，戰鬥約數十分鐘，該敵機油箱中彈起火，機墮地上，爆炸聲震數里。其餘敵機齊向董氏之機猛烈圍攻董氏急騰飛高空，衆敵機此時受嚴重威脅，遂迅速逃去。迨董氏飛返京空時，警報業已解除。當交綏時，有十餘敵機乘隙竄入京市上空，我高射槍砲齊發，我空軍亦自城外趕來追擊。敵機曾在中央黨部投五彈燬房屋多間，損傷尚微。其餘落池塘及荒地者各十餘枚，落路面者七八枚，落民房者十餘枚，死傷平民四十餘人，燬房屋五十餘間。敵計被我擊落四架，除三架業已證實外，尚有一架在搜尋中。下午一時一刻，敵機二十一架又襲京，因我空軍迎擊，未侵入市空，乃竄至浦口及京滬車站一帶，投十餘彈而去。

晨十時，敵機四次襲江陰，投彈三十餘枚。敵機一架被我高射砲擊中，受傷後逃去。又據濟南電，兗州昨擊落敵機一架，墮車站旁，機師二人均斃命。

敵轟炸住宅區及難民

日機今日襲京時，被轟炸者逾三十處，而美意德大使館所在之新住宅區，爲旅京外人住宅叢集之所，亦被波及。此次敵向住宅區域大肆轟炸，外人咸大異之。與英法美意軍艦停泊處相距不遠之下關，亦爲日機投彈目標之一。下關難民收容所一處，在第二次襲擊時爲日機炸毀，死難民在百人以上。電報局亦爲日機目的之一，但未遭擊中。下關難民收容所被炸後，血肉四飛，景象奇慘。

敵機四次襲粵

今晨敵機襲粵兩次，第一次爲午前二時至六時，第二次爲午前七時十分至七時三十分。敵機投彈轟毀城西民房數所，並有兩彈落於中山紀念堂大門之前，平民頗有死傷。廣州居民之有夜襲經驗，此爲初次。第一次襲擊專注重東北區城，而第二次敵機則轟炸郊外與飛機場，惟飛機場未遭重大損害。午後，敵機又二次來犯，被我擊落兩架，均在近郊尋獲。

廿三日　晨一時，敵機一架在餘姚乍浦沿海窺伺，並有敵艦兩艘，由杭州灣駛乍浦窺察。我守軍立予痛擊，敵乃遁去。

下午四時三刻，我機三架在楊樹浦一帶敵軍陣地來回偵察，數匝後始去，未投彈。

大隊敵機襲江陰

敵機五十餘架，於下午三時半至江陰轟炸。我空軍聞報，即先至江陰上空迎擊，敵機見勢不佳，任意投廿餘彈遁去。

魯南擊落敵機二架

廿二日下午，魯南各縣均有大批敵機飛到。在滋陽共投廿餘彈，被我擊落一架，落車站花園起火，俘二人，獲手槍二支，機槍一架。又在南霞口擊落一架起火，落泊頭站北半里許，機內五人均燒斃。

敵三襲州炸平民擊落二架

晨零時三十分起，迄七時五十分止，大隊敵機分三次來襲廣州，經我機及高射槍砲夾擊，擊落多架，現尋獲二架。我機師董廣慶奮勇追擊，在虎門外爲敵多架包圍，被迫在河南降落，幸人機均無大礙，董氏頭背手部略受微傷。又路透社訊：日機於今晨兩度來襲。第二次來襲，爲八時三十分，有數彈落於城中，市民生命損失極大。此次來襲有重轟炸機十架，及若干較小之戰鬥機，實前此所未見。全市極度緊張，空中戰鬥及高射砲之射擊，在碧藍天空之中，蔚爲壯觀。再來襲之機，以三架爲一小隊，大約以飛機場及政府機關爲目標。路透社記者今日親往各被轟炸之地點視察，見東郊外東山貧民房屋，有全街破碎無一完棟者，有數處死屍尙未移去，堆積地上，如蠅紙上之死蠅，殘肢髒骸，已俱不可辨認。而婦女一面號泣，一面扒動死屍，以尋覓其親屬；幷有若干喪家之人漫遊街道，神經似均已錯亂。據記者調查，死傷者當不下數千人，而確實數目恐非數星期內所能估計。外人觀察者，對於日機之目標，多茫然不解：因政府機關房屋及軍事區域大都無恙，而炸彈大多數悉墮落於貧民聚居處。外人視察者，目擊非戰鬥員之被屠殺之慘，多撟舌不下。記者所到之處，莫不哭聲震野；而如癡如狂之小兒，奔走呼號其父母，聞之尤令人慘痛。

廿四日 午後四時二十分，敵機十三架，由九江向武漢飛行。武漢防空部接報，即嚴行戒備，我空軍亦準備出動。敵機於四時五十分到達武漢上空，我地上及海軍兵艦各高射槍砲，均向敵機射擊，我空軍亦奮勇擊截於空中。敵見我有備，即倉皇在漢口漢陽，沿襄河兩岸投下十餘彈，震倒房屋數十間，死傷平民數百人。於五時向東沿原路逃去。有敵機一架，被我擊落在葛店附近。

路透社訊：據漢口電話，日機十三架來自南方，八架來自北方，於午後四時半襲攻漢口漢陽武昌三處，死傷至少八百人。

廿五日 天氣轉晴，敵機四架，八時左右又出現滬空，在浦東閘北滬西等處投下炸彈十餘枚，毀民房數間，平民數人受傷。又南市有敵機七架低飛偵察，並掃射機槍。在高昌廟附近投一彈，未爆炸。

下午四時，敵機五架飛浦東，投彈二枚。其後又增至十三架，旋離旋合，大事轟炸，投彈不下二十餘枚。幸該處居民多已避難，故僅燬民房多處。無甚損失。

敵襲江陰鎮江

上午八時起，敵機多架先後經江陰西飛，未擲彈。午後半時許，又來敵機多架，向沿江一帶擲彈多枚，燬民房數間，死小孩一，傷五人。經我防空部隊發炮射擊，始倉皇逃逸。

下午二時，敵機大批過鎮江進襲首都。五時許，有一敵機折返十二圩投彈，經高射炮猛擊，逃去。

我機飛滬夜襲

夜十一時，我空軍又飛臨滬空時敵艦高射炮齊發，我軍安然越過，至楊樹浦及前線一帶轟炸敵軍陣地，予以重創後，安然飛返。午夜後一時十分，我空軍再臨滬空，襲擊敵軍陣地。在敵艦高射炮高射機關槍密集射擊中，鏖戰不休，投彈十餘枚，予敵重創後，全部安返。

廿六日

上午八時左右，敵機三架，盤旋於滬西滬南及浦東等處，低飛窺察掃射。另有一架，則在閘北投彈數枚。

敵機一架墮落

上午十時，有敵機九六式一二六號，在太倉縣境受傷墮落，俘獲敵空軍聯隊第二分隊長山下七郎一名。據供：籍貫係九州福岡縣久留米市梅滿町九三零番地，父名山下德次郎。並云：中國軍隊之英勇，實出於日人預料之外。伊甚望早日停止戰事，能得生還，誓不再做軍人。被俘獲後，蒙我優待，尤爲慚愧。

敵襲浙杭

敵機三架，於上午九時許由閩侵入浙境，在衢縣偵察，投擲炸彈三枚，死傷平民四五十名。旋又由衢飛金華投彈六枚，平民死傷三四十名；車站旁旅館中一彈全毀，死傷平民四五十人。

晨十時三十五分，敵機二架飛襲杭州，我高射機槍一時齊發，但敵機仍低飛杭城，在熱鬧市區掃射。幸事先早得警報，人民毫無損失。

上午十一時三十五分，敵機二架飛寧波市盤繞數週，又飛南鄉投兩炸彈，惟俱落空場，僅毀某廠一角，損害不大。

下午三時，敵機一架飛鎮海附近洋面窺探，當時泊駐海面敵艦向我岸上防地發砲兩響，彈均落於沙灘。

假冒國徽襲贛

晨十時十分，廣德方面發現飛機兩架，由東南方飛來，我方即加戒備。迨該二機飛近時，見其機身飾有我國國徽，形勢亦與國機酷似，且飛行甚低，咸認爲我機歸來。詎該二機突擲下二彈，幸均落於墻根，無何損傷。我當局以敵方此種行爲，實屬卑劣已極，非第可以加害於我，且易引起國際誤會，故特通知滬租界當局及各國軍艦，予以切實注意。

上午十時一刻，敵機六架先後進擾贛東，遇我機，乃不戰竄返。敵機經過貴溪時曾投數彈，死平民四，傷數人。

敵機再襲粵

晨一時至四時，敵機四架襲粵，飛經廣州上空，在黃埔港投兩彈，死傷江面漁戶數十人。旋復飛淸遠屬琶江附近村落投兩彈，燬民居三十餘間，死傷鄉民數十人。經我機隊追逐，四時許向南遁去。

午十二時四十分，敵機三架由西南方襲粵。經虎門時，遭我高射砲轟擊，即行逃遁。另有敵機一架，飛南海縣屬白沙投彈，燬村舍數間，死傷農民三十餘人。

廿七日

晨起，敵機飛浦東偵察，又在閘北大肆轟炸。下午，敵機仍在閘北轟炸，至傍晚始止。

敵機襲京三次未進城

敵機三次飛京空襲，八卦洲及浦口方面，平民生命房屋均遭受巨大損害。

第一次敵機十一架，於上午十時許來襲，與我空軍在郊外八卦洲遭遇，即在該處投彈數枚而去。第二次敵機九架，於下午零時四十分沿京滬線飛來，在浦口上空盤旋半小時，共投重量炸彈十餘枚。津浦路局受相當損傷，民房炸燬甚多，死傷二十餘人。至下午一時一刻，該九架敵機復闖入我警戒線，企圖第三次襲犯，亦被我空軍及防空部隊擊退。

敵機四次襲粵

廣州今日連遭日機襲擊四次。第一次有敵機一架，黎明前在市區投彈兩枚。第二次爲九時許，日機十三架分兩隊來襲，目的在破壞粵漢路交通。四架飛入市區向粵漢路南站擲彈三枚。一彈落站外空車房起火，當卽撲滅，死路警等四名。一彈燬民居三十餘間，死傷百餘人。一彈落站外，死平民二十餘人。六架沿粵漢路飛江村投彈，炸燬附近橋洞少許，又在大朗站投彈，燬工房一所。第三次午後二時許，敵機三十架分數隊進襲，與我空軍在市郊激戰，未入市區，僅在西北郊石井附近投數彈；卽沿粵漢路北飛，在江村站以北投彈。第四次爲五時十五分，敵機三架由西南方向北急飛，在江口西岸蓮石灣炸燬村落一處，死傷五十餘人。

敵艦機犯虎門

晨敵艦向虎門沙甬砲台開砲，有敵機三架飛要塞上空，以機槍掃射，并飛白沙投彈。我砲台防備鞏固，并無損失。敵機六架下午一時半，再犯虎門，一架被我擊中負傷。

廿八日 晨五時後，敵機六架飛浦東南市偵察。八時半有敵機飛龍華，投五彈，均落田野中。上午又有敵機九架窺察浦東，久之，投下二彈。九時半後，十二時許，敵機二次飛閘北偵察轟炸。下午三時，敵機多架又至閘北肆意投彈。當時我軍以高射砲轟擊，敵機一架被我擊中尾部。該機受傷後。卽倉皇逃逸。

上午八時，敵機二架飛江陰，在城垣上空盤旋窺察，擲彈數枚，均落江中，無損傷，歷一時餘始去。

敵機徐海肆虐

上午九時，有敵機五架飛徐州車站投彈十餘枚，炸燬民房六間。亞細亞火油公司亦被炸。下午一時許，由連雲港外海面飛起敵機八架，向淸江飛去。至二時許，敵機八架分兩次從南飛來，在海州新浦上空盤旋一週，卽向下投彈八九枚，落於荒郊，並以機槍向下掃射。經我以高射炮射擊，內有一機尾部受傷冒烟，卽向東北飛逃。我方未受損失。

敵襲京被擊落一架

敵機二十三架，分兩隊於午刻飛京，企圖空襲。我機得報卽升空迎擊，十二時半，在京郊發生激戰。敵機十一架乘隙竄入京空，在京市東南與南部擲彈十餘枚，並向光華門外機場與南門外之兵工廠擲彈　。我高射槍砲齊發，敵機卽逸去。至在城外與我機接觸之敵機，因受重大威脅，向嘉興方面竄逃。我機奮勇追擊，在嘉興上空將敵轟炸機一架擊落起火。

蕪湖擊落敵機二架

南京路透電：今日下午，日機十五架飛往蕪湖轟炸。據今晚南京所得報告，日機擲彈達百枚之多，有大火二處發生，至民衆死傷數目，刻尚未明。查日方前曾表示。外人之避往蕪湖者較爲安全。故今日蕪湖之被轟炸，頗爲可異。且自日本發出轟炸南京之警告後，英艦開浦鎮號，以及外國商輪若干艘，其中並有黃浦號等，英僑多數避居其上，均已泊長江上游蕪湖一帶。當日機兩次進襲之時，中國飛機曾在鎮江南京等地迎擊。中國方面報告稱有敵機兩架被擊落。

敵機一架降落

晨十時四十五分，有敵轟炸機一架，飛滬杭路硤石王店兩站間偵察，因機件發生障礙，被迫降落於距硤石約六哩之大殿廟鄉間。駕駛員三人正在設法修理時，被我鄉民發現，糾衆前往，敵遂拔槍向衆亂射。鄉衆以手無寸鐵，即四散馳報我駐軍。返時，駕駛員三人已逃逸，現正搜緝中。至該機倘屬完好，機身留有炸彈兩枚，機內有機槍兩架，及降落傘二具。

敵機兩次襲粵

上午敵機兩次襲粵。第一次爲晨一時四十五分，敵機飛至蓮石灣時，曾向我停泊該處之舞鳳艦投彈，當經我軍還擊，激戰半小時敵機不支而退，聞舞鳳路受傷。第二次爲七時許，敵機分批往襲從化，約廿餘架，炸毀我民居數所，死傷農民數十人。敵機於飛離市區時，路經黃埔，投彈四枚。下午四時廿五分，敵機由唐家灣飛黃埔白沙投彈。

敵機一架受傷墮海

敵機一架受傷。海香港路透電：太古公司輪船蘇州號，發出無線電稱：在距廈門外三十哩處救起日航空員四人。四人皆佩救生圈，泅於海中。已毀之飛機一架，則浮於附近。此機殆爲昨日轟炸廣州者之一，因中高射炮彈，而於回台灣途中被迫降落海中。又電：太古公司輪船蘇州號在廈門口外三十哩所救起之日航空員，共有六人，其中四人已受傷。

廿九日 晨五時，閘北上空卽發現敵機五架，更番低飛投彈。其標的爲寶山路一帶。至七時起敵機增至廿餘架，分成小隊，輪流投彈，我軍頻以高射槍砲轟擊，敵機乃由高空任意擲彈。麥根路車站，西寶興路一帶，落彈不下三十餘枚，有數處發生火災。下午一時半後，敵機又在閘北投彈，其目標仍爲寶山路東方圖書館舊基。

敵機四架，晨七時襲淮，於運河北岸郊野投下數彈。我軍以高射槍砲猛烈射擊，七時半敵機倉皇向東北逸去。據新安鎮電話謂：敵機一架爲我擊中受重傷，飛行甚低。

敵四次襲粵炸肇和艦

晨八時五十分，敵轟炸機二架，由驅逐機衛護，先在虎門上空，謀炸我肇和艦（據後來訊：肇和艦被炸受重傷，路透社則謂已被敵機擊沉）。敵機旋卽飛往白沙及黃浦投彈數枚逃逸。至午十二時，敵機一隊由唐家灣飛出，二機飛向粵漢路方面，四機再飛虎門，經我防軍及艦上兵士開砲射擊，激戰約半小時，敵不逞逃去。下午三時四十分，敵偵察機二架又飛廣州市郊窺探。晚七時許，敵機三架四次來襲，在海珠砲台上空，盤旋良久始飛去。

三十日　敵機三架，晨於浦東上空迴旋窺察。旋在楊家渡第三號橋投擲兩彈，惟標的欠準，橋未受損，僅燬民房一所，傷鄉民七人。至九時許，又在陸家嘴張家浜塘橋一帶投彈，並用機槍掃射。下午一時半，敵機又飛閘北肆虐。先在各處盤旋偵察，繼至北站及麥根路車站寶山路一帶，狂擲炸彈，濫施轟炸。惟漫無目標，或落於荒地，或炸毀民房，於我軍工事無損失。至三時五十分，又有敵機飛閘北，擲下數彈。經我軍高射炮轟擊後，敵機卽倉皇遁去。

敵擾杭州

晨十時許，敵機七架飛抵杭州上空，在錢江大橋附近盤旋頗久，於閘口車站機房投彈數枚，僅燬空車及軌道；又在小天竺投彈數枚。敵機在杭市內投彈，此爲初次。

敵襲粵擊落一架

上午八時半，敵機一架襲粵，飛黃埔投彈二枚。旋又有一敵機，飛至虎門上空，盤旋一週而去。下午二時正，敵機三架，由崖門飛經江門，入黃埔向海軍學校等處投彈數枚，圖炸我海周艦不中。當經我軍猛烈還擊，敵機急行遁去。至下午四時三十分，敵機二架突由虎門高空闖入廣州市空。經我高射砲手密集攻擊，結果敵機一架在市南郊外被擊落。

九月份擊落敵機統計

日期	地點	擊落機數	擊傷機數
九月四日	上海	一架	
七日	太湖	二架	
八日	汕頭	二架	
十五日	定縣	一架	
十六日	上海	六架	
十七日	上海	一架	

十九日	首都	六架	
	廣德	二架	
二十日	首都	二架	
二十一日	廣州	四架	
二十二日	首都	四架	五架
	石家莊	二架	
	瀋陽車站	一架	
二十二日	兗洲	一架	
	廣州	一架	
二十二日	泊頭	一架	
	江陰	一架	
二十四日	葛店	一架	
二十五日	首都	三架	七架
	江陰	一架	
二十七日	青陽港		一架
	首都		一架
	廣東樂昌	一架	一架
二十八日	句容		一架
	王店	一架	
二十九日	廣州	二架	
	嘉興	一架	
合計		四十八架	十六架

又九月份敵海軍航空官兵在我境內傷亡及被俘者，總數約四百五十人以上，已查明姓名者一百十九名，餘爲屍體被焚或沈入江海中者。其一百十九名（中有俘虜十五名）均有姓名及隸屬職級可考，報紙曾有詳細記載，茲從略。此外尚有降落後在逃者十名，未緝獲。

第四章 戰時外交與國際關係

甲 我國之戰時外交

我國以暴日侵滬，挑釁開戰，不得已起而應戰。開戰前雙方交涉情形，已見於第一編第一章；至應戰時，我國又發表宣言，並宣告廢除淞滬協定，亦見於同編第二章中。此後我國外交時有活動，略述如左：

八月十三日，我行政院副院長孔祥熙在柏林發表談話，首述九一八以來日本屢次侵略中國事實，及此次蘆事發生後我方力事容忍，希望和平；乃日本反變本加厲，近且侵我上海，今中國被迫，決心以武力抵抗武力。繼謂中國民族之生存與獨立，係基本權利，無論如何，不能犧牲，決舉國一致，不惜種種代價加以捍衛。末言，日本國民與其負責政治家，倘能接納世界輿論，則遠東方面大規模衝突或能避免。否則一旦爆發，中日兩國及世界均將遭受損失。又孔氏十四日延見路透社記者發表談話，謂華北最近之衝突，係日謀領土擴大程序之又一幕。孔氏稱：此實日本迷夢之另一面目，妄想在亞洲樹立霸權。以後倘中日兩國間發生重大衝突，中國除予打擊者以打擊外，已別無他道可循。

我國駐美大使王正廷，對於上海戰事轟炸波及平民事，十五日發言稱，「此項平民，實爲防衛民生之權起與不知饜足之日本軍國主義之抗戰中犧牲品。」並稱：「自盧溝橋事變發生以來，中國政府已屢加隱忍，惟日本之利用飛機，在中國各地施虐，已不知若干次。非但戰區受其荼毒，卽平民及教育文化機關，均亦被其摧殘。最近復造成上海事變，則爲日本企圖再造成一二八事件，以期破壞中國經濟財政之中心點」。

孔副院長十六日在薩爾堡城發表談話，略稱：中日兩國戰事現已開始，勢必曠日持久。彼日本厭惡和平，而欲攘取中國領土，以爲對俄作戰之階梯。此在中國民族，雖天性愛好和平，但現已充滿民族思想，紀律嚴明，以抵抗日本之侵略。中國所欲，乃與蘇聯暨歐洲其他各國和平相處，初不願與任何國締結同盟，以反對任何他國也。中國茲爲保障獨立而鬥爭，雖餘一兵一卒，亦當奮鬥到底。此項鬥爭乃係和平暨安全的力量，與侵略的武力之鬥爭，抑亦爲公理正義而進行之鬥爭也。中國對於現行國際條約（指九國公約），認爲神聖不可侵犯，此項主張亦卽國聯會之主張。瞻望前途，信心彌堅。

倫敦我國大使館十九日發表公報，追述日本自九一八事變以來，侵略中國所用之種種方式，曁中國政府願依外交途徑，以解決爭端之種種努力。末言：「中國政府現已迫不獲已，用武力對日抗戰，此擧非特爲保衞本國領土主權而然，卽爲保全國聯會盟約，華府九國公約，與巴黎非戰公約，亦不得不爾。日本倘能停止侵略行動，爲公允解決方案開闢途徑，藉以保全遠東和平，則中國雖在此際，仍未放棄愛好和平之熱烈願望也。」

我國駐國聯會代表胡世澤博士，二十日在日內瓦演說，就中國對於國聯會之態度有所陳述，謂：就過去中國對於國聯會之經驗而論，實不能使吾人對於國聯會，有過大之期望。此不使中國爲然，卽其他國聯會員國，亦有同樣之經驗。抑自九一八事變之後，國際道德標準一落千丈，若以爲國聯會尙可貫徹其過去所未能貫徹之目的，實使人難以相信。余非謂中國不欲再向國聯會提出申請，然吾人斷不能再蹈滿洲事件之覆轍。夫國聯會與國際條約自當仍爲吾人之所尊重，且當在中國之國際關係中，予以相當之地位。然過去五年已予吾人以教訓，吾人今不再完全仰賴國聯會及國際條約，而能以自力挽救祖國，此則吾人所足以自豪者也。

我國駐英大使館廿四日宣布：中國外部已通知英駐華大使許閣森，謂國民政府願接受英國建議，由中日雙方將軍隊及黃浦中的日本軍艦撤至租界以外，由中立國保障中日利益。

關於英國在上海區域停止作戰建議，我政府廿五日已正式表示，如日本接受，中國原則上亦可接受。

我國駐英大使郭泰祺，廿六日向路透社記者發表談話稱：日本之封鎖中國海口，更足證實日本於對華舉行大規模侵略戰爭之中，企圖依照其計劃，完全征服中國。但各國應明瞭，日本對於中國之目的，不過完成其計劃之途徑，因日本欲在取得中國之人工及資源之後，建立大平洋區域之霸權。現世界各國，或表示其無力保持其利益，或無保持其利益之積極願望，而中國獨悉索敝賦，以與强寇周旋。是中國之抗戰，不僅爲自己圖存而戰，蓋亦爲世界各國直接受日本之無法及野心之影響者伸正義也。郭氏復稱：有關係各國，竟無法阻止日本之利用公共租界爲軍事根據地，無以維持絕對之中立，且無以維持對於中國之條約義務。故目前遠東可悲局面之造成者，實由於國際公法及治安以及條約尊嚴者，自六年前日本篡取滿洲後即已全部解體之故也。

我國駐美大使王正廷廿八日稱：美國國務部長赫爾於八月二十三日重提七月十六日之宣言，謂美國所定關於國際關係之原則，應全世界普遍遵守云云。中國政府因早已無條件接受此項原則，故對於赫氏之重申前言，非常滿意。現在中國仍願根據國際公法，與日本解決任何不同之意見。又向各報發表談話稱：美國國務卿赫爾，前於七月十六日所發表之談話，列舉維持和平各項原則，中國政府現仍準備將各該原則付諸實施，以冀解決中日兩國爭端。須知中國從無作戰之意，現因他國橫加侵略，則為保障中國領土民族榮譽以及國家生存起見，自不得不出於抗戰之途。但對於中日兩國間各項爭執，中國現仍準備依照國際法所載各項原則，予以解決也。

中蘇二國於八月二十一日在南京簽訂不侵犯條約，二十九日於南京莫斯科同時正式公佈。茲錄條約全文如次：

中蘇不侵犯條約全文

中華民國國民政府，蘇維埃社會主義聯邦共和國政府，為欲對於一般和平之維持有所貢獻，並將兩國現有之友好關係，鞏固於堅定而永遠的基礎之上；又欲將一九二八年八月二十七日在巴黎簽訂之非戰公約中雙方担任之責任，重行切實證明起見，因是決定簽訂本條約。兩方各派全權代表如左：中華民國國民政府主席特派外交部長王寵惠，蘇維埃社會主義聯邦共和國中央執行委員會特派駐中華民國大使鮑格莫洛夫，兩全權代表業經相互投閱全權證書，認爲妥善，約定條款如左：

（第一條）兩締約國重行鄭重聲明：兩方斥責以戰爭爲解決國際糾紛之方法，並否認在兩國相互關係間以戰爭爲施行國家政策之工具。並依照此項諾言，兩方約定不得單獨或聯合其他一國或多數國，對於彼此爲任何侵略。

（第二條）倘兩締約國之一方，受一個或數個第三國侵略時，彼締約國約定在衝突全部期間內，對於該第三國不得直接或間接予以任何協助，並不得爲任何行動或簽訂任何協定，致該侵略國得用以施行不利於受侵略之締約國。

（第三條）本條約之條款不得解釋爲對於在本條約生效以前兩締約國已經簽訂之任何雙面或多邊條約對於兩締約國所發生之權利與義務有何影響或變更。

（第四條）本條約用英文繕成兩份。本條約於上列全權代表簽字之日發生效力，有效期間爲五年。兩締約國之一方，在期滿前六個月，得向彼方通知廢止本條約之意思，倘兩方均未如期通知，本條約認爲在第一次期滿後，自動延長二年。如於二年期間屆滿前六個月，雙方並不向對方通知廢止本條約之意，本條約應再延長二年。以後按此進行，兩全權代表將本條約簽字蓋印，以昭信守。

一九三七年八月二十一日訂于南京　王寵惠　鮑格莫洛夫

關於中蘇兩國簽訂不侵犯條約事，我外部發言人三十日發表談話，申述該條約內容與意義如次：中蘇兩國已於八月廿一日簽訂不侵犯條約。此舉不獨對中蘇二國間的和平，多加一種保障，且爲太平洋各國以不侵犯的保證共謀安全的嚆矢。中蘇二國現已重申一九二八年非戰公約中的原則，即兩方再行聲明不以戰爭爲解決國際糾紛的方法，並否認在兩國相互關係間以戰爭爲施行國策的工具。兩方依此項原則，約定不得單獨或聯合其他國家，對彼此爲任何侵略；又兩締約國一方受第三國侵略時，他方約定不得對於侵略國予以任何協助，或有不利於被侵略國的舉動。故此項條約內容，極爲簡單，純係消極性質，即以不侵略及不協助侵略國爲維持和平的方法。約文簡賅，宗旨正大，實爲非戰公約及其他維持和平條約的一種有力的補充文件。世界各國在最近十年間締結不侵犯條約者，不知凡幾，即雙方所抱主義迥然不同國家，亦多有締結此約者。中蘇兩國簽訂不侵略條約，與各國締結者並無異致，雖在太平洋各國間尚屬創例，而與世界確保和平主旨，正相符合。中國今日雖受外來極度的侵凌，不能不以武力抵抗武力；但酷愛和平爲我國人特性，今日以武力侵凌我者，如能幡然覺悟，變更其國策，吾人亦深願與之簽訂不侵犯條約，共維東亞安全，謀人類幸福。是中蘇二國不侵犯條約的締結，或爲東亞大局好轉朕兆，我人所企望者在此。

我駐德大使程天放，三十一日至德外交部，以中蘇締結互不侵犯條約及因何締結此約之理由，告知外交次官麥剛森博士。程大使並請德外交部注意德報一部分對遠東事變所持之態度，使中國大爲不歡云。聞麥剛森博士接見程大使後，卽啓程赴慕尼黑，向希特勒報告一切。

三十一日路透電訊所云「巴黎日報」登載所謂中蘇不侵犯條約密件，謂當由蘇聯供給中國軍火等語。我外部發言人於九月一日予以絕對否認，以爲此項消息，係完全向壁虛造，並以爲此項消息之傳佈，殆不過欲爲彼造成歐洲大戰各勢力，作無聊之工具而已。

我出席國聯大會代表顧維鈞九月四日赴法。郭泰祺錢泰亦電京報告，定十日赴法，晤顧聯袂赴會，三氏在法將先作一度會商。（按本屆國聯大會我派顧維鈞爲出席大會首席代表，將援用國聯盟約第十六及第十七兩條，如日方不履行十六條義務派員出席大會，則我國擬要求大會，照十七條規定各條款通過。此後詳情見第五章。）

我駐美大使王正廷，九月七日接見新聞記者時稱：日本在華之軍隊，行爲等於强盜。且謂中國不僅企圖擊退此等軍隊，幷將作收復失土之努力云。王大使對於受傷及無家可歸之難民救濟所需之款，曾作正式之呼籲。並稱：中國願以任何可能之和平方法，與日本解決一切困難。但對於繼續的土地侵略，則不得不竭力抗戰云。王氏末謂：但吾人深知彼等所企圖征服之中國，不過日本軍人所夢想之一小部份耳。彼等頗思造成太平洋帝國，其所包含者不止中國。倘其願望可遂者，則太平洋上一切土地，菲律賓、澳洲、及夏威夷等，悉在其囊括之中矣。

美英法三國駐滬軍事當局，以三日浦江炮戰，公共租界及法租界內墮落流彈甚多，致生命財產損失頗鉅，特請各該國駐滬總領事於四日分向我國與日本當局致送節略，要求日艦應移至招商局北棧以下，我浦東軍隊移至浦東路以東及張家浜以南。該項致送我國之節略，由俞市長轉送軍事當局，業於六日得到軍事當局之答復。當即函達美國駐滬總領事高恩，英國駐滬代理總領事達維森，及法國駐滬總領事博德斯，請煩轉達各該國海軍總司令查照。原函云：逕啓者，關於貴總領事等本月四日來函，內附美英法三國海軍總司令建議書一件。當經本市長轉達本國軍事當局，並函復各在案。茲本國軍事當局以日方憑藉租界爲侵略軍事根據，攻擊我軍，致使我抗戰軍處處遭受痛苦。我方爲顧全界內中外人民生命財產，仍以最大之忍耐苦心應付，度爲各國所共諒。茲因日軍企圖在浦東方面登陸，致有流彈波及租界，因我方爲被侵略者，在本國領土內防禦，自屬正當，其責任完全屬諸日方。應通知美英法當局，設法使日艦退出浦江，則此種事件當不致發生也等語。相應函達，請煩查照。並祈轉達美英法三國海軍總司令查照爲荷。

我外交部於八日通知各國使館，轉知各國軍艦及商輪：此後駛近我國海岸時，應竭力避免與日艦接近，以免發生意外。並希望在船之頂層上平舖各該國國旗，以資辨別。

我國駐奧代辦童德乾，十二日發表一文，內稱：『日本何以不向中國宣戰乎？中國境內戰爭狀態業已發生，此在全世界人士無不知之。日本若向中國宣戰，就實際的觀點而論，對於目前局勢固絕少變更，但就法理及道德觀點而論，則其出入當極爲重大也。中國始終主張和平，但爲防禦外來侵略起見，今已置有强大空軍。如日本轟炸中國非戰鬥平民繼續無已時，則中國飛機亦將有一日前往轟炸日本城市。』結論謂日本向中國提議訂結防共協定，以共同進攻蘇聯。此有文件爲證，日本政府雖加以否認亦屬無益。

蔣夫人宋美齡女士於十二日晨七時向美國廣播演講，以日人侵略及轟炸平民之暴行，訴之於美國人士。

我駐美大使王正廷，十三日對美國人士發表談話，略謂：有人竟欲以一手蒙蔽美國人士，認上海中外生命財產之同受戰事波及者爲排外結果。須知此次上海受此大戰，實日本强據公共租界與黃浦江爲其軍事根據之故。若日本軍隊立卽撤退上述區域，上海便可立卽恢復八月九日以前之安甯狀態。

我駐美王大使於十六日訪問美國務院，表示中國對於羅斯福總統軍火禁令，未能滿意；但王氏聲明非向美國抗議。王氏十八日午又晉謁羅斯福總統，陳述中國方面意見。外交觀察者解釋王正廷行動，稱僅欲向美元首表示中國方面的不滿，並非提出抗議。美國務卿赫爾同日也晉謁羅斯福，討論遠東時局。王正廷在白宮晤談半小時後，微笑出宮，不似晤赫爾後出國務院時面露不甯之色。

駐滬美國海軍總司令雅諾爾上將，英國海軍總司令列陀蘭上將，法國海軍總司令勒畢高中將，義國海軍總司令薩勒上校，及荷蘭國海軍總司令荷茂勒中校，十五日聯署分函兪市長及日本第三艦隊司令長谷川，請求飛機勿飛翔於租界及附近之上空，幷注意高射炮之發放，勿使其危及非戰鬥人民。兪市長於二十日函復云：『逕啓者：接准貴總司令等本月十五日聯署公函一件，以在過去一月間，公共租界蘇州河南岸及法租界內之居民，時受高射炮之危害，請求我方軍事當局，採取相當步驟，使中國飛機不飛翔於租界及附近之上空，並注意高射炮之發放，勿使其危及非戰鬥人民。並聲稱貴總司令等對於日方當局，並已作同樣之提議各等情。准此：查日軍憑藉租界及黃浦江中心，爲其侵略之軍事根據，本國空軍爲自衛計，在本國之領空抗戰，諒爲友邦所深表同情。本國軍事當局對於租界中外人民以前所遭遇之危險，同深惋惜。爲顧及界內之安全計，已嚴飭所屬空軍及其他作戰部隊，隨時注意，於可能範圍內，竭力避免足以危及界內非戰鬥人民之舉動。惟危害租界內人民生命財產之根本原因，仍在日軍利用租界以爲侵略我國之軍事根據。故本市長及本國軍事當局，以爲貴總司令等如欲求得界內中外非戰鬥人民安全之保障，應設法使此種根本原因之消除。相應函復，敬煩查照爲荷。』

廿一日巴黎晚報刊載蔣委員長對該報記者談話，略謂：中日戰爭乃日本蓄意侵略中國的結果，中國爲排除侵略與自衛生存，自不得不以全力抵抗。日本軍隊大規模侵略的用意，無非欲圖消滅中國整個民族生存。吾人應付方針，亦當以整個民族生存爲目的，上海或華北皆為中國領土，必視為整個問題。如日本在中國境內從事武力侵略一日不止，則中國抗倭戰爭，一日不止，雖留一槍一彈，亦必堅持奮鬥，直至日本根本放棄其侵略政策，並撤回其侵略工具的武力之日為止。為維護世界和平，人類文明條約尊嚴與國際公法的效力計，本人熱烈期望國聯此次能切實執行其在國聯會章下應有的義務，對日本作有效制裁。一九三一年以來，六年中日本的暴行，明證日本征服中國，進為東亞盟主的野心，如列國仍不採取及時措施，遏制日本侵略，不但各國對中國原有的貿易消滅，即各國在東亞領土，亦必受嚴重威脅。故對日制裁，非所以獨助中國，亦所以保護各國本身的利益，本人深信各國遠大眼光的政治家必當有見及此，遵照會章，制裁日本，以盡其義務。

我軍事當局二十一日正式宣佈福山港封鎖，禁止一切船隻進口及駛至附近地帶。昨午高浦口外停泊敵艦三艘，迄未離去，但無舉動，我戒備極嚴。

南開大學副校長張彭春廿二日晨乘飛機抵日內瓦，就日本侵略我國暴行，發表演講，並以激昂詞句，敍述目擊種種事變，聽者甚衆，莫不動容。張氏結論，謂中日戰爭結果，中國必能成為自由和平的國家，而有裨益於全世界和平與正義的增進。吾國人口，佔全人類五分之一，力量偉大，世界各國幸勿輕視。聽衆聆悉之餘，皆鼓掌熱烈歡迎。

蔣委員長重要談話

近數日中，由滬往京之外國記者絡繹不絕，其中尤以美籍訪員爲多，二十四日晨紛往謁見蔣委員長致敬。蔣委員長發表談話，稱：中國首都之被轟炸於中國之軍事局面並不發生影響，但將使中國之民衆以及全世界之人民更充分了解日本之野蠻。日本之侵略一日不止，中國之抵抗亦一日不停。蔣委員長復稱：彼覺美國現在之態度，並非其眞實之態度。彼深信美國朝野素來尊重公道法律與秩序，並信中美兩國之友誼有悠久之歷史，故在此次中國抵抗日本侵略之奮鬥中，必能與中國以同情及援助云。接見外國新聞記者時，委員長精神飽滿，面帶笑容，衣黃色之中山裝，坐於室中一角之大寫字檯後。外國記者列坐其前，環繞作半圓形。委員長夫人御黑色長袍，坐於委員長之右，爲委員長作翻譯。談話完畢後，蔣委員長夫婦復允記者之請，任各記者攝影。委員長夫婦對於各記者親冒日機轟擊之危險來京採訪新聞，極爲讚賞；並對於中國此次抗戰期中，世界各國報紙記載翔實而充滿同情，極爲感謝。關於美國之態度，委員長稱：中國此次抗戰，不僅在中國本身之存亡，且亦卽爲九國公約及國聯盟約伸正義。

因此，公約及盟約之簽字國，應對於中國之奮鬥加以援助。在公約及盟約等有效期間，美國不應考慮中立法云。委員長繼復稱：美國不能守中立，余信各簽字國家之人民及政府亦未忘却其義務。有詢以運輸軍火來華之片面禁令，及美大使本月二十一日遷入呂米號炮艦辦公之二事者，委員長稱：「余覺余無須加以評論，因美國友人及駐華新聞記者已在此目擊一切。彼等所感覺者，與余必同也。」記者復詢以各國之責任如何，委員長稱：「各簽字國家應遵守其義務，惟美國爲華府會議之召集者，而九國公約及國聯盟約之訂立，胥屬美國之力，故其責任尤爲重大」云。委員長繼復對於各國目前之態度表示驚異，因彼等非但放棄其義務，且竟「自處於日本控制之下，坐視彼等所簽署之一切條約撕毀無餘」也。記者復詢以中國是否猶希望國聯之援助，委員長謂「公理必佔最後之勝利」。有詢以中日戰爭時期之久暫者，委員長稱：中國抵抗日本之侵略並無時限。在日本侵略繼續進行之中，或在九國公約及國聯盟約尚未實施之前，戰爭勢亦不止。中國已不能容許日本軍隊之以壓力加諸中國，故戰爭時期之久暫，全視日本及列强之態度。凡一國家苟不尊重國際間人道之規律者，必不能持久。委員長復稱：日軍企圖毀滅江陰方面之防禦工事，俾日本軍艦得上溯長江轟擊南京，故派飛機前往轟炸。但結果江陰方面之防禦工事，屹然未動。「不論此次戰爭將延長至何限度，中國已有無限制抵抗之能力。因中國實一威力無窮財力無盡之國家也。日本海岸封鎖或將給與他國極大打擊，但於中國則影響極微」云。

我駐美大使王正廷廿五日以照會一件送達美國務院，內容列舉日本軍隊之暴行，全文頗長。略謂：日本對於中國無辜平民，病人與傷兵，橫施殘暴，甚至施用毒氣，毫無人道觀念。國際公法所有各項基本原則，今已被其破壞無遺。此其罪行，實難覓得適當詞句，加以譴責。王大使並向報界發表談話稱：「美國政府對於日本轟炸中國城市事，曾向日本提出抗議。中國政府本日所提出之照會，其目的即在增加美政府此次抗議之力量，但本人並未奉有政府命令，要求美國政府再度提出抗議。蓋此乃美國政府之事，非外人所得過問，亦未奉命援引九國公約。」各記者當詢以對於美國亞洲艦隊司令雅納爾中將昨日所發出之聲明（按即聲明中日兩國現行局勢一日不變，亞洲艦隊即一日不離開中國海面），作何感想。王大使稱，此舉殊屬「賢明」云。王氏又向記者談話，斥責日軍在華暴行，歷史上實無前例。并稱：日軍不顧平民區域，濫施轟炸，摧殘紅十字會救護隊，使用毒氣，實已滅絕人道，破壞國際公法。本人頃已將此種情形，照會美國國務院，但並未奉令要求美國援助。中國駐他國大使館，亦將以同樣照會送達各該國政府。

我駐蘇聯大使蔣廷黻廿五日向蘇聯外部送致照會，詳述日本飛機轟炸平民，難民，紅十字會救護隊，以及文化機關等暴行，請求蘇聯政府採取相當辦法，促此種未開化及無人道行爲早日停止。該照會指明日本「在違反國際公法及道德觀念行爲中，有意企圖實行其全部戰爭的野蠻主義」。日本正在向中國文化挑戰中，凡和平工作者所居處，已爲大批毀滅；且竟要求南京各國使館撤退，使彼得達其毀中國首都的目的。

胡適廿六日乘中國飛剪號飛機抵舊金山。胡氏對記者談：此次中日戰爭，已暴露日本兵力上的弱點。中國對日抗戰，至少能支持一年或二年。

我國出席國聯首席代表顧維鈞廿六晚在國聯向美國作廿分鐘廣播演說，請求美國勿斷中國購買軍火來源。顧氏謂：「中國軍隊長期抵抗日本的侵略，雖具忠勇決心，但器械殊感缺乏，最後成功亦恃軍火來源不絕爲定。美國方面如發生阻難，即屬助張暴日兇燄。余誠摯希望貴國勿在患難時放棄汝忠實朋友的中國，而在貴國總統領導下，對敝國予以誠摯的贊助。」顧氏續謂：日本在國際間有如餓虎，詎能塡其慾壑？一旦中國屈伏，即將轉而噬及其他愛好和平國家，美國亦非例外。至於中國兵力，非常充足，並不希望美國代爲作戰，或有其他牽涉。顧氏最後斥責日本轟炸中國城市，謂愛好和平國家，如不共同阻止日本的狂暴舉動，將來雖欲潔身自好，亦有所不能。譬如鄰居失愼，如不襄助撲滅，即將延及自身。

我國前外長陳友仁其歐聯絡各國外交學家，從事宣傳，揭發日本侵略暴行。

日本方面傳出消息，稱中國曾在國外購買達姆達姆彈，倫敦中國大使館於廿八日加以否認。並謂日方所由指控中國軍隊使用噴嚏彈與購買達姆達姆彈者，無非自欲使用毒瓦斯，故先誣蔑中國以爲藉口之計耳。

乙　國際間動態

八月十四日　英國政府訓令駐南京及東京大使，向中日政府表示，英國反對將上海成戰場。據官方聲明，決定撤退上海英國僑民之舉，由英國海軍司令官視情勢如何，得權宜從事。

美國務卿赫爾上月十六日所發表書面談話，重申美對遠東與歐洲時局所行政策，主張維持和平，尊重現行各種條約，日德意三國駐美大使本日亦向赫爾提出復文。日大使齊籐事後宣稱：「赫爾關於世界和平所提各項原則，日本均贊同，但遠東現行情形，實與他處不同，此層不可不顧及。」德國大使狄高甫謂：「赫爾主張國際關係務宜以和平手段成立協定，德國甚所贊同。」意大使蘇維治謂：「美國方面任何發動，目標在限制軍備，樹立國際諒解，避不干涉他國內政者，意國無不表示同情。」

十五日 美國務卿赫爾之和平宣言，致送答復者，已達二十四國。最近德國與日本，已加以承認。惟日本則稱：此種目的之完成，須先承認日本在遠東眞實及特殊情形云。

美國務卿赫爾宣告：美國已隨英國之後，向中日雙方要求，不得用上海爲攻戰之根據地。現美大使詹森已赴滬，設法救濟美籍僑民。再則美國亞洲艦隊已有相當準備，可於接得訓令後，於極短時間中撤退美僑三千名；而國務院已在日夜與海軍採取聯絡，及時派遣軍艦到滬，以備不時之需。赫爾並稱：美國外交當局與海軍部，時時與他國政府代表磋商保護上海僑民之辦法。

十六日 外息：德國曾向中國提保證對中日爭端，嚴守中立。另訊：德對日在華擅開釁端，消耗共同對付某國實力，極不滿意。又英意國交改善，無須日本聲援，日外交益陷孤立。

柏林政界人士宣稱：德與中日兩國邦交均甚輯睦，因而希望兩國衝突不致愈益嚴重。「德意志總彙報」載稱：德國對保障中國領土完整的華府九國公約，既非簽字國，自無出而干預理。此在其他關係各國，尤其是英美兩國，殆亦無意過問。加之黑龍江事件解決後，蘇聯政府並無所求，益見蘇聯對中日爭端，亦無暇顧及。

十七日 倫敦電：外相艾登，樞密大臣哈立法克斯，海相古柏，陸相培利夏，就遠東時局進行磋商，歷二小時餘始畢。事後據半官方面發表談話稱：外相等曾經考慮各項可能的措置，以謀設法用和平方式解決上海局勢；並決定採取各項可能的措置，以保護上海方面英國僑民生命與英國所保有之利益。

華盛頓電：美總統羅斯福鑒於中日雙方，尙未斷絕外交關係，故暫不援用中立法。惟因遠東事變之發生，國務院中組織已大加變更，哈密頓已被任爲遠東司長，原任遠東司長洪佩克，則改任遠東司顧問，蓋一新設之位置也。並據國務卿赫爾言：此種調動，將增加擬定遠東政策隨之利；惟對於亞洲艦隊之增强，現尙未有一定之計劃；而中立法案援用問題，則幾無日不加以考慮。

巴黎電：外長台爾博斯現在休假期內，部務由秘書長勒越代行。勒越今日會晤美國大使貝立特，日大使杉村，討論中日戰事。法政界人士對遠東衝突的惡化，深爲憂慮。此間提出與中國主要有關各國應採取何種態度問題。愛勃克報認爲如日本果宣戰，則爲破壞凱洛克公約及九國公約，而强迫各國採取比較活動的參加。

十八日　倫敦電：關於英國政府所提出之建議，即要求中日兩國各將本國軍隊自上海撤退；幷將日本在公共租界所保有之利益，委託英法美三國負責保護一項建議，英國政府業向義大利政府提出通知。義國駐英代辦，曾於本日午後訪晤英國外務當局，詢以上項建議，中日兩國若果予以接受，則義國可否與英法美三國會同保護日本利益。此外該代辦又就英義問題，有所討論。

華盛頓電：美國商務部長羅泊，今日向各報發表談話，就遠東時局有所論列，略稱：任何措置，對於中日兩國，凡有偏袒一方之嫌者，美國政府均不擬予以採取。總之，美國政府對於各該國均願與之維持友好關係，嚴守中立地位，而不願採取任何措置，以招致中國或日本之惡感也。又謂：美國倘實施中立法，即將危及美國對於中日兩國之商務。共和黨衆議員費許今日在衆院贊成撥款美金五十萬元爲救濟戰區美僑之用，惟反對增派軍隊。

十九日 倫敦晨郵報據華盛頓記者報告：美國與列強在遠東合作，實有若干政治上困難。現派遣海軍赴滬的全部影響尚未明瞭（按共和黨議員反對增兵赴滬），但倘該事不受强烈反對而通過，則行政當局地位當益鞏固，而可進行其在遠東的嚴厲政策，除決定增加軍隊外，并已決定在日本高壓下不再放棄一元錢或一分的尊嚴。總之：美國今後決不放棄遠東勢力及利益。而羅斯福總統尤不願外間視美國爲『日就衰微』的國家。

倫敦電：英國政府提議由英法美三國向中日兩國政府要求各將本國軍隊自上海租界附近撤退之後，截至目前爲止，法國政府業已正式予以接受，美國尚未提出答復。英國負責人士今日宣稱：上海方面爲保護各國利益所採取之各項措置，美國政府均以全力相與合作，以故關於向中日兩國要求撤兵一層，美國自必加以贊同。英國負責人士又謂：英國政府曾將該國與法美中日諸國政府接洽經過情形，通告德義兩國政府。

巴黎電：關於英國政府所提出共同向中日兩國政府交涉，要求雙方軍隊自上海租界附近撤退一項建議，本日已由法國政府接受，並即訓令駐中日兩國大使，立即向各駐在國政府提出交涉。但關於英法兩國保護中日兩國在上海公共租界及法租界所保有之利益一層，須雙方在原則上商獲同意之後，再向中日兩國提出交涉。

柏林電：英法各報以動人之形式，刊登英法兩國駐德大使與中國駐德大使館情報員在德外部談話之消息，認爲有重要討論。據德國權威人士宣稱：英大使漢德森及法大使彭賽赴德外部送達照會，僅屬友誼詢問性質；而中國大使館情報員亦僅與德外部職員舉行非正式談話云。

二十日 倫敦電：英國政府所提出上海中立化一項建議，業已由日本政府加以拒絕。同時上海楊樹浦一帶戰區，擴大甚爲迅速。英國在上海投資，百分之七十係在楊樹浦；而在戰區一帶英國所有房屋，又多遭日本軍隊佔領，因此英國人士，尤其是報紙，已開始採取驚惶態度。倫敦負責方面宣稱，英政府已由外交途徑，通告中日兩國，聲明對英僑生命與物質所受損害，保留負責方面要求賠償的權利。

華盛頓電：美旗艦「奧葛斯脫」號爲流彈所中，致死水兵一名，傷十八名。消息傳至此間，各報均以大字揭載，幾有舉國騷然之勢；並有國會議員若干人，認美國宣佈中立法之時間已至。美海軍部人員稱：亞洲艦隊司令官，不久卽將向中日雙方提出嚴重抗議。羅斯福總統則謂：無論採用何種方法，美在滬當局均可自行決定之，有詢以美艦是否將施行報復者。總統稱：此種事件在如此情形之下，幾有難於避免之勢，而中立法之引用，則尙須待諸中日兩國正式宣戰之後云。再則國務卿赫爾對於「奧葛斯脫」艦被擊，認爲係一「不幸之事件」。衆院外委會主席麥克瑞諾謂：「奧葛斯脫」事件誠屬不幸，但深信總統之暫緩宣告中立，係屬正當辦法。美國一方面固應向中日當局交涉，但亦深知此種轟擊，當非故意之行爲，而中立法之援用，則應俟諸眞實事態決定之後。

日本外部發言人聲稱：「在目前緊急情勢中，日本不能接受英國建議。英國建議，在目前提出，殊不公平」。

日首相近衛文麿向報界代表發表宣言，申稱日本政府決定以武力解決中日衝突，不容任何第三者之干涉。東京政界相信，上海中國軍隊意外之抵抗，爲今日閣議之主題。內閣會議後發表簡短之公報，略稱：日本政府準備長期戰爭，內閣業已討論新法案，將於九月初，向議會提出，使日本整個經濟組織，變成『戰時狀態』。該公報又稱：陸相與海相業已向內閣報告上海及南口之戰況云。

二十一日 華盛頓電：國務次長韋爾士定明日乘英郵船「曼麗皇后」號前往英法兩國

一行。本月晨間韋爾士曾赴白宮覲見羅斯福總統，會談甚久，總統業已決定對於中國維持門戶開放政策，爰乃令韋爾士前往歐洲通告各關係國政府。此外一般人對於赫爾國務卿昨日所發表之主張，極爲重視。赫爾謂美國願竭盡一切方法，務使中日兩國現行爭端及早結束。縱使中日兩國政府在實際上，未必聽從此項規勸，但赫爾業已表明中國門戶開放一項原則，雖已遭日本破壞，但美國仍當堅决予以維護，此項表示固極重要也。

美國國務卿赫爾，本日就上海戰事向各報發表談話，略稱：美國在遠東方面所有商船，遇必要時足敷撤退上海美僑用，故截至目前爲止，並未命令本國軍艦參加其事。關於美國亞洲艦隊旗艦「奧葛斯脫」號事件，赫爾謂此事不至有何發展。關於美國駐英大使屏漢奉命返國一事，則謂屏漢返國係爲作短時期休憩，並非國務院因遠東事件召之返國。特渠在在華盛頓勾留期間，將與國務院人員乘便討論遠東事件，則固屬當然理也。

英政府照會中日政府，謂上海英僑，如因中日軍事行動，生命財產受有損失，英政府保留要求賠償之一切權利。英政府又因日軍佔據公共租界內之英人產業，特向日政府提出抗議，謂縱使有佔據之必要理由，亦須付款賠償。若因佔據而受有任何損失，另須付款賠償，故英政府將於相當期內，提出此項要求云。

二十三日　華盛頓電：國務部長赫爾今日竭力呼籲世界和平，大致係對中日二國而發。赫氏並重提彼於七月十六日所聲明之美國外交政策，謂該項政策已有五十餘國正式承認爲國際關係之原則，中日兩國亦已表示贊同。此外尙有種種國際條約，如凱洛非戰公約及華府九國公約等，所包含之原則莫不相同，中日兩國均經簽字。現在美國政府仍堅信此等原則應爲國際關係之基礎，且應在全世界普遍實施，太平洋一帶交不宜除外云。此語顯係針對日本所提出之保留而作。同時赫氏並鄭重聲明，美國政府仍擬努力維持遠東和平，並保護該處之僑民，政府爲此已調遣少數海軍陸戰隊開往上海，美國軍隊並無侵略之意，惟欲協助維持當地之治安云。參院外交委員會主席畢德門今晚作廣播演說，對於羅斯福總統不願草率實施中立法一事，爲之辯護甚力。

又電：關於中日兩國戰事，美政府現所注意之唯一問題，厥爲上海與中國其他各地美國僑民之保護問題。此外，關於美國實施中立法一事，消息靈通人士以爲此舉僅於日本有利，羅斯福總統爰決定儘量予以延緩。但若日本大舉進攻中國，則羅斯福總統自當實施之後，未必盡於日本有利，緣該國屆時必須以現金向美國購買貨物，并用本國船舶前來載運，此爲日本着想殊爲不便也。美國當局曾經考慮禁止某某數種原料品，如廢鐵銅，煤油等物，輸往中日兩國。特以為此舉若果見諸實施，日本實必立卽加以反對耳。

柏林電：關於中日兩國戰事，德國人士深以中日兩國衝突範圍擴大為慮。並謂德國對華貿易，在德國全部對外貿易中，佔重要地位。但現因戰事之故，業已完全停頓；卽如中國最近曾向德國訂購大批鐵路材料，均無法運往中國，乃其一例。若干觀察家現以為德國對於遠東事變日後所採取之態度，或將以上述經濟點為依歸。

東京電：日本外交部發言人，今日證實業已接得英美政府關於要求賠償上海英僑之損失之照會，但並未加以評論。該發言人又證實上海美國艦隊司令提出要求日本旗艦離開美國旗艦附近之申請，日本艦隊司令於接得此項申請後，已將旗艦移泊他處。

二十四日 倫敦電：英首相張伯倫，外相艾登，暨主要閣員數人，定於明日舉行重要會議。各政治觀察家以為各該閣員，對於上海時局，屆時或就保護僑民二事，採取若干新措置，除此而外，未必採取何項重要決定。工黨全國執行委員會本日發表宣言，對於日本侵略中國所為，猛烈予以抨擊。并要求英國政府會同國聯會其他會員國暨曾與中國訂有條約（按指九國公約）各國，尤其是美國，採取必要措置，務使日本尊重國際法，與此項條約所載明之權利云。

二十五日 日內瓦電：自中日發生衝突以來，法國首先表示審慎警備之態度，以期維護其在中國與越南之利益。並主張法英美團結，並於必要時，出而切實干涉。其他各國旋亦有所表示。德國前取嚴守中立態度，近來稍變，官場報紙袒日，以爲蘇聯援助中國陸軍。如中日衝突，不能地方化，則德國勢必就德日協定與中國市場將來可能性兩者之間，選擇其一定其立場。意國將在可能的長時期中恪守中立。

倫敦電：英首相張伯倫，廿五日晨自蘇格蘭返京之後，曾於午前與外相艾登，樞密大臣哈立法克斯，會商上海戰事問題。旋於午後五時舉行二次談話，至六時半始畢。事後發表公報稱：談話結果，對於政府前已實施之各項措置，表示贊同。並決定採取各項切實辦法，藉以保護英僑生命財產。公報嗣又否認英國政府擬撤退上海全部英僑之說，謂政府現仍努力設法，俾將上海劃出戰區之外。美國政府曾因中日兩國戰事，對於遠東一般時局大有妨害，爰乃表示不安，此在英國亦具有同感。而美國國務卿赫爾，並曾籲請各該國停止戰事，此則尤英國所歡迎也。總之，其他各國尤其是法美兩國，均與英國密切合作，首相張伯倫等均極欣幸，並以爲此種合作事業，實有賡續進行必要云。首相張伯倫頃於晚間首途，前往巴爾摩拉鎮晉謁國王喬治六世，俾以遠東時局，與英義兩國關係，向國王提出報告。

羅馬電：意兵一大隊已由阿比西尼亞京城開往瑪薩華港，將在該處乘船前往上海，以增厚駐滬兵力。上海生命財產損失之重大，已引起政府與事業界之嚴重注重。意國朝野雖因日本與德國締結防共協定，而對日本甚表同情，但覺日本對華作戰，實爲出人意外之痛心事件。日本將見其在華之冒險行爲，乃一種耗費力量之極困難工作，徒使蘇聯在比較上愈形堅强耳。

二十六日 敵軍於二十五日晚妄行宣布封鎖我東南海岸後，舉世人士莫不加以深切之重視。據外人方面消息，英法美諸國，以敵軍此舉，實有違反國際公例，妨礙各國在華利益，故正由各該國政府最高當局，從事嚴密討論中。決定後，將聯合向日方提出嚴重抗議，以促其覺悟。同時，各國更認爲兩交戰國在未正式宣戰及國交未斷絕以前，任何一國無論據何理由，均不得採取此項措施之可能，此爲世界公例，而亦爲國際盟約明白規定者也。

華盛頓電：國務卿赫爾今日對新聞記者稱：國務院現擬迅速徵集關於日本封鎖中國口岸之各種事實。日本尚未正式通知美政府，說者謂封鎖如果實現，則其結果，必將使美總統羅斯福立卽援用中立法云。美國外交政策討論會今日警告羅斯福總統稱：美國若不顧他國而單獨施行中立法，則將促進日本海軍封鎖中國海口，美日關係亦必陷於嚴重危險。該會並稱：日本軍火已能自給，惟中國抵抗日本侵略，仍須依賴外國接濟；是則美國施行中立法，必使中國大受打擊。

二十七日 倫敦電：英外部尙未接到日本擬封鎖華南海岸的正式通告。據聞合法的戰爭狀態既未存在，英國自不承認封鎖問題，亦猶西班牙叛軍領袖弗朗哥雖宣佈封鎖西班牙海岸，但英政府迄未承認。如日本不要求搜查英船之權，則英國不受任何影響，迄今日本尙未表示有搜查英船意。英國外交界人士，謂此項封鎖辦法，雖不直接妨害英國利益，但在「和平時期」並無實施之理由，以故英國政府將向日本政府要求提出解釋。關於此事，英國政府現與法美兩國當局，不斷進行接洽以籌應付之方法。

華盛頓電：關於中日兩國戰事，美國因輿論對於日本所行政策，憤激心理日益有增之故，已採取與英國相類似之强硬態度。此際白宮與國務院方面雖不願發表任何宣言，致涉揭櫫好戰態度之嫌，但負責方面則謂，日本若果繼續採取挑釁態度，將陷於進退維谷之境。至關於中日兩國戰事，美國雖以保護本國僑民生命財產爲主，但對於一九二一年以來所簽訂各項條約，尤其是華盛頓九國公約，即保證各國在中國享受同等經濟權利者，亦亟欲令其受人尊重。溯自一九三一年以還，日本曾經一再提供保證，當在「滿洲國」境內尊重各國經濟權利，但結果食言而肥，美國工商界人士漸被逐出日軍佔領區域之外。今茲中日兩國戰事結果，或使美國在中國某一部份所保有之利益，蹈「滿洲國」方面之覆轍，此在美國懲前毖後，自決不聽任何此種情事再度發生也。特美國政府並無羞辱日本政府之意；反之，並當竭其能力協助日本脫離難境，而無損於該國之體面。國務卿赫爾前於七月十六日發表談話時，即曾揭示維持和平之各項原則。關於各該項原則，各國連日本在內，均已在大體上加以贊同，惟日本對於其在遠東方面之利益，曾經提出保留權利。

美國務部長赫爾宣稱：日本海軍封鎖中國南部海口事，東京及上海方面日當局所發表之聲明，頗有出入，此或係日本試探性質，藉觀各國反響，然後再定進退。至以美國根本政策而論，美政府決從大處着想，即欲強迫各國遵守條約及服從國際公法，而不僅以保護美僑生命財產爲限。赫爾今日之聲明，足證美國決不放棄遠東及世界任何部份之利益。

巴黎電：國聯行政院定九月十日開會，屆時中國或將提出日本侵略問題。法政府爲事前籌備計，現與英美兩國政府接洽，決定在國聯開會時應取態度。法政府現考慮應否由國聯向中日兩國有所交涉，衆意此種步驟，既得英法美援助，當可有相當力量。法國官場認時局因日機轟擊英大使而愈益嚴重，想東京或可因此而知改採較溫和態度的需要。一般人認爲日本支配上海區域內海上交通的威脅，已使時局益形惡化，但覺日本或將改變此種態度。

二十九日 華盛頓電：美政府現已接得日政府正式聲明，稱中國海口之封鎖，並不影響第三國家之『和平商務』。今日國務卿赫爾向新聞記者稱：美政局對於封鎖之範圍，以及日本所圖執行之沒收給償權等，尙未接得正式之解釋。

美國務卿赫爾所倡依據正當與論國際公法原則，及國際間存在條約，以解決中日糾紛之建議，因英大使之被日機轟擊，國際間顯有共同認識。國際間現正進行一種新醞釀，即在如何能遏制日軍人冒險貪功之瘋狂嘗試，使中日爭端，重納於外交常軌。謀合理合法之解決，以免世界和平遭受威脅。如國聯會不能達到此項使命，或由美方召集九國公約簽字國，會商解決。

九月一日 美國海德公園城電：羅斯福總統現在此間休憩，對遠東時局仍極注意，並與國務卿赫爾常川通訊。一般觀察家以爲，羅斯福與赫爾對於遠東時局所採取態度，係在道德上維持最堅決之態度，而在實際行動上則仍保持相當柔性是也。

暹羅政界人士宣稱，暹羅對於中日衝突，將守嚴格中立之態度。外傳日本在暹羅政治經濟上，極佔重要地位之說，此輩人士力加否認。據稱暹羅原有大量日貨進口，但近已爲歐貨取而代之。雖中日衝突對於日暹關係並無影響，但暹羅以後在購貨方面將完全仰給歐洲各國。

二日 華盛頓電：今日據權威方面消息：英國發言人屢次表示英美兩國對於遠東時局，如能採取聯合行動，當能轉移日本之態度。美國遠東政策不願與英國意見相左，惟美政府亦知若干方面，英國對於國際關係另有見解，故反對英美兩國在中日問題上採取聯合行動。又據官場確訊，美京及英倫間，現正以極大之努力，進行調解中日戰事。兩京間電報往返頻繁，磋商合作進行步驟。

三日 華盛頓電：美國某某數銀行，最近有以款項貸予日本者。關於此事，官場方面宣稱，中立法一日不予實施，則國務院卽一日不能阻止各該銀行貸款日本，而僅能在道義上施行壓迫。以故若干人士主張對於中日戰事應立卽實施中立法者，根據上項事實，愈益振振有辭。此在政府方面，原欲避免實施中立法，現頗以輿論加緊壓迫，致使政府不得不將中立法付諸實施爲慮。

四日 華盛頓電：美政府發言人宣稱：國內各方面雖呈請政府，對於遠東事件應速取對付行動，但政府遠東政策仍以世界永久和平爲主旨。該發言人又以私人資格發言，謂渠信政府決不盲從炸彈窟中和平主義情感，而與倡和平主義者匿於避彈窟中，或輕事表露其武力。國務院現仍求恪守担保中國主權與土地完整之九國公約等諸條約。

美國務卿赫爾今日宣稱：國務院在最近努力之中，已向美僑發出不能再强硬之警告，勸彼等遠離上海及其他戰區。關於外傳英美兩國對於遠東事變密切合作之說，赫爾告新聞記者，謂政府之外交政策，係分別獨立而行者，但有時則亦有從權變更之處。

五日 日本外務省發聲明，謂爲速於解決中日戰爭爲恢復遠東緊張時局起見，本月五日起，除前宣布封鎖中國中南部海岸外，玆再擴大其範圍，對華北海岸之中國船隻，亦加封鎖。計自北緯四十度及東經一百十九度五十四分起，至北緯廿一度三十三分及東經一百〇八度〇三分止。並聲明日政府對第三國之和平商務絕對尊重，不加干涉。日海軍省亦有同樣聲明宣布。

六日 華盛頓電：消息靈通方面頃宣稱：英美兩國當局近曾進行非正式談話，考慮日本海軍封鎖中國海岸之後，各該國商船倘受威脅，則應如何聯合行動，加以對付。據美國方面消息稱：美國曾要求英國，至少應派戰鬥艦六艘，自地中海駛往遠東。英國在地中海一帶利益，宜用較速之軍艦加以保護。至於遠東方面，則戰鬥艦開到之後，可使英國威望為之增加，而對於日本亦足為有益的警告。此外，英美兩國聞曾非正式研究，由兩國共同封鎖日本一項計劃。關於此層，美國海軍界人士以為封鎖日本之舉，較之封鎖意大利易於為力。緣日本進口貨物，除由中國運往者外，其餘均須經由英美兩國所屬兩大海軍根據地，即新加坡與巴拿瑪河。英美兩國海軍當局，幷曾向羅斯福總統說明，在上述兩處實施封鎖，可以國聯會盟約第十六條為根據。實施之後，日本全部實力，可在四個月內予以擊破云。

七日 華盛頓電：美國負責方面宣稱：國務卿赫爾曾於七月十六日發表書面談話，揭櫫維持和平之各項主要原則。美國外交政策，現仍以各該原則為圭臬，對於遠東與世界其他部分，均未稍有變更。總之，關於各項國際糾紛，美國政府始終希望用和平方式加以解決。羅斯福總統目前避不宣布中日兩國間戰爭狀態業已存在，係因美國在中國方面保有若干項權利，而由國際條約加以確定。此種特殊情形，乃中立法所未經載明者。今若宣布戰爭狀態業已存在，即當實施中立法各項規定。影響所及，美國勢必放棄上項權利。果爾，即係否認赫爾談話所揭櫫國際現行條約應予尊重一項原則，而貽自相矛盾之譏。

八日　美國商務部長魯波宣稱：戰事或戰爭威脅，截至現在爲止，尙未妨害美國對內對外工商業。美國人民固一致要求並決心避免捲入戰爭漩渦，惟世界局勢亦使美國政府深切關心。美國航業，不僅在遠東，即在地中海，亦受危害。國務部長赫爾今日爲此特與海軍局局長廿納第討論應付辦法。據赫爾稱，現尙未採取特別辦法保護美國商船，亦未決定增加軍艦計劃云。

十一日　美國海特公園城電：羅斯福總統頃向各報記者發表談話稱：中日兩國戰事與地中海緊張局勢，業使全世界爲之不安，匪特金融界人士感有反響，即世界各國民治政府暨人民，亦莫不如此。余自信可以代表各民治國政府表示此項意見也。『吾人行當竭盡所能，務使美國不致牽入戰爭漩渦』云。

十四日 華盛頓電：羅斯福總統今日下令禁止政府船隻運輸軍火至中日二國。至於其他美國商船圖運軍火至中日二國者，則其危險應由該商人自負之。按總統此項命令之頒發，曾經過與國務卿赫爾及聯邦海運委員會長，愼重商榷之結果。但此項命令尙不能視爲中立法之引用，美國之政策仍有臨時劇變之可能。

十五日 華盛頓電：海軍部長史璜生今日宣布：美國海軍兩月以來，已禁止海軍廢鐵及廢銅出口。近來經濟學家及軍事家多批評廢鐵廢銅之出口驟增，咸以爲此係他國軍火製造廠所購，最多者爲德日義英四國。此種情形，對於美國及世界和平皆有危險，故海軍部有禁止出口之舉。

羅斯福總統頃與國務卿赫爾，軍縮會議前首席代表台維斯，進行談話，歷兩小時之久。所討論者，當係國際時局。關於此層，美國負責人士頃宣稱：無論對於遠東，或對於歐洲時局，美國政府，均不擬有所舉動，而將現成局勢予以變更云。同時商務部長羅泊表示：本年前七個月中，日本共購美棉一九二•〇五〇•〇〇〇元，較之去年增加八七•〇〇〇•〇〇〇元；中國共購三六•九五五•〇〇〇元，亦增一一•〇〇〇•〇〇〇元。故美國對於此等普通商品，欲研究其是否作爲戰爭原料之用；亦須考慮各方面之關係。政府固願增加對外貿易，然亦不願美國商人但顧營利，而使國家牽入他國之爭端云。

十六日 華盛頓電：美總統羅斯福禁止美國政府所屬輪船運送軍火軍用品前往中日兩國一項命令，由海運委員會予以公布。經一般人加以解釋，以爲此項禁令用意，乃在減少國際糾紛至最少限度，別無他意在乎其間。至本國輪船運送旅客或裝載普通貨物前往中國者，若爲日本軍艦所攔截，美國政府自未便恝然置之，已訓令本國駐遠東海軍當局隨時予以保護云。

倫敦每日電聞報外交通訊員宣稱：荷首相柯里恩與英外相艾登在日內瓦舉行重要談話，其主題爲遠東局勢。因英荷兩國在該處均有重大利益，需要防衛也。據稱英荷兩國對於此項問題，已獲完全諒解。其政策在竭力使衝突局面，勿變成公開戰爭狀態云。

十七日 據國聯大會國際新聞記者團所傳消息，前者日意所進行之商約談判，不日卽可完成。又據日內瓦半官方消息：日建議由意國以記賬辦法，供給日本巨量軍火；而日本則對阿比西尼亞問題不予干涉，並保證意在中國之利益。其他半官方消息則謂日本集中駐歐陸各國使節於德國，冀在意首相墨索里尼聘問德國時，與該兩國當局進行對遠東問題更爲合作之接洽云。

十九日 紐約電：全國和平大會將八國重要政治家所廣播關於世界和平問題的演詞，轉播於六十餘國中一萬萬聽衆。美國務卿赫爾演詞略稱：『在此新世界中，完全孤立決不可能。倘規程法律不再存留於世界，則美國的安全定必大受打擊。任何國家如不注意其海外僑民的安全或事業，則不久雖其初步權利也被人蔑視。所以我人對於世界和平條件的創立，必須有所努力貢獻而後可。維持世界和平所不可缺的要點有八：（一）國際間須能彼此忍耐自抑；（二）避免運用武力；（三）對於他國內政不施干涉；（四）國際間糾紛，以和平方法解決；（五）忠實履行條約；（六）條約修正如必要，須互相諒解，循序而進；（七）裁減軍備；（八）經濟合作』。英外相艾登從日內瓦發出演詞，稱國際貿易雖遇困難，但現有發皇之象。此外廣播演講者，尚有法總理旭丹，比相齊蘭，加拿大首相金氏，奧總理休福尼格，哥倫比亞總統洛貝士，及捷克總理霍德柴等人。

二十日 巴黎電：關於日本海軍封鎖中國海岸事，法國政府頃決定辦法如下：（一）爲避免糾紛起見，法國商船凡駛往中國海岸者，當將船名暨船東船主姓名，通知法國駐遠東艦隊司令；（二）法國駐遠東艦隊司令，當隨時以各該商船船名，暨船東船主姓名，通知日本海軍當局。但法國並不承認日本海軍有干涉法國商船在中國海岸自由通航之權利，卽使未經通知，日本海軍亦不能加以干涉云。

東京電：日政府已依允英國所定可允日艦在中國沿海阻止英船，以便檢查其登記證明書之條件。英國聲明彼認全部手續爲違法，但在下述條件下，不擬斤斤於法律上權利：（一）如有英艦在附近一哩之內，日艦必須先得其允許，而後檢查英國商船；（二）如一哩之內未有英艦，則日艦必須將此項檢查立卽報告，而此檢查必須以查核登記證明書爲限。英政府並保留因日方舉動而遭任何損失或傷害要求賠償之權。

美國務卿赫爾於美國將領宴會席上陳述美國政策，稱：美國今日所採的政策，卽在既不偏於孤立，也不輕易捲入外國爭執的漩渦。我們今日雖尙不欲過問他人爭執；但對於要求他國尊重我國人民權益生命一層，則始終未放棄。

二十二日　巴黎電：日本某報曾登載駐巴黎訪員所發消息，據稱：法國航空部應蘇聯之請，業已決定派遣法國軍事航空員前往中國云云。法國官場方面，頃加以否認，並謂此項消息，出於臆造，全無根據。

二十四日 東京電：法國駐日大使亨利於午後訪日外次堀內，對日機窺探與日艦砲擊海南島目的，有所質詢，謂該島接近安南，有受影響憂慮。堀內答稱：日本兵艦係執行第三艦隊司令長谷川之命令云。

華盛頓電：美政府對中日戰爭態度，已轉趨於強化。國務院態度顯已大變：（一）為美國海軍當局聲明其海軍決定貫澈不顧一切危險以保護僑民的政策；（二）為國務院於廿二日向東京提出反對日機轟炸都市與平民的嚴重抗議。美國國務院宣稱：政府已訓令美國亞洲艦隊，留駐現有地域，無論中日戰爭至何地步，均不得撤退。因美國艦隊如於此時自中國沿海撤退，必致大損美國威信；但美國海軍如採取不自中國沿海撤退的政策，則勢將蒙受多大危險。此層據國務院當局言：「此種危險，當然義不容辭」因此種政策的貫澈，原為美國的義務與天職。

二十七日 華盛頓電：國務卿赫爾今日接見記者時，談及日人在上海區域設立非法徵稅機關事，謂美政府現正以至密切的關切研究。中國大局或將有如一九三二至三三年的發展，其時日本曾強奪滿洲海關分關管理權。

蘇聯外部今日正式公佈：蘇聯駐日大使史拉夫斯基對於日本請求駐華大使館退出南

京一節，昨已在東京提出「堅決抗議」。該牒文重行聲明蘇聯大使館留駐中國首都之決心，並警告日本政府：「此種非法行爲之任何結果，應由日本負其全責」。

二十八日 美國務卿赫爾答復記者詢問對國聯譴責日飛機轟炸中國平民的意見，稱：如國聯有具體建議，則國務院將審愼考慮；日政府對美政府抗議轟炸南京牒文，尙未作覆；美國報紙所載日本已向美國保證日本在華無土地野心的消息，實無其事。同時國務院其他官員，否認美國已拒絕參加遠東會議說。紐約郵報評論稱：國聯如實行對日經濟制裁，赫爾顯然準備加入；國務院人員，對於欲以更有效的方法阻止日本對華侵略一事，並不隱諱。

二十九日 倫敦電：今日閣議，根據最近所接之報告，討論遠東局勢，達三小時半之久。聞各方面現在提議之對日經濟制裁，政府當局尙難加以同意。但日後遇有機緣，願爲兩交戰國間之調人云。

三十日 倫敦電：英國政界人士，尤其是左派人士，對於在經濟上壓迫日本一項運動，倡導愈益積極。英國國聯同志會執行委員會，頃通過決議案，略謂『日本現在中國境內，顯欲用威嚇手段，使侵略行動克底於成。此在英國政府，宜請國聯大會宣佈中國係被侵略國，凡屬國聯會會員國均應採取各項措置，例如拒絕日本貨物進口，藉以剝奪該國賡續作戰之力量。此外英國又宜向國聯大會建議，凡屬會員國，應立即湊集款項，至少十萬鎊，以充國聯會派往中國醫藥救護隊之經費。在採取切實有效措置之前，國聯大會當繼續工作，務勿閉會』云云。此外工黨大會，十月四日在包納茅斯城開會時，對於遠東問題，將贊成由國際方面，在經濟上壓迫日本。又英國國會原定於十月二十一日復會，則宜提早於十九日開會，討論遠東問題，藉以證明英國重視遠東問題云。利物浦港共產黨代表四人，本日午後向該地日本領事送致決議案，對於日本飛機轟炸中國廣州市與其他各城市平民之舉，表示深惡痛絕之意。並謂共產黨玆已決定促使利物浦港各碼頭工人，拒絕裝卸日本貨物云。日本領事當允將該決議案，轉達該國政府。

丙　各國保僑及在華權益之處置

十四日 上海發生空戰，以致波及租界。美國務卿赫爾向報界發表談話稱：「政府業已訓令駐中國大使與各地領事着其堅勸本國僑民，接受政府保護，俾得遷離危險地帶」。幷謂：上海方面共有美國僑民三千人，本國軍艦停泊中國海面者，足敷撤退之用。同時政府已向中日兩國政府提出交涉，請勿使上海方面十萬名左右之外僑，遭受危險云。

十五日 英外務次官文西泰爵士，與海陸軍兩部高級官員，會商上海英僑保護辦法，歷時甚久。最後決定兩點：（一）上海公共租界英國婦孺，大部份予以撤退。（二）本星期杪，自香港加調部隊，前往上海。

十六日 英外部及海陸軍當局，已決定撤退上海英僑婦孺，並已訓令上海總領事，設法籌備一切。此外，並決定再增派英軍一營赴滬。英大使許閣森對於中國飛機轟炸，波及英巡艦康伯蘭及公共租界事，特向南京當局提出交涉，並請求不再在租界空中作戰。美大使亦已提出同樣交涉。

英烏爾斯特槍隊今午乘亞細亞皇后號，離港赴滬。英兵米特爾塞克斯聯隊之第一大隊，奉令準備開往香港；同時駐太平洋第二本哲布聯隊之第一大隊之半數，亦準備於接令兩日內，開往香港。英國陸軍部宣布，中塞克斯步兵團第一營，卽將自新加坡開往香港，應付遠東局勢。

美國總統羅斯福召見國務院遠東司司長洪佩克，海軍部作戰局代主任李邦遜將軍陸軍總參謀長克萊格將軍，舉行會議討論上海方面美國僑民保護辦法。胡佛總統號郵船奉美國駐華大使詹森電召，加速開往上海，撤退美國婦孺，並載美軍一隊開往上海，在港並不停輪。

法國外交部佈告：法當局將採保護法租界所必要之計劃，防護租界之兵警力量，將由越南調來之軍隊充實之。法當局將就可能範圍，担任比，撻克，瑞士，僑民之出境事宜。法輪阿拉米斯號已奉命由日本開往上海。法官場人士宣稱：法政府已由安南調兵一營，趕往上海，保護上海法租界。此外，法國郵船公司所屬「史芬克斯」及「阿拉米斯」二郵船，亦已準備一切，俾於必要時，撤退上海法國婦孺。

德政府現派遣郵船尖登堡號，前赴上海裝載德籍避難僑民，其他向滬航行船隻，則悉在香港卸貨。

荷蘭政府宣佈：荷蘭驅逐艦瑪加倫號，已自巴達維亞開往上海，保護本國利益。

瑞典政府頃已採取各項措置，俾於必要時，將上海瑞典僑民予以撤退。僑民奉令後，即當集中公共租界漢彌爾登大廈瑞典商會。瑞典公使館亦已由圓明園路移至漢彌爾登大廈。

十七日 美政府下令加利福尼亞州桑狄哥海軍一千二百名開赴上海保護僑民。該項海軍於十日內開拔，五星期內可抵上海。國務卿赫爾稱：上海美籍婦孺一千四百名，可望於本週末撤退，所乘大抵均係商輪，此後留滬美僑約二千五百名。國務院並已請求撥款五十萬，作爲撤退僑民之費用云。美國在此中日兩國交戰中，決於極端國家主義與國際主義間，循行「中庸之道」，一方面不向他國表示好戰之態度，一方面決保護其本國僑民。

美海軍陸戰隊一中隊，奉命由馬尼剌開往上海。

英閣員聚商撤退上海僑民事。外交界否認上海英僑奉命撤退說，謂英僑願留上海者，英當局極力保護。並認日本不應利用公共租界爲護符而作戰，致招引華方攻擊。

英政府命令駐華英艦隊總司令李德爾，負責與駐華英陸軍協力保衛上海公共租界。

法政府訓令法駐華大使，隨時自定撤退上海法僑辦法，凡願撤退者即撤退，願留滬者亦可，但應自行負責。

十九日 外間傳上海英僑擬全體退出，致引起無謂之恐慌，由英國負責方面予以切實否認，謂英政府不特任令上海英僑自顧其利益，且將予以堅決之保護。僅英僑之願離滬者，或應離滬者，始移往香港。星期二內閣開會後發表之文告，卽可證明一切，卽英政府將取各種可能計劃，保衞英僑生命與利益是也。

美國務卿赫爾聲稱：駐華美國外交官員現勸告上海及其他危險地點的美僑，無居留必要者，全行退出。以前撤退勸告，僅限婦孺，現並及旅行者教員與教士。國務院以爲僅上海自來水與電力公司的美國工程師及外交官員，方有充分重要的居留理由。赫爾豫料：週杪美僑撤退者，共有一千七百人，留居者約二千人。

【二十二日】美運艦蕭蒙號與巡洋艦瑪白爾狄特號定廿九日載水兵一千三百名由桑海哥開往上海，充實美駐軍力量。國務卿赫爾談稱：美在遠東商船，遇必要時，足敷撤退上海美僑用，以故目前並未命令軍艦參加其事。

【二十三日】英國外交界人士聲稱：英國政策乃係保護上海公共租界，以及英國在其他受戰事威脅各處，所保有之利益爲限。此項政策不致有所變更。大約將增加上海英國駐軍員額。但若日本政府對於英國建議（卽關於上海中立化一項建議），若能提出折衷方案，俾西方各國對於上海僑民之安全，及在該處所保有之利益，不復有所憂慮，則英國或不致續派軍隊前往上海也。

法政府爲保守上海法租界之中立，及維護界內之安全起見，除由法租界駐軍全體動員外，並由安南加派陸軍兩營來滬。同時在上海軍艦，亦駛泊法租界外灘保衞。奉命由安南開來上海之陸軍步兵兩營，總數計八百人，於日前由西貢乘砲艦「拉瑪爾納」開拔來滬，負責保衞法租界僑民生命財產。法國停泊於上海之軍艦四艘，均停泊於黃浦江內，由畢戈特中將負責指揮。至二十五日由安南開來之『拉瑪爾納』砲艦，或將在滬稍留後，仍駛返原防巡弋。

法國步兵一大隊，今晨由安南乘法輪斯芬克斯號，前來上海。不久尙有法兵三大隊陸續赴滬，其中兩大隊來自安南，其餘一大隊係從法國開來。該船中尙有英國軍醫四人，護士四人，及大批醫藥用品，以應上海之急需。

二十四日 英外相艾登，與掌璽大臣哈立法克斯勳爵，乘首相星期三日暫返倫敦之機，向之報告外交現局，而尤注重遠東地位，並與討論有關係之事件。上海英國當局現正竭力保護英僑，但租界四週之戰事長此進行，不能保不發生意外死傷。故特將婦孺暫遷他處，以免受有種種不便。據海軍部宣稱，英艦現分佈於下列各地：上海有巡洋艦與護送艦各一艘，吳淞有驅逐艦旗艦與護送艦各一艘，普渡島有巡洋艦兩艘，驅逐艦一艘，青島有飛機母艦與驅逐艦各一艘；威海衛有潛艇給養艦埋雷艦驅逐艦護送艦各一艘，烟台有驅逐艦一艘，秦皇島有驅逐艦一艘，大沽有護送艦一艘，南京有巡洋艦一艘。

英駐加爾各答第六拉吉波坦那來福槍隊之第五營，已乘愛萊方塔號輪，由福開森上校率領向遠東出發。又海特阿巴特第十九團之第四營，亦在卽日出發之中。

二十六日 意國海軍第二艦隊第六分隊所屬巡洋艦蒙特古谷利號，於本日由熱拿亞開上海，充實遠東方面意國海軍力量，幷保護意國僑民生命財產。該艦艦長為達柴拉上校，艦上官兵共計七百員名。

九月一日 倫敦方面消息：英國現已決定增派軍隊赴遠東。除駐印度拉勃達納隊，昨已由加爾各答調往上海外，萬噸巡洋艦「杜塞錫爾」號，亦奉令開往中國領海。據英國駐華大使館人員宣稱：英使館已在南京建築地窖，俾不能離開中國首都之英僑，可以躱避空擊云。

五日 倫敦軍政兩界人士，對於日本飛機轟炸廈門一事，均極為注意，認為表現日本準備在華南開始新的攻擊。因此，英國政府已訓令英國驅逐艦「鑽石」號，由馬尼剌立卽開往廈門，其目的在「研究此種情勢」，同時幷訓令英國商船，作保護英僑之準備云。

英美法三國駐滬軍事當局，以本月三日，浦江中之日艦，與我浦東砲兵發生激烈砲戰，致公共租界與法租界內，墮落流彈甚多。特請各該國駐滬總領事，於昨日分向我國與日本當局，致送節略：要求日艦應移至招商局北棧以下，我浦東軍隊移至浦東路以東張家浜以南。該項致送我國之節略，已由俞市長轉送軍事當局。

六日 日本封鎖華南海濱後，英商船泰山號今日由香港開往廣州時，在珠江口瞭見日驅逐艦數艘。至該船駛回香港時，途中曾爲日驅逐艦攔阻兩次，因疑及其所載貨物性質之故。

七日 英軍兵士一一五〇人，反軍官一九七人，於今日在蘇桑浦頓，登英國運輸船『特尼拉』，將駛來中國，增加英軍實力。英國防部長倍利夏，於該船啓椗前，曾前往視察。

日軍宣告封鎖公共租界東區後，本市各國外僑商會與日軍當局商議，請將東區外人商品保護移出，而日軍當局一味蠻横，竟表示拒絕。上海德國商會，巳電致漢堡商會轉請政府，對日政府此種行動，嚴重抗議。其他各國旅滬商會，亦有同樣表示。

十日　美國官方負責人士談稱：國務卿赫爾表示，在遠東衝突繼續演進之際，美國無意撤退在華軍艦，且將加意保護在華僑民。該發言人謂，現時在華美僑約有八千人云。

十二日　英駐華代辦賀氏，往訪日大使川越茂。消息靈通方面者稱，賀氏曾向川越，提出下列四點：（一）上海租界行政權之完全，必須保持。（二）日本不能採取妨礙英國在華南商業利益之行動。（三）英國在中國沿海之航運，不受日本封鎖之影響。（四）日本須給予保證，不佔領香港附近之任何險要。賀氏並稱，日本必須可能的尊重英國在上海附近之權益。

十五日　英美法義及荷蘭等五國之駐滬海軍司令，以自滬戰迄今，飛機時在租界上空飛翔；高射砲之流彈，墮落於租界之內者甚多；以致界內之人民，頗多死傷，特致送一節略於俞市長及日本第三艦隊司令長谷川，要求此後中日兩國之飛機，勿在租界上空飛翔，尤望高射砲勿向租界方面射擊。

義巡洋艦蒙特古哥利號，於上午七時半由非洲義屬瑪蔭華港駛抵滬上。該艦載有義官兵共七百名，來滬協助維持公共租界治安。

十九日　美海軍運輸艦蕭蒙號，上月廿九日離桑狄哥，今晨駛抵滬埠。該艦載來美軍一四五〇名，協助維持公共租界治安。

二十四日　美國海軍部宣佈：美國亞洲艦隊司令雅納爾中將本日用無綫電廣播，向中國領海內美國各輪船發出通告，謂：中日兩國現行局勢一日不變，亞洲艦隊即一日不離開中國海面，所屬各軍艦，當停泊中國各港口，以便於必要時援助本國僑民。又各該軍艦停泊地點，暫時不擬更動，除非本國僑民要求特別保護時，則當別論。結論謂：「本國軍艦爲援助幷保護僑民起見，致冒危險，勢所不危；但此種危險，不致十分嚴重。無論如何，吾人職責所在，義無反顧」云。華盛頓方面人士以爲，觀於雅納爾中將此項通告，美國對於中國時局所抱立場，似已趨於强化。國務卿赫爾則拒不加以評論，但謂政府對於保護僑民一項政策，幷未有新變更。

丁　滬租界中立問題

日軍强據租界作戰，致危及租界內外僑之安全。各國以權益所在，經一度交涉罔効之後，英國方面乃建議設中立區域，中日兩軍撤出中立界外，兩方利益暫由各國共同保護。是項建議，我國曾表示如不妨礙主權， 則我在原則上可予以承認。惟日人始終反對，謂日不能以三萬僑民及其鉅量投資，委託他國保護云。茲述其經過如次：

十四日 戰事發生，英國駐中日兩國大使向駐在國政府，再度提出交涉，務請勿利用公共租界以為作戰區域。

上海市長為日軍利用租界為軍事根據地攻擊我國軍隊事，今日特照會各國駐滬總領事，迅予制止。原文云：「逕啓者：查我國軍隊因日軍昨日在本市妄啓釁端，侵犯領土，已採取自衛行動，積極抗禦。本市長茲特向貴總領事及其他各友邦駐滬總領事鄭重聲明：我國軍隊對於本市各國僑民生命，財產及一切法益之在其勢力範圍內者，仍繼續本國政府向來政策，負責竭力保護。但本市長有應促起各友邦駐滬當局嚴切注意者，卽本國軍事當局希望及要求各國有關方面，對於日軍利用租界為軍事根據地，以攻擊我國軍隊一節，應卽迅行制止。否則我國軍隊萬一被逼採取自衛行動，以減少日軍利用租界為軍事根據地之危害時，所有因此發生之一切結果，我國不能負責。相應函達，請煩查照。」

十八日 倫敦每日民聲報載稱：駐滬代理英總領事達維森，擬就一種計劃，已提交法美意總領事，主張在公共租界與法租界四周，劃一中立區域，中日兩軍應退至該區域外。達氏鑒於前曾提出同樣建議，而爲日方反對，今爲消滅此項反對起見，特議由公共租界之代表各國，担保於撤退期中，保持中立區域內之治安。該報謂：按照該計劃之各國責任，殊不易負；英國亦不能以駐滬有限之兵力，單獨担負此重責。達氏之建議，乃一種勇武友好之姿勢。如法美贊成該計劃，則中日必不致爲榮譽之故而遏阻消弭大戰之惟一途徑，蓋雙方現皆不欲作此大戰也。每日電聞亦稱：英內閣昨日集議時，曾考慮達氏之計劃，聞現正急迫向有關係之各國政府，作外交上之商榷。

英國外交界人士聲稱：英國政府現正在東京南京方面賡續進行交涉，謀使中日兩國各將本國軍隊自上海撤退，而由英法美三國負責保護日本在公共租界所保有之利益；一俟中日兩國接受此項計劃之後，卽當向法美兩國接洽，請其會同英國負責保護日本利益。

十九日 美國務部官員承認：英美兩國現正討論在上海採取聯合行動辦法，其內容仍爲中日兩軍如允撤退，則由英美共同負責保護公共租界。惟陸軍部發言人以爲，英計劃恐難成功。

接近法國外交部之人士稱：法國駐南京及東京之大使，業已接得訓令，參加英國建議關於上海公共租界中立化之步驟。美國對於此項步驟，並不懷抱過大之希望。因中日報紙，均表示不能接受此項建議也。此間人士，以爲日本已難懸崖勒馬矣。

我外交部於本日下午三時，通知各國使領，凡各國在滬之兵艦及商輪，須於十二小時之內，遠離日艦停泊地點五海里之外，或使日艦遠離各國兵艦及商輪停泊地點五海里之外。否則中國空軍及其他軍隊攻擊日艦之時，第三國之兵艦及商船因而所受任何損害，中國概不負責。同時並電令外交部駐滬辦事處處長余銘氏奉命後，當於今晚在電話中通知各國駐滬領事，並以書面送達各國駐滬總領署。

二十日　駐滬英美法意各國海軍當局，因昨日敵我空戰，出雲艦開放高射炮，認爲有違租界之中立性，乃於昨晚共同通知該艦，離開租界。出雲艦諉稱護僑，對上項提議表示拒絕。

二十一日　關於英國政府所提出在上海設置中立區一項建議，日本政府今日已向英國政府提出複文，措辭模稜兩可。英國官場人士希望日本能提出切實複文，但恐日本政府對於英國所建議撤兵一層，反對甚烈，因而難望改變態度。英國官方人士宣稱：日本方面猶豫不決，並發表不利之評論，致使英國政府，深爲失望。

二十三日　關於英政府擬在上海設立中立區域一項建議，倫敦泰晤士報今日加以評論云：公共租界內英法兩國利益保護事宜，法政府已允加以協助，此舉大足證明英法兩國聯帶一致之關係。法政府所注重者，乃在保護法租界，固矣；但法國之在公共租界，以視其他各國，實亦享有同樣權利，自可以一部分兵力，協助保護事宜。

二十四日　我國通知英國準備在原則上接受英國中立區之建議，中日軍隊及軍艦共同自上海區域撤退。日本之答復尚未送到。英政府對於東京之消極態度，咸覺極度之失望。法國雖已同意英國之建議，但美國則以爲：此種建議之是否有效，尚在日本之就範與否；以現狀觀之，殊難成事實也。

二十五日　英國關於上海中立化之建議，日本外交部今日發表聲明，略稱：日本不能放棄此項立場，即憑籍其本身力量，保護上海之日僑是也。關於英國建議將上海劃爲中立區域事，日本的立場迄今未變，日政府謂不能以三萬僑民及其巨額投資，委託他國保護云。

【九月十二日】東京電：日政府對各關係國政府將上海劃為中立區之請求，業由外務省分別予以答覆，內稱：此問題最好由上海日軍事當局與各國外交代表就地磋商。

戊　英大使許閣森事件

英駐華大使許閣森爵士，廿六日循京滬公路上在無錫被日本飛機擲彈轟擊，並以機槍掃射致身受重傷事，英當局發表公報如下：『英駐華大使許閣森爵士，今日（二十六日）偕大使館武官樂伐脫佛萊塞中校（Lt. Col. W. A. Lovat-Fraser），及財政顧問郝爾柏治（E. L. Hall-Fatch），乘汽車循京滬公路由京赴滬。約下午二時三十分，忽有日本飛機一架，並未發出警號，突以機槍向大使等乘車射擊。復有日機一架在各車停駛之後，復拋擲炸彈。是時兩車均懸有英國國旗。大使背脊受傷，抵滬後即逕送入滬西宏恩醫院治療。據醫生言：大使脊髓並未擊斷，亦無癱瘓症象；傷勢嚴重，但尚無即刻之危險』云。

英大使署武官佛萊塞以英大使許閣森爵士遭日機攻擊詳情告字林報代表，謂：大使等既離無錫，車行距滬不足五十哩處，天空來一日飛機，突開機關槍射擊兩汽車。第一車由渠駕駛，內乘大使與財政顧問郝爾柏志。第二車僅載行李，由一華人汽車夫駕駛，緊隨於後。兩汽車皆插英旗。郝爾柏志在場證明，兩飛機飛行甚低，惟未聞其機聲，顯因止住其發動機之故。無論如何，其以機關槍掃射乃猝出不意，大使之脇，似巳中彈，流血甚多。兩汽車頓時停止，佛萊塞與郝爾柏志均下車討論行止。維時又來一日機，向兩汽車擲一炸彈。彈落稻田內，但其炸力甚大，二人立足不住，仆於田內　。佛萊塞又稱：苟該彈落於路上，諸人皆成虀粉矣。於是二人決計疾駛至滬，幸賴大使勇敢鎭定，雖甚覺痛苦，而神志清明，乃復登車前進。途中僅停車一兩次，以淸水飲大使。下午四時，抵滬宏恩醫院。大使受看護婦與醫士服侍之前，猶面命應辦之某種急要事務，其毅力可見一斑。大使此次莅滬，擬與英僑領袖會談。衆信乃於滬上戰事有關，而欲在此困難危險中，攜一佳音予其國人。大使近數月來，在京奔走和平，不遺餘力，今之來滬，仍爲此事也。

日方宣傳，謂日機當時不知車內爲英大使，蓋英國之旗，係插於車前水箱上，不若覆於車頂上之明顯；再者英大使離京前，祇通知中國政府，並未通知日方云。佛萊塞氏後對記者稱：是日該車上之英國國旗，並非插於水箱上，而係用竹槓捆於車前者。且旗長達三尺，闊亦二尺，風吹飄飄，等於覆於車頂上無異，況日機在開槍時，飛翔甚低，決不致不能辨別爲英大使也。

倫敦電：英國駐華大使許閣森爵士，本日被日本飛機用機關槍擊傷之後，官方雖未加以評論但一般輿論，已爲之極端憤慨。政界人士則謂：就法理上言之，中國境內目下並無「戰爭狀態」存在，日本若僅藉口戰區附近不宜旅行，而用飛機轟炸非軍事人員所乘汽車，其罪實不可逭。又況日本軍隊作戰之地，並非該國本國領土，而爲與東京政府保持外交關係之中國所有，日軍安得任意活動。一般人相信，英國政府今後對於許大使受傷一案所當採取之行動，一部份當以上項見解爲根據云。

華盛頓電：美國務卿赫爾，今日電致英政府，對於英大使受傷事，致慰問。赫爾指此爲極端可憾不幸之事。

柏林電：英國駐華大使許閣森爵士，被日本空軍襲擊重傷之消息傳到此間後，德國全國報紙均認爲異常重要事件，社論中表示此事將使遠東局勢，有更趨嚴重之可能。「干預報」載：此事之結果，此時尚難預料。柏林日報則稱：英國對遠東衝突之態度，因許氏之受傷，當可昭然若揭。「德意志總彙報」相信：英使受傷，使遠東局勢更形惡化。此事如何方可解決，尙難推斷。但認爲必須有關遠東衝突之各國列强，極力保持鎭靜，方不致使中日衝突擴大爲世界戰爭云。

二十七日 英外部發出公報云：英政府接駐華英大使許閣森爵士遭日機射擊之消息，極深關切。英政府現覓取其所需要之某種詳情，一俟此項情報接到後，英政府卽可向日政府採取適當之辦法。據政府所得報告，英大使所乘之車懸有英旗，約在午後二時半，爲日機兩架以機關槍與炸彈所轟擊。——同時上海日當局已向英國代理總領事表示歉意之說，衆難認爲滿意。然英政府前曾照會中日兩國，凡英人生命與財產，因戰事而受之損失，中國與日本須負其責。縱英大使之被轟擊事出偶然，但在「戰爭狀態」尙未宣佈之時，對於平民汽車妄加轟炸，此乃應痛加譴責者也。

英政府接到駐華大使許閣森之不幸事件後，認爲上海嚴重。首相張伯倫卽召集全體閣員會議，討論進行方法。外相艾登覓日未離外部辦公室，待上海之繼續官報。今日午後外相艾登與日大使吉田會見，自午後四時半起，談論達二十分鐘。吉田代表日本政府對於駐華英國大使之奇禍事件，表示深切歉忱，並表示鄭重之慰問。艾登謂許閣森之赴滬，原欲與日大使川越會見，不料遭難未果，可謂雙重之不幸事件。

英國全國朝野，對日機非法行為，加諸英國高級外交官員身上，忿怒已極。政府現正考慮嚴重應付之辦法，英外部現嚴待日政府說明理由，對日方之說明，頗為重視，且為決定其以後行動之根據。

英官場人士宣稱：關於英國駐華大使許閣森爵士遭日本飛機襲擊受傷一事，外務部大約不久即可接得詳情報告，因此英國政府將不再遲延，而向日本政府採取「適當之行動」。至於日本同盟通訊社發表消息：謂英國駐華艦隊司令李德爾爵士，曾語日本第三艦隊司令長谷川，謂許閣森係因自不謹慎，在危險地帶旅行，致遭擊傷云。此說現由負責方面加以切實否認。

前英駐華大使館參贊賀氏，即將乘飛機赴華，代行英大使職務。賀氏現正在假期之中，本將有新任命，自許閣森大使遇暴之後，即受命兼程赴華。賀氏約一二日內即可啓程，將取道商航路線先達西貢，然後再擇最速之途徑赴任。

英使許閣森被日機射擊受傷事，已引起全歐洲之深切同情。柏林官場方面，對於此事於遠東時局之影響，尚不願有所指揮，僅稱該事極度複雜。德國報紙均謂對於英大使之襲擊，並非故意之行為。義國報紙對於此事，均極重視，並諒解英人憤怒之原因，但謂倘日本正式道歉，即不至引起嚴重之後果云。巴黎方面，對此尤見重視。巴黎日報稱日本之領袖應即速懸崖勒馬，考慮英美兩國及法國所贊助之邀請，遲則莫及云。小日報表示希望英大使個人之前途，不致受此射擊而中斷云。中日兩國大使，今日曾分別至英外部訪問英外相艾登，代表其政府表示關切之意。

倫敦晨郵報評論英大使許閣森爲日機槍擊事，題曰：『甚嚴重之不幸事件』。文內謂：全國輿情，聞許閣森爵士在日飛機故意堅持攻擊中受重傷消息，大爲震動。此種暴舉，實無文過之餘地，因大使汽車上懸有英旗；僅僅一汽車，不能認爲有軍事關係也。發表此不幸事件之政府公報中，表示在適當的外交沉默後，含有自然之憤懣。故今所慰悉者，一俟續接必要之情報後，英政府將取充分行動與日政府交涉，要知國民非此，決不甘心者也。

倫敦泰晤士報社論，指英大使許閣森之被襲擊，爲「空前莫與比倫之暴行」。謂吾人姑承認雖極魯莽之日本飛行家，苟知車中乘客之爲何人，亦必不致攻擊大使乘車，然日政府之責任，不因此而解脫。即如日本非官場所稱：日方以爲中國高級軍官將乘車來滬，故諭令其機師對於任何汽車，加以攻擊一節。亦徒證明日政府對於其並未對之正式宜戰的國內平民生命之神聖尊嚴，絕未予以絲毫顧慮。況大使受傷之處，又在戰區許多哩之外乎？

「每日電聞報」評論英大使被日機擊傷事云：英國在此事尚未澈底查明之前，自不宜急遽下何判斷。惟關於中立國權利，橫遭蔑視一層，今因英國大使之被襲擊，而愈有抗議之必要，則已不待煩言矣。

華盛頓每日新聞社論，對英大使受傷事有所批評，謂：吾人於此，或可見英國漸覺悟，自九一八起至今日止，日本一切行動之意義矣。自根本言之，英大使之受傷，與美旗艦水兵生命之喪失，並無差異之處，蓋兩事皆爲偶發事件，而非出於預定計劃之結果。惟無論英人心理如何，英大使橫遭攻擊一事，當可使道甯街爲之驚愕不置也。英國自己應有所舉動，此其時矣。吾人非謂從事戰爭，但謂英國之地位，可左右日本，非任何他國所可比擬耳。

紐約講壇報發表嚴厲批評，痛詆日人在戰爭中不尊重中立國人民生命之行爲，謂社會對於國際事件中之暴力主義，曾謀立法制裁之，乃日本圖躲避法律制裁之方法，故意演成不宣而戰之戰局云。紐約泰晤士報稱：英大使許閣森所遭遇之不幸，當然使英國對於英人生命財產之安全愈爲焦慮。東京近所抱恢復英日舊有盟約之希望，今後勢必抹殺矣云。

法國各報就英大使許閣森爵士被日本飛機擊傷一事加以評論，「巴黎迴聲報」載稱：此事究將發生何項後果，又調查蔵事之後，英國政府將出於何項行動，一時殊難預測。抑吾人所當注意者，地中海問題與中國問題，究至何項程度爲止，能以直接方式予以解決，或由關係各國共同予以解決，此際尙不可知。「日報」載稱英法兩國所提出關於上海中立化一項建議，以及美國務卿赫爾呼籲和平之談話，日本當局，現當切實加以考慮云。

法國堅强報著名國際觀察家榮納，今日對於英大使遇暴事，發表論說，稱：昨日在京滬公路上受傷者，非僅英國之大使，實傷及歐洲之全部云。榮氏復作日本軍事當局之口吻曰：「汝事前並未通知我等，汝欲在此中國公路上車駕而行。」榮氏之答語謂：「倘先給以通知，卽等於承認日本軍用飛機有在中國公路上以炸彈轟擊或以機槍掃射之權矣。况中日兩國之間，迄今尙未正式宣戰乎？」榮氏繼謂：此事若在五十年以前，歐洲決難同意於在法律及其權力之外聽人處置。倘欲重建歐洲在遠東之威望，英國豈能靜待英大使個人之命運即爲已足乎？

二十八日 倫敦政界人士宣稱：英外相艾登與現在蘇格蘭之首相張伯倫通話長談後，對於日本空軍襲擊英國駐華大使許閣森一事，已決定對策。至於日方當局所持理由，謂英大使乘汽車自京赴滬，事先應通知日方云云，此間政界人士則認爲荒謬絕倫。

倫敦電：關於駐華大使許閣森爵士，被日本飛機射擊受傷一案，英外務部本日午後，以照會一件，電達駐日代辦陶慈，命其遞交日本政府之後，即當由此間予以公佈。

日駐英大使吉田茂奉政府訓令，向英皇對許閣森案表示甚深之歉意；並向外相擔保調查事件眞相，希望大使早日恢復健康。英皇電上海囑報告詳情。消息靈通之觀察者，以爲日本駐英大使許閣森受傷向外務部所表示之歉意，不能認爲正式道歉。

英駐華大使館參贊賀氏，今日已乘飛機啓程前往中國，俾在許閣森大使傷勢未愈之時期內，主持駐華大使館事務。英報預測，英政府因許閣森大使受傷事，向東京提出之抗議文，措詞必甚强硬；或將要求賠償。泰晤士報外交記者謂：日方若干解釋言論，不獨不能減輕英人義憤，反使英人對此暴行，愈增憤懣。日方所發日本陸軍得悉中國高級軍官，定於是日行經京滬公路一節，直無異謂「吾人非欲射擊英大使，但吾人謀暗殺吾人並未與之斷絕外交關係之鄰國元首」而已。無論如何，日方絕未有僅因若干華人舉動爲日方所不愜意而遽轟攻外人乘車之理由。孟却斯德指導報稱；擊傷英國大使一舉，匪僅普通暴行而已，實日本所應單獨負責的重大罪愆。

二十九日 英國關於英大使許閣森被日機攻擊時之牒文，由英代辦杜德提交日外相廣田。廣田聲稱對於此事之英日共同調查，刻正在上海進行中，一俟渠獲知調查結果後，即當與英代辦接洽云。

英政府向日本政府所提照會內容，於下午五時由英外部公佈，結論提出三項要求如下：（一）日本政府應向英國政府正道道歉；（二）日本肇事人員應按照情節輕重懲罰；（三）日本當局應提供保證，採取各項必要措置，以免同樣事件再度發生。

照會首先敍述許閣森大使受傷經過情形，稱：『此項事故，至可扼腕。英國政府聞訊之餘，不勝痛心，且極憂慮。玆不得不提出堅決抗議，並要求充分補償。查經常作戰方式，對於住居關係國境內非戰鬥員，連英國人在內，足以間接產生受傷之危險，自屬不可避免。但國際法上載有最悠久與最確定之一項規例，即不論在戰區內外，凡對於非戰鬥員之任何直接或故意的襲擊行爲，均在禁止之列；而飛機襲擊自亦不可視同例外。

至於事出偶然一說，亦不能予以接受，蓋各種事實，足以證明日本肇事人員對於普通人民之生命，至少犯漫不經意之咎，而完全置之度外。總之：此次事件，並非任何經常作戰方式所產生之意外事件，而日本飛機所襲擊者乃係非戰鬥員，則顯然可見。此在肇事人員理應覺察。又日本方面所稱旗幟過小，不易見及一說，亦屬不合。蓋卽使汽車未插旗幟，亦無加以襲擊之理由。車中乘客之爲外國人與外交官姑置不論，其爲非戰鬥員，則係實在之事。茲查日本飛機當非故意襲擊英國大使，但其確欲襲擊非戰鬥員，則無可置疑。僅以此層而論，已爲非法行動矣。此外又有一事，極須注意，卽許閣森大使所行經之地帶並無中國軍隊，亦非戰事區域是也。英國政府茲當乘此機會，指出本案尙含有較爲重大之意義。蓋此種事故，乃係空軍濫施轟擊之當然結果；而對於戰鬥員與非戰鬥不分皂白，一律加以襲擊，尤爲不合人道之非法行動。又況在目前情況下，戰爭狀態之存在，未經中日雙方予以宣佈，或明白予以承認，以故日機所爲，愈見其無可寬宥矣。』

倫敦外交界人士評論英國對日照會，稱所提三項要求，爲最低限度的要求，深信東京政府必可予以滿意答復。並稱英國駐日代辦杜德於送達此項照會時，必曾要求日本政府迅速提出復文。英人方面以爲日本如果拒絕此要求，則直昭示世界，日本終爲不知尊重任何國際道德的國家。至於要求賠償一節，據英政府意見，此事關係極重大，非可以金錢了結，如要求賠償，則未免自失尊嚴。抗議文並未限定日政府答覆日期，但英政府希望覆文可早發出。不致多所延擱。

九月七日 倫敦電：英政府已收到日政府對駐華英大使許閣森爵士爲日飛機轟擊受傷案向日詰責之「臨時」復文。復文中對英大使之受傷，僅表示歉意；又稱日當局澈查此案，尚未蕆事。此項「臨時」復文，已使英國方面大感失望。據聞克萊琪大使，將俟英國照會所提三項要求，獲得滿足之後，始乃呈遞國書。若日本正式復文，不能使英國認爲滿意，則英國政府並擬召回大使。英政界人士謂，日本若欲延宕時時，以爲英國態度將逐漸軟化則謬矣。

二十二日 東京電：關於英駐華大使許閣森受傷事，日本政府已以深切遺憾之正式表示，送達英政府。日本之牒文稱：有日機二架，曾向彼等所誠信爲運送中國軍隊官兵之軍用汽車或運輸車之汽車二輛轟炸，並以機槍射擊。因此，日本政府認爲該事件或即由於日機誤認大使之汽車爲軍用汽車或運輸車之所致。該牒文復謂日本政府在證明日本之飛機駕駛人，曾致死傷於第三國家人民時，不論其爲有意或由於疏忽，均願採取適當之步驟。並謂日政府現已頒發訓令，致在中國之日軍，對於非戰鬥員應加以最慎重之保護云。

倫敦電：英政府接得日政府關於英駐華大使許閣森受傷之復文，茲已答復日政府表示滿意，認該事件已告解決。

己　日方以轟炸恐嚇各國南京人士之經過

九月十九日下午，日本駐滬總領事，將日本第三艦隊司令官警告住居南京及其附近之各國官民，儘於二十一日正午以前退出南京之通告，面交駐滬美總領事高斯，請其轉送美國大使館，通知南京之美僑；並請美大使館代爲通知南京其他外國大使館及公使館查照。日本第三艦隊司令官之通告全文如下：「日本海軍航空隊，以南京係中國軍事活動之主要根據地，茲爲消除中國軍隊之敵對行動，早日結束目前之敵對狀況起見，將於一九三七年九月二十一日正午十二時以後，對南京城內及附近之中國軍隊，及一切屬於華軍軍事工作及活動之建築，採取轟炸或其他手段。在此次襲擊之中，友邦人士之生命安全，自應嚴密注意。惟日本海軍第三艦隊司令官為避免友邦人士遭受中日敵對行為中無法預防之危險計，不得不勸告各友邦現在居住南京城內或附近之官員及僑民，採取妥善步驟，自動撤入較為安全之地帶。至於長江中之外國軍艦及其他船舶，亦應停泊於下關上游，以免危險。」

各國駐京使館接到上項通告後，曾開會議討論。法德義大使館均暫不移動，須俟轉告本國接到訓令後，再行決定。惟美大使則決定照辦，於廿日晚登美砲艦呂宋號，據云：將泊於下三山，但仍於必要時駛至下游，以與中國政府溝通消息。而留居長江上游之美僑，亦擬以汽船陸續撤退之云。與上述相對照者，蘇聯大使館則發表聲明：將留中國首都，暫時無避讓之意。英大使館亦稱：『吾人至少在現時當留居此處』。

二十一日 美國務卿赫爾宣稱：美國已向日本提出強硬抗議，反對日本大舉轟炸南京。該項抗議在日本宣布轟炸南京之企圖以後不久，即由美國駐日大使格魯提交日本政府。其後復由代理國務卿摩爾向日本駐美大使齋藤複述。抗議之根據為：國際公法及任何其他法律，皆不容有此種行動；同時日本亦無權危及美國與中國政府之關係。赫爾又談及美駐華大使館遷至下關江面美國軍艦一事，謂中美兩國外交關係並未因此中斷；美國對華政策亦並未變更；詹森大使與大使館員行止不必過問。美國與中國政府間關係，仍與詹森大使留駐南京大使館時絲毫無異。

同時，英國亦即向日本政府提出交涉 。倫敦負責方面宣稱，交涉內容計有三點：（一）英國軍艦決不駛離下關江面；英國大使館乃係英國駐在友邦之外交機關，亦決不離開南京；（二）英國不承認日本在中國境內，有向英國官廳提出此種要求或勸告之權利；（三）英國人生命倘有不測，英國人所置產業倘被損害，均當保留要求賠償之權。

美遠東海軍司令雅訥爾，對長谷川之覆函如次：逕覆者，頃接貴國駐滬總領事轉來尊函，藉悉貴國空軍將自廿一日正午以後，向南京轟炸；幷通告外艦移泊下三山。按敝國軍艦目下在京駐泊者，有砲艦呂宋號 Luzon 暨加姆號 Guam 二艘，現泊下關太古碼頭前面江中，須保護敝國僑民。故在敝國大使暨僑民留京時期，二艦必須泊駐該處。該二艦均覆以美國國旗，極易分辨。爲特函覆貴司令，轉令貴國空軍，勿在該二艦附近轟炸爲要。

答覆日本長谷川司令之通告，除美國司令雅訥爾外，英法兩國司令李德耳卡谷兩將軍，亦有同樣復文。至蘇聯大使館，則先已向日聲明。日方通告雖謂不負人安全之責外任，但英法復文中，表示如有僑民損失，保留向日本要求負責之權。

二十二日 美國務卿赫爾宣布美國反對日本轟炸南京之抗議，所根據之理由，其重要者如下：（一）轟炸非戰鬥員，違反國際與人道公法；（二）轟炸將危及美國駐南京外交代表，致妨礙中美兩國尋常關係。

法國政府訓令駐日大使亭利，向日本外務省提出抗議，稱：（一）法國反對此種轟炸，蓋此種轟炸，斷不能僅以軍事機關爲限；（二）不承認日本有權要求法國駐華大使與使館官員暨僑民退出南京；（三）日本要求法國各軍艦自南京下關撤退，亦不能加以接受；（四）南京法國僑民之生命財產，倘因此而受有損害，應由日本政府負其責任。

德國駐日大使赫柏特，亦向日本外務省提出新照會，對於日空軍之轟炸南京，加以抗議。

其他各國使館，如蘇聯大使，比大使，捷克大使等，皆決計留駐首都。美大使詹於下午五時自美砲艦呂宋號返美大使館。

華盛頓電：關於日機轟炸南京事，美政府今日已向日政府提出第二次更强硬的抗議，並表示此後空襲南京應予避免的深切願望。抗議宣稱：美政府及美人在南京方面因日本軍事行動所受損失，美政府保留要求賠償權，此爲第二次抗議不同於第一次抗議者。再此次爲正式書面牒文。該牒文對日本警告外人自南京撤退一節，謂美政府反對危害美籍人民及普通非戰鬥員的生命；並反對諷令美國官員自其執行職務的區域撤退。美政府以爲在居住和平居民的廣泛區域內濫施轟炸，乃不正當行爲，並違反一切法律與人道主義。又日機轟炸地域廣泛，即在美國人民及一切非戰鬥員撤入的區內，亦無保障可言。美政府並不信南京全區須受轟炸，係日政府愼重考慮的意見。因此美政府應代表政府自身及美國人民，對日本在南京的軍事行動所致損失，保留一切權利，並深望此後轟炸南京事能避免。

【二十三日】英大使館電務及書記人員，因在屢次空襲下無法工作，已遷入砲艦蜜蜂號辦事；大使館及領事館仍將照常辦公，英代辦賀氏及武官佛萊塞及英領白隆尼等，決留駐使館署不去。又各國留京之五百餘名人士，昨晚均有長途電話達上海，謂決不輕離南京云。

【二十五日】英駐日大使克萊琪訪日外次崛內，奉政府命令，對日本飛機在中國各處轟炸非軍事目標事，提出强硬抗議。並聲明日本飛機最近轟炸南京廣州，大批平民慘遭炸斃，英人聞訊，莫不深惡痛絕。日本為許閣森案所提復文，曾提供保證，謂務當尊重普通人民安全；但最近的轟炸行為，實與此項諾言大相逕庭，應請日政府注意。

二十六日　英駐日大使克萊琪連向日本政府兩次抗議轟炸南京及廣州，措詞皆非常強硬，東京外務省當不容誤解英國眞意。並促日政府注意，九月廿二日轟炸南京時，曾有炸彈碎片墜落英國使館屋頂。

蘇聯駐日大使拉夫斯基向日政府提出「堅決抗議」，重行聲明蘇聯大使館留駐南京的決心。並警告日本政府「蘇聯僑民如因轟炸而受有損害，應由日本負全責。」再日方宣稱，中國飛機為欲引起日蘇糾紛，準備裝本日機，向蘇聯大使館轟炸云云，蘇聯大使館已向日方警告，須負一切轟炸之責，以作日方揑造蜚語之對策。

二十八日　英政府訓令駐日大使克萊琪促日政府注意日機轟炸南京中央醫院，謂此舉顯與日政府諾言不再轟炸非軍事性質人物相違反。

第五章 關於國際聯盟方面

國聯大會定九月十三日在日內瓦舉行，我國決定援引國聯盟約第十六條，對日軍挑釁，引起戰爭及種種暴行，提出申訴。按國聯盟約第十六條要點：（一）聯合會會員如有不顧第十二條第十三條或十五條所規定而從事於戰爭者，則據此事實，應視為對於所有聯合會其他盟員有戰爭行為；其他各盟員應卽與之斷絕各種商業上或經濟上之關係，禁止其人民與破壞盟約國人民之各種往來，並阻止其他任何一國聯合會盟員或非聯合會盟員之人民與該國之人民財政上，商業上或個人之往來。（二）如遇此情形，行政院有向各關係政府建議，俾聯合會盟員派遣陸海空軍組織軍隊以維護聯合會盟約之責。

我國駐瑞士公使胡世澤博士，於八月三十日午後，以照會一件送達國聯會秘書處，詳述七月七日蘆溝橋事件發生以來，中日兩國衝突經過。日內瓦一般人士以為此乃中國向國聯會提出申訴之先聲。照會內容，首述我國政府素抱睦鄰態度，除履行各項協定外，並向日本一再提議中止戰事。但因日本蓄意侵略，力事擴大，以致勞而無功。結論共分四節，大要如下：

『（一）日本軍隊侵入中國領土，並用海陸空軍在中國北部與中部襲擊中國城市。此乃純粹侵略行動，已屬毫無疑義。

（二）中國雖用盡各種方法，防止暴力侵略，均歸失敗。迫不獲已，惟有實行抗戰，此乃中國行使當然的自衞權。

（三）日本侵略中國原係抱有預定計劃。此項計劃自一九三一年九一八事變首開其端以還，迄今仍在賡續實行中。日本雖一再聲明，對於中國並無領土野心，但已佔領平津一帶，幷決定進佔整個華北。藉以控制中國其他部份。觀於中國自十年來所慘淡經營之建設事業，日本均竭力加以破壞，可以見之矣。

（四）現行各種國際條約，日本業已一一予以違反。例如該國蓄意破壞遠東和平，此乃違反國聯會盟約所載各項基本原則。該國利用戰爭以遂行國策，並不屑用和平辦法解決國際爭端，此乃違反一九二七年非戰公約。該國不知尊重中國主權獨立與領土完整，此乃違反一九二二年九國公約。』

我國政府最後並要求以上述各項事實，通知國聯會及會員國，及一九三四年二月二十四日因中國東三省事件所設置諮詢委員會各會員國（美國亦在其內）。

我國政府向國聯會提出照會後，國聯會人士加以評論，謂中國政府照會，雖未要求以中日兩國爭端列入國聯會大會下屆常會（九月十三日開會）議事日程之內；但中國乃行政院半常任理事，儘可在行政院或國聯會大會開會期內，依據盟約第十七條規定，提出申訴云。（按盟約第十七條載明：國聯會會員國，與一非會員國發生爭議時，應邀請非會員國承認會員國義務，而政院所認爲正當之條件，解決爭議。）

九月七日 我國駐法大使顧維鈞將於星期日首途赴日內瓦，充出席國聯行政院會議之中國總代表。今日對美聯社記者發言，略謂：美國若能及時與國聯合作，必能防阻遠東中日衝突之擴爲世界大戰。且美國若能採取此種行動，必爲世界愛好和平國家所共慶。顧氏繼言：遏阻日本之侵略行動與恢復遠東之和平，須與國聯盟約下採取何種方法，方爲適宜。此一問題，余正由國聯方面商酌中。總之，國聯對於責無旁貸之義務，必須忠實負擔而後可。美國向爲愛好和平反對侵略之國家，余尚憶九一八事變之後，美國雖非國聯會員國，但仍與國聯爲密切之合作。例如初則列席旁觀，繼則與大會合作接受李頓委員會之決議。最後顧氏對於今日晨報所載英美專家向羅斯福總統所提之意見，發生極大之興趣。蓋據此等專家之意見，國聯盟約十六款實施時，美國若能對日本封鎖巴拿馬運河，英國若能對日本封鎖新加坡，則不出四月，即可使日本屈服也。

八日 日內瓦國聯會人士宣稱：中國駐法大使顧維鈞博士，定於明日午後到達此間，出席國聯大會與行政院會議，當就中日兩國戰事向國聯會提出申訴。關於此事，中國駐國聯會辦事處主任，即駐瑞士公使胡世澤博士，原已接獲訓令，特迄今尙未正式通知國聯會耳。中國政府對於中日兩國戰事，曾於上月三十日向國聯會提出照會，指責日本違反國聯會盟約，暨其他各種現行條約，但未提出何項結論。大抵直至最近數日，為履行會員國義務，並在道義上取得聲援起見，始乃決定正式提出申訴。緣按之盟約第十一條第二項規定「凡牽動國際關係之任何情勢，足以擾亂國際和平，或危及國際和平所恃之良好諒解者，任何會員國有權以友誼名義提請大會或行政院注意」故也。此外中國提出申訴之後，國聯會不致決定對於日本實施制裁手段。顧此間中國人士，深信國聯會屆時對於日本係屬侵略國一層，必將加以承認。因此，某某數國，即無從宣佈中立，并禁止各該國軍火售與中國云。

關於我國與蘇聯兩國所訂立之互不侵犯條約，外傳其目的乃在赤化中國。我國出席國聯代表團本日發表公報，鄭重加以否認。並追述該約所載第三條條文，即「本條約之條款，不得解釋爲對於在本條約生效以前兩締約國已經簽訂之任何雙面或多邊條約，對於兩締約國所發生之權利與義務有何影響變更」一段，謂按之一九二四年中蘇解決懸案大綱協定第六條，兩締約國相約對於陰謀推翻對方政府之任何團體，不得加以容認，對於不合對方政治社會組織之宣傳運動，不得加以採用，此種義務並不因中蘇兩國互不侵犯條約而有所變更云。

九日 我外交部電出席國聯首席代表顧維鈞，對於我向國聯申訴理由，指示甚詳。日方對此次國聯大會，以業經宣告退盟爲理由，決不派遣代表出席。但據某公法學者談，我國引用國聯盟約第十六第十七條，如經國聯大會正式通過，仍可對日加以制裁。

法國負責方面頃宣稱：國聯對於中日兩國爭端，當不致積極加以干涉。關於中日兩國爭端，行政院若能加以處理，法國即當建議一九三三年二月二十四日國聯臨時大會爲滿洲事件所設置之諮詢委員會從新工作，並由美國參加其間。蓋欲處理遠東事件，而求其生效，自非美國合作不可也。

十日　關於中日兩國戰事，將由一九三三年國聯臨時大會所設諮詢委員會加以處理一層，日內瓦人士認爲採取此種程序之後，利益有三：（一）指定侵略國一項問題，毋待討論，即可自然解決，緣一九三三年國聯臨時大會業已一致承認日本爲侵略國故也。（二）因而中日兩國爭端，可以自動提付國聯本屆大會加以處理，並發揮最大之效力。（三）美國既爲諮詢委員會委員國之一，自可出而參加其事。

美國務部官員宣稱：國聯如討論中國申訴時，美國將派非正式觀察員或報告員列席；大致當以最近之領事担任旁聽，或搜集情報事宜。

美國務部長赫爾，令駐瑞士大使，以赫氏七月十六日之宣言，及各國之答復，致送國聯。論者皆認爲此係美國向國聯表示，對於遠東戰事，美國已首先設法阻止；同時亦鼓勵國聯採取同樣堅決之立場。

十二日　我外交部於七日續將日本最近暴行，草成補充聲明，電由我駐國聯代表辦事處，於十二日送達國聯。全文如次：

自中國政府於八月三十日向國聯提出關於日本侵略中國事之第一次聲明以來，日本在華之侵略，益趨嚴重兇殘。對於非戰鬥員生命財產，乃至第三國人民之生命財產，均予恣意蹂躪，殘暴萬端。中國政府鑒於情勢之嚴重，認爲有提出補充聲明之必要。尤希對於下開重要事實，特別注意：（一）軍事及政治狀況——日本海軍陸戰隊既於八月十三日造成上海戰釁，其後日本陸海空軍又繼續增援，情勢愈見緊張。估計日軍於原有海軍一萬餘人外，在滬增援之陸軍，計達五師之衆，且攜有最新式武器及多數之軍用飛機。日本既決心宰割中國之第一通商埠，故對於第三國關於雙方撤兵（包括軍艦）之提議，雖經中國原則上予以接受，彼亦悍然拒絕。現在滬戰已予生命財產以極大之犧牲，而以兩方大軍對峙爲生死之決鬥，滬戰勢將延長。至於華北方面，中國軍隊於奮勇扼守南口要隘，約歷兩週之後，終以日軍使用毒氣進襲，復以日本關東軍自熱河來犯，中國軍隊將不免腹背受襲，不獲已而撤退。日本更趁勢西侵，佔據平綏沿線各城，且進佔察省省會之張家口。張垣中國軍隊亦於八月廿七日被迫撤退。九月四日，日方且宣稱，即將該地組織所謂『南察自治政府』之傀儡組織。平漢津浦兩路北段，續有戰爭。日軍在該方面之兵力計達九師之衆，不下十五萬人。至彼在日人掌握下之平津一帶，則秩序紊亂，人心恐惶。北平有外籍教士十人，曾遭擄勒。日本軍方亦自認北平日兵迭有搶刧情事，現正設法杜防。日方爲毀滅中國沿海商埠計，現已擴展其空軍之活動，至於華南。

八月三十一日，日軍用飛機六七架轟炸廣州，同日，汕頭，漳州亦遭襲擊。九月三日，在日艦轟擊廈門砲台以後，日本水上飛機復又轟擊廈市。九月六日，汕頭再遭日機轟擊。蓋在中國全境內，除少數省份外，鮮有不遭日本空軍之蹂躪者。而日本空軍人員，於其實行轟擊荼毒之際，又復對於戰鬥員與非戰鬥員毫無區別，此種殘暴行動，卽將於下文詳述之。（二）日本宣告封鎖中國海岸——八月廿五日，日本海軍宣告封鎖自上海至汕頭南某點為止之海面，禁止中國船舶航行。東京方面雖稱對於第三國『和平貿易』不加干涉，而在中國作戰之日本第三艦隊之法律顧問信夫惇平，則對報界宣稱巡弋封鎖洋面之日本軍艦，得令外籍船隻停止候查。幷稱如果日方認為外籍船舶所載係為戰時違禁品，則日方或將有適用『優先購買權』之可能。九月五日，日方更宣告將封鎖區域擴大，北起秦皇島，南迄北海。於是中國海岸全線，事實上均在封鎖之內。同時，日海軍當局宣告日方在中國領水內，對於一切船帕均保留查驗船籍之權；並要求各外國輪船公司，將其船舶在中國領水之行動通知日方。（三）日本飛機轟炸紅十字會——日本雖係一九二九年日內瓦公約簽字國之一，然其在華軍隊，則悍然違反該約規定，對於從事人道工作救護傷兵之紅十字會一再蹂躪。中國紅十字會負責人顏福慶博士，曾於八月二十九日對報界發表談話，據謂上海方面紅十字會共有救護車三十輛，爲日本飛機炸毀者，共達七輛之多。紅十字會會徽本屬極易辨認，而日本飛機對於紅十字會車輛，每多故意窮追，有時且對之擲彈。八月十八日，眞如紅十字會醫院曾遭日機轟炸，所幸傷兵已於事前他遷，僅死救護床肩夫一人，傷醫師一人，及其他救護人員三人。次日，南翔紅十字會救護隊又遭日本飛機轟炸，死傷兵二人，傷隊員四人。八月廿三日，羅店方面，日軍槍殺紅十字會人員之暴行，則尤屬慘無人道。彼時救護隊員四十三人，方在拯救傷兵，突遭日軍包圍，且自彼等白色制服上撕去其紅十字徽號，强令跪下，加以槍擊。醫師一人，護士四人，當場斃命。乘間逃逸者僅護士三人，而其一於逃逸時，爲日軍槍擊受傷，次日亦死。其餘隊員，迄今猶生死不明。日軍如此橫暴，遂使紅十字會工作至感困難。目前該會人員後方工作，大部均須夤夜進行，藉以稍避危險，至日方所稱紅十字會救護車運載軍火之說，則全屬無稽。中國紅十字會對於紅十字旗之使用，至爲審愼。現有之救護車三十輛，均曾得上海公共租界及法租界當局特別准許通過各該租界，當其出發戰區以前，且均曾詳細檢查。因此日方故意轟擊紅十字會醫院及救護車輛，絕非任何藉口所能掩飾。（四）恣意攻擊非戰鬥人員——日本空軍對於非戰鬥人員，不加辨別，濫施攻擊，案件繁多。爰舉數例，藉示日軍之殘暴，八月十七日，日機約十架，襲擊距滬八十英里之南通，對美國教會醫院擲彈六枚，中該院主厦，着火焚燬。死中國醫師二人，護士二人，傷者甚多。中且有正在值班之美籍護士二人。八月二十八日，日機十二架襲擊上海南市，南市人口稠密，係平民居住區域，絕無中國軍隊或陣地，日彈密集南車站附近，死無辜平民二百餘人，傷五百餘人。罹難者均係候車離滬之難民，尤以婦孺爲最多。八月三十一日，日機轟擊大場鎮公共汽車站難民傷兵，當場斃者二百餘人。同日，距天津南約七十英里之滄州，亦同遭慘劇，平民死傷於日本飛機之手者又數百人。九月五日侵晨，日機十六架襲擊上海公共租界西邊，且並非戰區之北新涇，多數房屋受燬，人民死傷亦衆。日機於其飛翔該地上空之際，見蘇州河中有滿載難民之帆船兩隻，乃亦立予轟擊，致一隻受炸，死四十人，傷六十人；另一隻則爲飛機機關槍所掃射，亦死多人。（五）日軍恣意摧殘文化教育機關——自戰爭爆發以來，日軍對於中國教育文化機關，均將特殊注意，選爲目標，恣意摧殘。聲望素著之南開大學，及其附屬中學，同遭日本縱火焚燬。是爲其佔領天津以後最早暴行之一。自此以後，各級學校局部或全部見燬於日方空軍之轟炸者，不一而足。南通鍾英女校，南昌葆靈女校，農學院，及鄉村師範，南京中央大學，及其附屬實驗學校，遺族學校，以及吳淞同濟大學，均其最著者。尤可注意者，受日方空軍襲擊之各校，除同濟大學而外，俱係去戰區極遠，與戰事絕無關係，即以同濟而論，亦不在實際之作戰區域，而於其被燬之時，亦絕未有中國軍隊駐紮在內。以上所述日本軍隊過去數週中，在中國領土內之行動，足以證明日本係決心擴大其侵略行動於中國全境，且正如日方之所自認，冀以毀滅中國政治機構，消滅中國文化，以遂其征服大陸之迷夢。抑尤有進者，按照上述事實，可知日本以武力於其侵略中國領土之時，對於一切國際公法條約規定，與夫人道信條等，均已絕對蔑視。不顧法律，道德退處無權，暴力蹂躪，恣行無忌，醉心於征服之迷夢，遂一以慘殺破壞爲依歸，是不特我中國四萬萬五千萬人之生命可危，即世界之文化與安全，殆亦若一髮之牽，前途不堪着想矣。

我國出席國聯代表團以首席代表顧維鈞名義，向國聯秘書長遞送正式申訴書。原文如下：本代表茲奉本國政府訓令，謹請貴秘書長注意日本以其陸海空軍全力侵犯中國，且仍繼續侵犯中國之事實。此係對於中國領土完整與政治獨立之侵犯行動，中國爲國聯會員國，故此種行動明白構成應依國聯會章第十條處理之案件。又日本之侵犯行動所如此造成之嚴重情勢，亦在同會章第十一條範圍以內，故亦爲與國聯全體有關之事件。至於本案事實，則請參閱中國政府送達國聯之事實聲明書，該聲明書已由國聯遞送各會員國，及一九三三年二月二十四日國聯大會依照會章第三條第三項規定通過決議案而成立之諮詢委員會。鑒於日本現在對國聯之關係，及其在中國之行動，中國政府認爲國聯會章第十七條亦同樣適用。但國聯大會暨行政院對中日糾紛，截至現在所爲之一切決議，其繼續有效性及拘束力，並不因此而受影響。本代表謹以本國政府之名義，請求適用國聯會章第十條，第十一條，及第十七條；並向國聯行政院訴請對於上述各條所規定之情勢，建議適宜及必要之辦法，並採取適宜及必要之行動。

日內瓦人士以爲中國政府主要目的，乃在促使一九三三年國聯會臨時大會所設中日問題諮詢委員會之復活。此項委員會，係由英，法，德，義，美，蘇聯，比利時，捷克，波蘭，挪威，西班牙，瑞典，荷蘭，瑞士，土耳其，匈牙利，葡萄牙，愛爾澳，墨西哥，哥倫比亞，危地馬拉，巴拿馬，加拿大，二十三國組織而成。復活之後，其最重要者，即爲美國亦能參加其事。中國政府各法理顧問所主張從新提出此項申訴者，乃因日本已於一九三三年三月二十七日宣告退出國聯會，因此中國必須再度提出申訴，俾得援引盟約第十七條所載關於會員國與非會員國間發生衝突之規定。此外中國政府此次並援引盟約第三第十兩條。按之第三條所載，國聯大會得處理關係世界和平之任何事件。因此行政院於討論中國所提申訴之後，苟向大會提出決議草案時，大會屆時僅須召集中日問題諮詢委員會，而不必另組其他委員會加以處理。至盟約第十條所載，乃關於尊重與保持會員國領土完整主權獨立者，中國政府亦予援引，此其利益，自偏理論方面。大約行政院於接受中國申訴之後，自必依據盟約第十七條，邀請日本承受會員國之義務，以冀解決爭端，特日本未必予以承受耳（按之第十七條第三項所載，被邀請之非會員國若拒絕承受會員國之義務，以解決爭端，而向當事一方會員國從事戰爭，則對於該非會員國，即可適用第十六條之規定，而加以制裁）。

世界國聯同志會理事會，應我國國聯同志會之請，於本日舉行臨時會議，討論中國所提關於日軍暴行之節略。主席比國代表羅林，中日兩國代表咸皆出席參加討論。結果各國代表除日本一國外，當即一致通過決議案，主張請國聯會向日本作最後之呼籲，勸其遵守國聯會盟約所載各項規定。該國若果拒不接受，請聯會各會員國即應發表宣言，聲明準備在金融及其他方面援助中國抵抗侵略。對於任何集體行動，凡用以制止日本對華侵略者，亦均願參加合作。

十五日 關於我國爲中日兩國爭端所提出之申訴，國聯會行政院定於明日午後四時提付討論。行政院屆時當依照國聯會盟約第三條第三項之規定，大會開會時得以處理屬於國聯會圍範以內或關係世界和平之任何事件，將中國所提申訴，移送國聯大會，而由國聯大會委託中日問題諮詢委員會，卽國聯臨時大會前於一九三三年二月二十四日所設立者，加以處理。該委員會卽當恢復工作，並由美國與行政院各常任理事國，卽英法蘇等國（義大利國是否參加尙不可知），參加其間。此外我國所提申訴，係以國聯會盟約第十第十一第十七三條爲根據。其中第十一，第十七兩條大約將避而不用，緣：（一）第十一條有承認中日兩國間戰事狀態業已存在之意，或足以促使美國實施中立法，此於我國殊屬不利。（二）依照第十七條之規定，勢必邀請日本承受國聯會會員國之義務，而談判和平解決方式，此在該國定必加以拒絕也。

我國首席代表顧維鈞，今晨在國聯會大會發表演說之後，大會議場內產生異常熱烈之印象，不僅顧氏演講至退席時，掌聲雷動，嗣後由譯員譯成法語之後，聽者亦大爲鼓掌。此爲國聯會議場中向所未有。各國代表團對於顧氏演說中，最爲注意者，厥爲三項要點。即（一）中國要求各國有所行動，此不僅爲挽救中國，而亦爲保護各國在遠東之利益。（二）中國向國聯會所要求者，除道德上之聲援以外，僅在由國聯會對於日本封鎖中國海岸一事，加以譴責而已。（三）中國方面認爲西方各國，不可不與美國連帶一致行動。顧氏演說中，建議將此項問題，提交一九三三年二月二十四日國聯會大會所設之諮詢委員會（美國亦爲委員之一），加以處理，其故即在於此也。

顧氏在國聯會大會發表演說之後，日本觀察員即將報告書一件，分送各國代表團，用以說明中日兩國爭端之緣起，而答復顧維鈞氏之演說。報告書中並列有日本廣田外相本月五日在該國衆議院所發表之演說。

十六日 國聯行政院舉行非公開會議，國聯行政院會議主席西班牙共和國政府總理奈格林，要求該會考慮中國所提之申訴。我首席代表顧維鈞博士即席起立發言謂，暴日之侵略，使中國土地之完整及政治獨立遭遇威脅，並請採取賢明而有效之行動以保障各國之和平云。關於手續問題，顧大使於十五日在國聯大會演說中已提出可能辦法三點，行政院十六日會議已有決定。顧氏此舉之目的，在使行政院得於現在環境之內，有抉擇最有效行動之充分自由，中國政府並準備附屬手續，冀能獲得圓滿之結果。國聯行政院會議主席奈格林旋發言解釋，諮詢委員會之設立，係根據國聯盟約第三條第三款之規定，觀諸該項條款，渠認爲中國如若同意，行政院卽應請國聯秘書長採取必要步驟，俾使諮詢委員會卽行開會，考慮局勢。中國政府前此所發表之申請，業經遞送諮詢委員會及國聯各會員國云。我代表顧維鈞當卽對奈格林建議表示接受，並保留如遇環境需要時，得請行政院按照盟約第十七第十及第十一等條規定，有所行動之權，此層在上述正式申請內已正式提出云。該會當卽通過我代表之建議。

國聯行政院晚間舉行非公開會議，討論我國所提之申訴，當卽決定召開中日問題諮詢委員會，該諮詢委員會係經一九三三年國聯大會非常會議決定。委員國計二十三國，定下星期一開會。

英法代表今日於國聯行政院開會前數小時，堅請我國代表顧維鈞，暫緩要求國聯援引盟約第十七條，以便獲得美國之合作。英法代表以爲目前對於中國及國聯兼利之辦法，莫如恢復一九三三年諮詢委員會。顧氏亦表示贊同，行政院遂於下午四時開會。

關於中日兩國戰事，世界和平大會執委會頃通過決議案，主張：（一）中國政府所提出之申訴，國聯會應予以處理，並應依照盟約而向日本提出最後呼籲。（二）應在財政上或以其他方法援助中國，以便抵抗侵略。（三）應自各方面覓獲必要的助力，以便實施集體行動制止侵略。

日內瓦日方發言人云：國聯若對中國之申訴，採取積極之行動，則日本當將與國聯完全斷絕關係。即其非政治性之活動如經濟社會鴉片等等工作，亦將拒絕合作。並將與德意以及其他不滿莫斯科陰謀之國家，加強其反共陣線。又據該發言人云：國聯對於中國之申訴，無論採取何種行動，日本自必進行其在遠東之既定方策。

關於國聯會召集二十三國諮詢委員會，處理中日問題一事，日內瓦美國人士宣稱：美國前已應允出席該委員會，嗣後並未宣告退出，但美國駐在瑞士京城或駐在日內瓦之外交官，須俟奉到白宮新訓令，始可重行出席云。

十七日 國聯政院今日開會討論中日問題時，美準備派視察員參加，與英法合作。對我顧代表之建議，將中日事件由諮詢委員會處理，亦表贊同；定下午四時再開會。諮詢委員會開會時，美保留視察員一席，屆時並請日方亦派代表參加。日方聲稱，如國聯援引第十七條，則拒絕參加。

國聯行政院已決定請美國協助研究解決中日爭端方法。一九三二年為討論滿洲事件而組織的廿三國諮詢委員會，已經行政院通過復活。此項辦法，我國代表顧維鈞已經接受，惟堅持行政院仍須討論中國申請書中所援引的國聯盟約第十條及第十七條。諮詢委員會定廿一日召集，開會前將通知美國，因美國本爲該會會員，無須另行邀請。

十八日 國聯會行政院，決定以中日兩國糾紛交付二十三國諮詢委員會處理之後，該委員會已定於本月二十一日舉行第一次會議，討論兩事：（一）邀請當事雙方卽中日兩國之代表出席發表意見。（二）德國應否邀其出席問題，則以該委員會一九三三年二月成立之後，德國卽於是年十月宣告退盟故也。關於此事，一般人以爲美國前於一九三三年參加該委員會之後，已爲國聯會非會員國參加該委員會樹一先例。

二十一日 國聯會大會今晨開會時，澳洲代表勃魯斯發表演說之後，卽由蘇聯外交委員長李維諾夫發表演說，略謂：「自去年國聯會大會閉會之後，一年以來，侵略行爲不僅並未消滅，甚且日益擴大，西班牙之侵略戰爭尙未停止，今復益之以遠東之侵略戰爭。國聯會方面前後流行一種意見，以爲侵略者倘非國聯會會員國，則國聯會對於此種侵略行爲，卽無從加以干預。此種見解，實屬大誤。可就西班牙事件以證之，西班牙事件並未提付國聯會處理，而提付倫敦不干涉辦法調整委員辦理之，然不干涉協定，甫經簽字之後，卽已遭破壞，然該委員會固爲便利非國聯會會員國而設者也。反之，各項國際會議，與會各國倘悉存和平之理想而團結一致，則此種會議，其成功往往極爲迅速。去年之蒙德婁會議，及今年之尼翁會議，卽其例也。」至是李維諾夫猛烈攻擊意德日三國，謂其拋棄和平理想，且不知尊重各民族之獨立，謂「時至今日，所謂威脅和平云者已不成問題，蓋和平今已遭破壞矣。」此外，李維諾夫演說中並謂，美國至今未加入國聯會，殊爲可惜。李維諾夫繼謂：「然則國聯會究將何爲乎？若干人士以爲避免侵略之最善方法，卽係向侵略國讓步。夫然，則彼輩務當憶及，日本征服滿州之後，卽繼之以意國侵略阿比西尼亞。國聯會對於阿比西尼亞事件，未能盡力制止，遂乃有西班牙事件之發生。而國聯會對西班牙事件之無能爲力，則又日本侵略中國之所由來也。職是之故，吾人主張以集體抵抗之方法，對付侵略國。若然，則吾人方能實現普遍的國際組織之理想，而使國聯會成爲眞正和平工具。欲使侵略國有所忌憚，而不得不重返國聯會，亦惟此一法而已。」

澳洲代表白魯斯今日向國聯大會建議，主張援引盟約第十一條，召集各會員國與非會員國如美國等，舉行會議，討論中日問題，藉以中止戰事。

國聯會已接到美國駐瑞士公使哈利遜，關於美國參加諮詢委員會事之覆文。來函內稱：余奉本國政府之訓令，以威爾森前出席時所具之同樣資格與同樣旨趣，如一九三三年三月十二日公文中所表明者，出席於九月二十一日所召集之諮詢委員會會議。查諮詢委員會係根據國聯大會所成立，關於行政院提交事件之決定而創立者。美政府知諮詢委員會之成立，在襄助會員和諧其與非會員間之行動與態度，俾履行國聯所建議之政策。目前在美政府未獲知諮詢委員會之職務時，美政府未能言其有效的合作能達何種程度，爲避免對於美政府之地位發生誤會，及因事態不定發生糾紛或延擱起見，美政府覺有不得不說明者：美國不能擔任國聯會員所應負之義務。美國以爲國聯會員可以尋常國聯手續，對於其所可能行動途徑之政策，成立共同之決定。美政府深信世界各國合作之原則，並擬謀取國際衝突中之和平解決，故準備愼重考慮國聯所可提交美政府之具體建議。但對於以假定的詢問之詞句，提交美政府之政策或計劃，則美政府亦準備說明其地位云。此項復函係今晨發表，查一九三三年三月十一日美國務卿赫爾曾說明美國參加之原則，其詞曰：美政府對於提出之建議，或諮詢委員會所將主張之行動，當然行使其單獨之判決，故美政府指派代表爲諮詢委員會之會員，爲不可能云。

國聯大會中日問題諮詢委員會，本日下午六時舉行短時間會議，選舉拉脫維亞外長曼特士爲主席，幷議決邀請中日兩國，澳洲聯邦與德國參加工作。委員會現定廿七日繼續開會，但德國與澳洲如能在日內提出答復，會期或將提早。據悉中國將接受參加諮詢委員會工作，但日本必拒絕。按此次邀請澳洲係英國主張，意在證明英國在遠東方面所行政策，係以大不列顛帝國各屬聯繫一致精神爲依據。又中國政府向國聯建議，在目前環境中，中國未能與國聯實施技術合作的正式程序，但中國希望國聯在平民與難民救濟與疫癘防止工作中，予以襄助。

關於日本飛機轟炸南京事，我國出席國聯會代表卽駐法大使顧維鈞博士，已將照會一件，送達國聯會秘書長愛文諾，請其轉送國聯大會中日問額諮詢委員會，俾得考慮各項緊急措置，加以制止。內謂：「日本第三艦隊司令長谷川，曾於本月十九日宣布，擬派大隊飛機轟炸南京，並要求各國官民務於二十一日正午之前離開南京，但在此項限期尙未屆滿之前，日本飛機卽於十九二十兩日迭向南京大施轟炸，二十日曾有該國飛機八十架左右，前往南京投擲炸彈，中國人民生命財產，損失綦重。日本軍隊蔑視一切國際法規，從事破壞與不必要之恐怖行爲，於此又可獲一明證。特此種未經宣戰，卽向他國首都頻施轟炸之事，若果聽其自然，則在空戰方式上，勢必造成極危險之先例，此其後患，殊難勝言。相應函請貴祕書長，即以此項照會提交中日問題諮詢委員會，俾得採取各項緊急措置，以制止此種非法的非人道的暴行。並希抄送國聯會各會員國，行政院各理事國查照，無任企禱」。

廿三國國聯諮詢委員會於下午五時開會，美政府已派現任駐瑞士公使哈利遜參加，但通知國聯，稱美國在未接得通知指明其所應盡的職務前，實不能說明究能與諮詢委員會合作至何等程度。哈利遜參加會議，其地位及用意，應與一九三三年威爾遜參加滿洲問題委員會時所具者相同。

德國官場對國聯諮詢委員會邀請德國參加問題，表示意見，謂德政府既已退出國聯，自當不再參加諮詢委員會云。

二十三日　日內瓦方面有人建議，召集九國公約簽字國會議討論中日衝突。美國務院表示：美國關於此事已與九國公約簽字國某某數國（最密切的為英國）進行討論，但僅為交換情報，並未實行九國公約所規定的諮詢步驟。美國務院與中日二國，幾每日必有談話。官方以為正式援引九國公約，未必即有實效，因該約僅規定各國互相諮詢，並未規定有召集會議的必要。赫爾稱：美政府對於九國公約的見解，與八月廿三日國務院宣言並無改變。美國甚願與其他對於遠東局勢有關各國合作，但不願在日內瓦方面所提建議的目的與方法未明瞭前，即作切實表示。

澳洲聯邦駐國聯代表勃魯斯建議，召集在中國保有利益各國舉行會議，以討論遠東時局，英政府雖表同情，但認爲未便照辦。理由爲：此項會議未必能採取有效的措置，而徒足以暴露西方各國無解決中日糾紛的能力；美國現已接受參預諮詢委員會，必不願參加此項會議。英國消息靈通人士深信，中國抗戰定能持久，所以日政府現雖迷信武力，拒絕他國出而調處，但終有一日翻然憬悟，而願接受調處。

二十四日 美國官場表示準備與其他各國合作，謀以和平方法，共同解決遠東之危機。對日內瓦之提案，以尚未深悉其目的與手段，暫時不願表示態度，亦不願在問題之理論方面，有所批評。蓋此間對於此次會議之範圍——僅係九國參加會議，或蘇聯，德意志，澳大利亞及其他各國均得參加——尚未知悉云。據另一方面消息：謂蘇聯在遠東利益甚大，若參加此次會議，對日本必表示反對；即使德意志與意大利加入，或亦不能與蘇聯勢均力敵，僅足使問題更加複雜云。

美國希望與世界各國合作，以和平的方法解決遠東危機，此種態度，業已於赫爾之言論中表示。彼謂美國甚欲避免捲入戰爭漩渦，惟願盡力與各國合作，以和平方法，解決遠東之危機云。

二十五日 國聯會我代表團於本日極爲活動：一，首席代表顧維鈞，向國聯會祕書廳送致正式照會，對日本飛機轟炸南京，廣州，蘇州各處情形，提出補充情報。二，國聯大會第三委員會卽軍縮問題委員會，本日開會時，我代表卽駐比錢大使以動人言辭敍述中國境內現所發生的悲劇，略謂：滿洲事件發生後，如能強令侵略國尊重國聯盟約，軍縮會議必不至失敗，而軍備競爭自亦不致開始。現競爭結果，已在遠東引起大禍。此際日軍在中國境內，向非戰鬥員肆行襲擊。中國係酷愛和平國家，今茲任何措置，凡以正義與集體安全原則爲基礎，足以鞏固和平機構者，尤其是成立協定限制軍備一項辦法，中國均贊助之。結論謂國際時局演進結果，只有兩途可循，非戰爭與破壞，卽和平與國際合作，各國應在二者間有所抉擇。

二十七日 國聯大會中日問題諮詢委員會，應我代表顧維鈞之建議，於本日舉行公開會議，通過譴責日本案。顧氏縷述此次日本對我國侵略的種種慘暴行爲，及所引起的種種主要問題。

次英法蘇瑞典代表相繼發言，諮詢委員會決定首先處置轟炸問題，次及其他各項問題。又該委員會非公開會議通過決議案，內容爲：『本委員會頃用緊急程序，討論日本空軍轟炸中國並未設有防禦工事之各城市一項問題。當因中國無辜平民，慘遭炸斃，多數婦孺亦在其列，極爲震動。此在全世界人士，亦莫不憤激而加以唾棄。本委員會茲特宣佈：日本空軍此種行爲無可寬宥，並鄭重加以譴責。』此決議案已送國聯大會主席，提付大會通過之。諮詢委員會所屬小組委會（即在中國保有利益最多各國所組成）定廿八日開會，討論中日糾紛本身問題，草擬建議交由諮詢委員會審核。

諮詢委會草擬議決案時，顧維鈞主張對於轟炸中國平民一層，必須說明日本所爲。英代表克蘭波稱不必補充說明，蘇聯代表李維諾夫贊成中國代表意見，澳洲聯邦代表勃魯斯則贊助克蘭波主張，稱我們如果直接向日本挑釁，深恐引起無謂爭辯。紐西蘭代表喬丹即憤然起立，稱：我們在此爲處理遠東爭端，決議草案倘無日本字樣，即無意義可言，本代表當拒不投票。比國代表斯巴克即提出折衷案，主張加注「日本空軍」，而不單用日本字樣。各國代表經辯論達半小時之久，終一致通過比代表所提折衷案。美代表哈利遜並未參加投票。顧維鈞對於此項決議案表示滿意。日本非正式觀察員，則在會外猛烈反對。

茲將我國代表顧維鈞博士及英國外務次官克蘭波勛爵，法國外長台爾博斯諸人所發表之演說誌之於下。顧維鈞博士首先說明：遠東時局現極嚴重，不但中國國家安全與人民福祉，感受威脅，卽國聯會前途，與世界和平，亦已爲所危害。渠自本月十五日在國聯大會發表演說之後，日本又有大批軍隊軍火運往中國。『不甯唯是，日本空軍又復用非人道的方式，從事集體的殺人行爲，欲以恐怖手段恫嚇中國平民。』此種轟炸行爲，實乃蔑視國際公法與人類意識之所爲。『日本軍隊現由陸海空三方侵入中國，不論在衝突開始之時，曾經發生何項事端，要係侵略行動。抑所謂事端者，亦係日本所造成，俾得引爲口實，而實施其征略領土之計劃也。』中國曾經努力覓求和平解決方案，並曾向華府九國公約各簽字國發出呼籲，日本均悍然不顧，並賡續推行强力政策。此其所爲，實乃向國聯會挑釁，而國聯會各會員國，依照盟約第十條所載，固均有保持所有會 國領土完整與政治獨立，以防禦外來侵略之義務也。彼日本所懷眞正意向，昭然若揭，一言以蔽之，乃欲夷中國爲奴隸，並加以征服，藉以實現其所謂神聖的使命。使命維何，即控制全部亞洲與太平洋，從而再進一步控制全世界是也。吾人雖可認此項意向爲夢想但此種夢想乃係世界和平與各國安全之威脅則可斷言。日本政治家雖有中國缺乏誠意必須加以懲罰之語，『夫中國果何辜而須加以此種懲罰乎？豈因中國拒絕自動屈膝吻日本人之足而然乎？彼日本所求於中國者，究係何種誠意乎？是否欲令中國聽命於日本，呼之卽來，揮之卽去乎？』日本廣田外相答復諮詢委員會之照會，對於中國反日運動表示不滿，並謂希望中國變更情緒。『此其用意，豈謂日本不斷的侵入中國領土，故意殺害中國無辜男女老幼，毀壞資產以數萬萬元計；並用强大兵力陸續奪佔中國行省，使之脫離中國政治機構，省復一省，毫無止境；而中國仍當向日本表示友好親愛，並爲之感激涕零歟？』國聯會對於日本所採態度，玆當痛予指斥，其故有三：（一）因日本違反國際公法與現行各項國際條約，如巴黎非戰公約，華府九國公約是。（二）因日本鼓動戰爭，蹂躪中國領土，並使中國生靈爲所荼毒。（三）全世界和平與他國安全均受威脅。至是，顧維鈞博士乃就國聯會所能實施之各項實際上措置，加以檢討，而謂：『國聯會縱不能保障法治，以與强力相抗，至少當能在全世界各國之前痛斥破壞法治之國。國聯會縱不能實施國際法與國聯盟約各項原則，至少當能表明對於此項原則，並未予以放棄。

國聯會縱不能阻止非人道而又非法的天空轟炸行爲，俾無辜生靈不致遭受屠戮，資產亦不致被毀，至少當能公開表示其感想，以增强文明各國之呼聲。各該國所要求者，亦惟立卽停止採用此種非人道與非法的方式而已。國聯會茲爲本身威望與維持和平計，對於日本侵略行動，與天空轟炸中國城市之行爲，務當予以譴責。關於轟炸行爲，英美諸國已向東京提出抗議。至日本所傳中國軍隊會用毒瓦斯之說，全無其事。日本無非自欲使用瓦斯，故先誣蔑中國，以爲藉口之計耳。抑日本飛機對於中國平民，不分皂白，慘加屠殺。情跡嚴重，實屬前所未見，世界文化亦因而受有威脅，影響所屆，歐美各國或亦無從倖免。此在國聯會依照盟約第二十三二十五兩條所載，亦負有人道主義之職責。國聯會茲至少當對於非法非人道的轟炸平民行爲，下一裁定書，並向各會員國政府建議，採取各項適當措置，俾得制止屠殺無辜平民情事，毋令再度發生。至以制止侵略行動，並鼓勵被侵略者抵抗侵略運動兩項問題而言，則國聯會各會員國，依照盟約所負義務，至爲明顯，無待贅述。中國政府對於已往所得經驗，雖不能滿意，但仍以爲國聯會可向各會員國建議，採取若干種切實措置。惟是何項措置，足以立卽實施有效援助中國，則諮詢委員會卽應加以研究。吾人茲并要求國聯會，應在可能範圍內，實行各種辦法，以鼓勵遭受侵略之中國而援助之。余茲代表人類，並爲正義與世界和平起見，眞誠希望諮詢委員會迅速工作，克底於成。務勿硜硜於程序問題，致使主要問題延不解决也。』顧氏演說既畢，英國代表（卽該國外務次官）克蘭波勛爵繼之發言，謂諮詢委員會對於中國代表，頃間所述各節，至爲感動。『現有一種措置，爲吾人所可立卽採取者，卽以明白之詞句，對於轟炸中國平民情事，深表吾人痛恨情緒是也。中國境內凡受英國旂保護之人士與產業，因戰事而受有損害者，英國政府原已提出抗議。但目前問題已非任何一國之私有利益問題，而爲牽涉全世界之事。此種非法轟炸行種，若果聽其自然，而不予制止，則人類文明能否保全，殊成疑問矣。』法國代表（卽該國外交部長）台爾博斯，亦用同樣語調發言，略謂：『吾人對於此種罪行，若果漠然無覩，則不啻以同謀犯自居，匪特無以對中國，卽於吾人本身亦屬有罪。吾人若再裝聾作啞，全世界均將遭受威脅。是以此種作戰方式，吾人必須加以譴責。法國政府除以本國名義，再度加以譴責外，任何表示，凡用以斥責此種非戰方式，而爲文明各國所能響應者，法國仍願參加其事。』此外瑞典國代表（卽該國外長）散特斐，蘇聯代表（卽該國外委）李維諾夫，亦皆贊成譴責之議。諮詢委員會爰乃休會十五分鐘，用以起草决議草案，而於賡續開會之後，一致加以通過。

二十八日 國聯大會於今日通過二十三國諮詢委員會所提決議案，斥責日本空軍轟炸中國都市殘殺平民，贊成者共五十二國，此爲對於强國採取此種嚴峻表示之第一次。大會主席阿加汗宣布决議案通過時，全場掌聲雷動，情形熱烈，得未曾有。阿加汗旋邀請中國代表顧維鈞登壇致詞。顧氏云：『余以中國代表團名義，對於大會全體一致通過決議，表示感謝。余深信此爲國聯擁護人道主義國際公德之明證，必爲世界文明各國人士所贊同。』大會投票之前，西班牙代表伐育發言，謂西班牙與中國同病相憐，吾人對於南京遭受飛機轟炸一事加以譴責，同時對於瑪德里城遭受均炸亦應加以譴責；「余茲由此公道與正義之議壇，特向中國人民表示連帶一致之情誼，吾人敢保證與中國人民爲同一目的而鬥爭，此目的非他，國家獨立是也。」

美國務卿赫爾，於國聯大會本日一致通過決議案，對日本飛機轟炸中國不設防禦工事各城市一事，鄭重加以譴責之後，曾向報界發表談話，略謂：「美國政府一向以爲凡在平民稠居區域，行施一般的轟炸行爲，均無理由可言，且亦違反國際公法與人道原則，曾經迭向日本政府說明此項見解，並於本月二十二日提出照會，加以闡明。」並謂：關於此項照會，日本迄未提出答覆。或詢以上項談話內容，是否電達國聯大會中日問題諮詢委員會美國觀察員哈利遜，并囑其錄送國聯會祕書廳。赫爾答稱：此項談話，係爲供給各報，渠未以何項訓令發交哈利遜，但若哈利遜自動的將談話內容通告國聯會亦所欣慰云。此外美國輿論界，對於國聯大會所通過之決議案，極表好感。消息靈通人士幷謂，國務卿赫爾所行政策，雖由國內孤立派人士加以訾議，但現已於此項決議案獲得明證。抑尼翁協定成立不久，而國聯大會又復通過上項決議案，以故國聯會之威望，茲已爲之提高云。

二十九日　國聯會中國技術合作委員會曾接中政府之備忘錄，請注意中國現急需醫藥衛生技術之輔助，今日晨間午後特開會二次，予以考慮。即贊同英國提出之決議案，主張以所有可撥之款，立卽輔補中國，而勿妨礙更大計劃之規劃。

國聯中日問題廿三國諮詢委員會，廿九日晚舉行會議，卽進行對中國所提之申訴，作廣泛之討論。美國代表哈利遜，卽席報告該國國務院昨日所發表之宣言，該文略謂：『中日問題諮詢委員會，業將該委會關於日機轟炸中國不設防城市之決議案，送達美國，敝國對轟炸人口稠密城市之舉動，已認爲非法，且違反國際公法與人道主義之原則。』諮詢委會當將美代表所報告該國國務院復文，予以記錄。厄瓜多代表葛佛陀繼起致詞謂：『目前事實已極明顯，此種違反國際公法之行動，國聯必須予以阻止，並宣告此種不法行動，實不顧各國政府之利益。各列强在中國偖大國家內有廣大之經濟利益，苟國聯對中國而不予以些微道德上之援助，則其他較貧乏之國家，不幸而爲侵略國之犧牲時，更將何所期望乎？凡一國家侵害他國生存時，必須予以譴責；設遇一國破壞國際公法時，各國卽應出而仗義執言。敝國對國際公法正義與文化，將永遠予以贊助。本委員會亟應立刻採取積極行動』云。法代表特德桑繼起發言謂：『本委會現已遭遇紊亂之局勢，某種事實雖已明瞭，惟他種事實尙欠明白。彼等必須覓求可行之法，吾人如將此事提付小組委員會處置，則各種問題當可較易辦理。現決議草案已準備就緒，小組委會卽應儘速工作，而以結果隨時報告諮詢委會』云。

英代表克蘭波則請委員會注意遠東戰事，乃起因於華北一極微細之事端。並謂英國對遠東政策，與對其他各處初無二致，厥在保持和平秩序，俾得確保遠東之政治經濟發展，而同時保障遠東各國之合法利益。此項政策與國聯盟約相符合，且使中國與日本間必須保持友好關係。按照常軌，中日兩國關係，應由兩國直接解決；惟從國聯義務上言，則不應如是，此次衝突不能謂為事關兩國，實則與在遠東有經濟利益之各國均有關係。溯自中日發生衝突以來，英國政府即向中日雙方有所陳述，尤其對上海撤兵一層，擬成具有實效之建議。再則英國自始即與國聯會員國及非會員國，暨與遠東問題有關之列强，密切接觸，緣凡糾紛之發生，應循直接談判，或經由列强斡旋而使之局部化與解決。惟此項努力，均告失敗。日本自七月十六日之事件發生後，即採取種種小題大做之方法。彼等開始種種不顧人道主義之行動，本委會對日本作戰方法，業已決議予以譴責。惟委會對其不能實行之方法，不能採取觀望態度，凡停止戰事之努力，不應稍予鬆懈。最後克蘭波對澳代表勃魯斯所提召集太平洋各列强會議，以解決糾紛之建議，表示贊同。是故委會應訓令小組委會(附屬於諮詢委員會)盡力適應環境。余對法國建議，亦表示贊同云。繼由我代表顧維鈞博士起立發言謂：戰事在華發生，我國無辜平民慘遭非殺，希望委員會於通過日機轟炸我國不設防城市之決議後，即迅速工作，並同意組織處置具體方法之小組委會。惟全般侵略問題，應由全體委員會討論。日軍開赴中國者，現達三十五萬人，日本艦隊並封鎖中國海岸，中國省城遭日機轟炸達十四處，希望全體委員會對此發表意見。小組委會範圍不應過大，亦不應過小。遠東問題，牽涉全世界之安全，故小組委會不應含有區域性質，但須代表全體委員會，而委會亦應對小組委會有所指示。全體委會關於揭發日本爲侵略國之宣言，對小組委會爲有價值之協助云。澳代表勃魯斯起謂：小組委會僅應考慮及計畫方策，如法代表所建議者云。加拿大代表則表示：於未接獲本國政府訓令前，放棄投票云。委會旋決定組織小組委會。關於小組委會組織問題，該會主席將於下屆會議提出建議。又蘇聯代表李維諾夫，比代表斯巴克，均表示委會應組織小組委會，並應立即開會云。委會旋經短時間討論後，決定三十日續開會議，委派小組委會，並有所指示云。

美國務部向美聯社記者確切表示：美國認爲遠東之危機爲世界各國之共同問題，並不限於九國公約之簽字國家，或與太平洋直接有關之國家而已。因此美國對於遠東問題，已擴大眼光，而同時對於召集九國公約或太平洋國家會議等等建議，仍稍冷淡。目前美國尙未正式接得此項建議，故亦無所決定；惟已明白表示，不願以此種促進和平之努力，僅限於有數國之範圍以內云。國務部官員又請記者注意八月二十三日國務卿和平宣言中所列如下之聲述，卽『今世界各處旣隨處有和平威脅及嚴重衝突之存在，則此項問題自應爲世界各國所共同關切。』當時世界各國對於此項宣言之一致贊助，足見世界輿情對於中日衝突態度之一斑。最近國聯五十二國一致斥責日本轟炸中國平民之暴行，又與美國之態度不約而同。又美國向日本提出關於此項暴行之抗議，指摘其爲人道所不容，亦較各國爲先。最後，於國聯斥責日本此項暴行之後，赫爾又曾表示美國政府贊許之意。此外國務部訓令美代表哈理遜列席國聯諮詢委員會一舉，更可顯示美國準備參加減輕世界危機之國際合作行動。關於國際諮詢委員會之活動。美國對於國聯曾有如下之進言，即『美政府確信世界各國合作之原則，並願設法促使國際衝突之和平解決。國聯若有確切之建議提供美國，則美國極願爲愼重之考慮。唯對於假定式之探詢，則美國未便立即說明其政策上計劃上之地位。』總之，美國對於國聯所發之通知，乃極爲友好。就合作一點言，實爲美國對國聯所發質言之破天荒。至於九國公約，國務部官員聲稱：對於此約之簽字國，雖曾略有非正式之諮詢，但今日並無有何動作。且該約並未規定有採取任何行動之議會，因此美國認爲和平應於此約以外求之，始得其宜。

我國代表團發言人，向哈瓦斯社訪員發表談話稱：『在目前情勢下，吾人不能希望國聯會對於日本實施制裁手段。但世人未可因此斷定國聯會無能爲力，緣國聯會對於日機轟炸中國城市之暴行，業已加以譴責。今後或予吾人以積極的援助，例如便利吾國軍實之補充，或予吾人以消極的援助，例如阻止日本軍實，尤其是敵空軍軍備之補充，皆無不可。現時並無援引盟約第十六條以實施制裁之必要，固矣；特國聯會務當根據業已證明之事實，以及世所公認之人道主義，各項原則下一合理的結論卽可矣。

三十日 關於太平洋問題直接有關各國舉行會議，討論中日兩國糾紛一事，自英國代表在中日問題諮詢委員會提出建議之後，倫敦政界人士意見：各方面苟有所發動，美國政府定必出而參加。緣華府四國協定第一條旣有所規定（卽締結國間若因太平洋問題發本飛生爭議時，爭議國應邀請其他各簽約國舉行會議），而九國公約第七條，亦載有互相諮詢明文故也云（按卽締約各國約定，無論何時，遇有某種情形發生，簽約國任何一方，認爲牽涉本公約規定之適用問題，而宜付諸討論時，有關係之締約各國，應完全坦白互相通知）。

第六章　世界輿論與滬報評論

世界輿論一班

滬戰發生，世界輿論對日本之肆意侵略，莫不表示駭異與憤慨，而同情於我國之抵抗强暴，不得已而應戰也。此次中日戰爭各國對日本之態度，較之歐洲大戰時之對德國尤爲不同。蓋德國尙有少數與國，美國初亦未生惡感；而日人之野心與蠻橫，及其不宜而戰之惡劣手段，實爲世界人士所共棄也。玆略舉各國輿論於左，以見一班：

八月十四日　倫敦晨報：「戰爭結果，雙方均蒙其害。日本或可戰勝中國，但無以征服之，中國可抗戰不屈，但必感受極大損失。局部衝突或不致引起大戰，但局勢危如壘卵，亟須妥愼予以應付」。

倫敦每日快報上海通訊員稱：中國軍隊設備均甚良好，尤其炮兵甚精。日方對於中國軍隊紀律之優良及應戰之沉着，深爲詫異。日本準備大舉進攻，并派後備軍參加作戰以奪取瀏河。

倫敦孟却斯德指導報：「日人殆尚相信：可不遇抵抗而攫得中國又一部份者；但時局不許作學理上討論，是非不成問題，條約無煩解釋。日本既吞食東四省，尚未消化及半，今復垂涎華北，其簡單有若是者。目前吾人之唯一考慮，爲如何制止日本。日本所欲要求者，輒爲在情理上不能接受者。列强之決定，固屬困難；而蘇聯苟無英美之合作，亦未必有何舉動。然此三國之共同行動，此其時矣！蓋今日猶有措詞嚴峻的宣言及共同提議的調解，當可左右日本。日本對於法律與秩序，固無所漠視，但對於此三大國之實力，尤其是經濟力，則未嘗不尊重而了解之也」。

倫敦每日電聞報：「蔣介石將軍與南京政府，對於避免從事大規模戰爭之一層，至少當與東京政府抱同樣熱切之期望。日本在中國之前進政策，向爲日本軍部首腦所堅決主張。最近日本政府及其政治經濟顧問雖反對此項政策，但日本軍人及其在國內之支持者，則仍欲以强力實施此項政策。夫在中國實施大規模之戰爭，固可使華北五省復脫離中國之統治，然日本又有何利可圖乎？日本之所尋求者，非新領土，而為新經濟市場，至若目前中日兩國之敵對狀態，轉足使日本喪失其現有現有之市場。職是之故，凡對日本抱良善意志之人士，以及一切中國之友人，無不希望東京方面負責人士，務當約束其軍部之行動，在戰爭擴大之前，應即行提出為中國蔣委員長所可接受之條件，以期和平解決」。

倫敦星期泰晤士報：「中國政府將在短時期內，向國聯會提出申訴；但是否待諸國聯會行政院於下月開舉行常會之時，抑或請求行政院召集臨時會議，則尚不可知。中國所希望者，不在藉以發動集體安全機構， 以對付日本， 而在將日本從新侵略中國之事實，訴諸公論而已。」該報又謂：「日本在此次爭端中，困難宂多，中國抵抗日本，可以支持一年之久，果爾則日本政府之計劃，即將為之推翻矣」。

法國各報評論上海戰事發生，埃克西有報載稱：「中日兩國軍隊，此次在上海衝突之後，全世界人士咸皆注意。英法美三國政府當此遠東時局演進之際，自當設法保持其既得權暨在遠東政治經濟上所處之地位。」時代報載稱：「關於在上海方面發動大規模戰事一層，東京政府似尚猶豫不決，而有與中國進行談判之意。但炮聲發出之後，即欲懸崖勒馬，則戛乎其難矣」。

十五日　倫敦星期泰晤士報：日本之派軍艦與飛機母艦，及東京各報之鼓噪滬戰，似不僅報復而已焉。此次日本用兵，其無的發矢，莫此爲甚。日本現需和平，其政治家皆知之。日本目前急迫之問題厥爲經濟，每向中國深進一步，輒增重其納稅者之担負，減低彼等納稅之能力。日人固愛國，但其陸軍之要求，必將使其愛國主義陷至破裂點。

法國各報紛紛評論上海戰事。共產黨人道報：「日本帝國主義正向中國進攻，欲侵佔華北各省與上海市。中國民族爲保衛領土，維護生存與悠久的文化，俾勿受野蠻的法西斯主義蹂躪起見，茲已一致奮起，決心抗戰。全世界進步份子，皆表示同情，一如同情西班牙民族者然。世間酷愛和平民治者，咸知中立政策實即破壞集體和平之謂。此項集體和平組織，乃欲以互助方式，援助被侵略國」。急進社會黨共和報：「當日本正向內蒙邊境發生戰事之際，上海戰事爆發決非偶然。日本政府所定大計劃，乃在黃河以北各省樹立自治制度。上海戰事不易結束，實無疑義。」

十六日　倫敦泰晤士報：「世人如僅重視日本行動，而不重視其宣佈的政策，則日本所引以指責中國者，縱非日本蓄意製造，亦必爲日本所儘量利用，冀將中國領土重新劃裂一大部份而去。日本眞正統治者目標所在，乃在中國北部劃成一走廊，成爲日本軍事根據地，作對抗蘇聯計。俟適當時機，卽向南方賡續侵略。英美法三國在遠東均有重要利益，亟須保護，現正謀應付。」工黨機關報每日民聲報：「中國如以日本侵略舉動訴諸國聯，國聯會員國均應考慮最佳方法，用以履行義務，現有一種方法値得一試，卽向中日兩國發出申請，對日本尤當發出警告，並直接關係各國調解。」

巴黎社會黨人民報：「各大國主要任務，已不認其爲防止戰爭，或制止戰爭，而在限制戰事範圍，勿任一般化。不論此項政策是否有效，各大國却已因此退縮。目下的問題，在各國是否承認退縮爲既成事實，抑欲恢復喪失的地位。關於此點，各國祗須共同幷持久努力，卽可有濟。」

滬文化界救亡協會日本在上海招待各國駐滬新聞記者。參加招待會的有哈瓦斯，塔斯，大美晚報，支加哥論壇報，俄文日報等新聞社代表，與駐滬通訊員廿餘人。各記者皆表示對中國之同情，均有答辭。

英國作家 Lockhart 說：「前天大世界的不幸事件，中國絕對不須解釋和道歉，因爲假使日本不侵略中國，派軍艦和兵到中國，這顆炸彈絕不會誤落在上海！一切責任在於日本挑釁！本人身經歐戰，知道飛機擲彈，百難中一。我希望中國能多投下幾個炸彈，打沉日本的旗艦！我同時希望所有外人於抵制日貨之外，與卑劣的日人斷絕交往」。

俄文日報（白俄的）記者 Ivanoff 這時交出一張書面意見。他說，「許多人都以爲白俄幫助日本，其實日本同樣是白俄的敵人，也就是我們的共同敵人。雖有一極小部份人受日人金錢利用，大部份的我們，對於中國是始終同情的」。

中國呼聲報記者 Grunich 說：我們對中國這次抗戰，表示無限同情。我們與論界應以全力告訴世界日本在中國的眞相。

德通訊員 Shippe 說：「全世界任何一國皆同情中國，幫助中國。有時所以有人會偏袒日本的，是因爲缺少對中國方面的材料。如有此類材料，我們很願意公告世界」。

十七日 倫敦標準晚報：「日本與中國大規模的戰爭，當可支持半年，若半年以上，日本餉需一項恐有不繼之虞。因日本海外貿易地位脆弱，貿易平衡不利，金準備幾等於無，借款更無望。日本國內財政經濟，如和侵略滿洲前相較，亦大見減色，且呈外强中乾之象，外表雖一片愛國心，實則農村蕩然。以前允許農民，謂侵略滿洲後，國外財源可源源而來，今皆等於畫餅充飢。長此黷武，則民不聊生，將使甲冑解體。」

英國各報新聞欄，文藝欄，及播音報告，電影新聞片，無一不涉及上海事件。英國政界與言論界，皆以日本未嘗切實努力阻止時局惡化爲慽，並不信日本所稱自衛行動之說，蓋以日本軍隊刻在中國境內作戰也。每日捷報謂：日本侵略中國，與墨索里尼侵略阿比西尼亞，幾無二致。該報並稱讚蔣委員長爲現代克林威爾。又謂如國家主義與革命兩大潮流，聯合而成一種偉大力量，則中國必有一日，將侵略者驅除盡淨，如一七九三年法國與一九二〇年俄國之所爲也。晨郵報稱：許多英人之爲日本友人者，對於日本所自稱之旨趣，姑不問其誠實與否，但對於日本所採以達此旨趣之手段，則不能不謂其不智。日本忍耐已盡之時期，他人固不能代爲判決，但驟然遣派大批艦隊，此豈爲兩水兵被擊斃之最適當補救方法乎？自由黨新聞紀事報：日本如不以武力侵入中國領土，中國自毋須以轟炸機自衛。關係各國關於中國飛機炸彈誤落於上海租界一事，當向日本提出抗議，而不當向中國提出。又稱：要避免遠東戰事擴大，必須英美協力但美國迄今尙無此表示。孟却斯德指導報：日本已開始大規模戰爭，一般人以爲此項戰爭範圍之大，可使日本爲之破產，但現進行調解，亦屬徒勞。

巴黎時報：上海之戰事，情勢特殊，各國務當縝密加以注意，固矣。但目前時局微結，係在維護現行條約所載各項權利，與保護僑民生命財產。除此而外，別無其他，則屬顯而易見之事。吾人茲望日本政府對於各國在華利益，善加尊重，則以此乃避免糾紛擴大之唯一條件故也。

十八日 倫敦孟却斯德指導報：一九三二年，日本於侵略上海時，計算錯誤，致所得結果，不過為最後之撤退。日本現又冒險擬遣派軍隊在滬登陸，但中政府顯欲竭力以打破日本縱兵登岸之計劃。想日本當以中國抵抗之堅强，為出乎意表之事也。日本在滬所為者，終不外賭博而已。保守黨每日電聞報：日本政治家之不屬於黷武義主者，已誤於主戰派而陷入進退維谷之境。該國內閣定必引為憾事。溯自數星期以來，日本對華政策，已於無意中掀起絕大波瀾，而自蒙其弊。英國所求者，並非樹立永久的堤防，而欲及時遏止，此種波瀾，俾任其自行平息。工黨機關報每日民生報載稱：整個不可分割的和平已告傾覆。各大國乃以旁觀為能事，曷勝慨嘆。日本所求者：乃在軍事外交上與中國相周旋，而不聽任外國干涉，蓋已四十年於茲矣。

十九日 英國著名週刊英國東方評論：日人既明知上海為一國際城市，及中國人之不喜領事裁判權之存在，特將其旗艦出雲號停泊於日本總領事館之前，因此向中國挑釁使之還擊，而危及租界之安全，遂使舉世惶然，束手無策，此誠世界各國對於日本此種行爲，不能長此漠視者也。又前字林西報主筆葛林氏，亦於該報發表一論文，稱：日本軍閥之極度猖狂，已使人充滿一種不可思議之驚駭，因日本竟將自身置於一不可收拾之地位：退則威信蕩然，進則如跋涉於污泥之中，蓋益進益深也。

二十日 中日問題發生以來，美國人對於日本之侵略行爲，極端憤慨，輿論既一致反對施行中立法，並有主張專對日本禁輸戰爭材料者。美國伯明罕新聞報：羅斯福總統對於中日問題，倍極關懷，以其足以影響美國，以至世界其他各國。美國爲九國公約之簽字國，保證中國政治與領土之完整者，日本以前奪取中國之滿洲時，美國未能有何舉動。在今日情勢之下，或者稍稍有所措施，至少已有一種步驟，可以採取。緣美國有鑒於近年日本購買美國廢鐵及鋼料之踴躍，並洞悉日本可以利用其什一之低廉工資，製造軍火，前途實至危險，現正設法禁令廢鐵及鋼料之輸出。

華盛頓郵報：日本之猖狂暴戾，爲從古以來所未有。日本無論戰勝或戰敗，此種不可思議之暴行，均無以自圓其說。惟縱觀歷史，恆有偉大國家，不惜冒道德上之唾罵，犧牲其國家之前途，以求其窮兇黷武之慾者。但如今日日本之猖狂暴戾，不顧世界文化上之影響，則亘古實罕其匹。日本武器雖强，但不足敵其赤裸裸毫無掩飾的野蠻性所造成之憤怒與讎恨云。

倫敦泰晤士報社評結論云：日本最近在華北之行動，已捐棄舉世之同情心。今復在上海貿然冒險出兵，則其所損失者，且不止世界之同情而已。泰晤士報稱：「日本憑藉自吹自擂不充分之口實，並不經充分之調解，斷然與中國妄啓釁端。且其作戰之方法，竟對中立國家之財產作軍事之侵佔，使英國及其他國家人民蒙受重大之財政物質上損失。最近英法美調解方法既被拒絕，則其他和解企圖，似難成立。」其對於日本抨擊之激烈，實近世紀以來報紙中最强硬之論調。該報對於上海戰事發生之原因，亦責日本海軍之無理取鬧，不亞於華北之陸軍。日本在虹口或在公共租界任何區域，均無租界或任何特權，而首先威脅日本僑民之安全者，全屬日本軍人之行爲。卽使日本僑民眞處於危險之地位，亦應先加以撤退，如日本自漢口撤退僑民卽其一例。且日本在東區楊樹浦一帶任意蹂躪，此處爲上海之港口，該地有自來水公司電力公司，及其他公用事業，其他工廠紗廠等，均屬外人財產。該報末問：「此種情形將何所底止乎？」

二十一日 紐約泰晤士報發表社論，詳述驚人禍患之危險性日漸增加，謂：中國北方軍隊現在中央政府指揮之下，已奮起抗敵。蔣委員長及其僚屬已決不願犧牲北部數省，而與日本和洽。紐約導報則謂：羅斯福總統對於美旗艦奧葛斯脫號被炸事件所採取之態度，甚屬正當，因中立旁觀者實應有冒險之準備也。法租界當局之不准飛機飛越法租界，實屬正當。美報又登載日本戰艦所採之策略，每於深夜熄滅燈火，潛移至美旗艦奧葛斯脫號之旁，藉美艦之掩蔽，向中國發砲射擊，認爲「無恥之極」。紐約導報稱：此種行爲，爲避免褻瀆報紙尊嚴起見，最好不加以評論云。

二十二日 倫敦星期泰晤士報，載英國駐華使館前任參贊戴克滿爵士所著一文，謂英美在華之利益相同，兩國志在促進中國成立强有力之穩固政府，以統治團結中國人民。日本則異於是，恆惹起地方事件，而與地方當局談判，其行逕實違反中國政府統一與穩固之整個原則。職是之故，英美之政策，與日本之政策，逐年相距益遠。然日本必須與中國貿易，其繁榮端賴中國之富庶。爵士結語曰：「凡誠摯希望兩國共榮者，今切盼日本政治家能早覺悟。日本能否以力制服華人，實無把握。今唯承認新中國受平等待遇之要求，始能保全和平。」

二十三日 倫敦孟却斯德指導報評論，稱：上海所受戰爭影響如何，均非日本所願顧及，蓋上海之毀滅，固亦日本用意之所在也。該報繼說明日本政策共分三段：（一）戰勝中國；（二）戰勝中國後，使中國發生道德上及實質上之崩潰；（三）然後利用此種崩潰，將中國任何部分加以吸收或使之「自治」；於是再使中央政府降爲日本之隸屬，以遂其「密切合作」之大願。故上海者，卽日本所以削弱中國之途徑。所可痛惜者，中國爲保衛自己領土而戰，日本則爲侵略而戰。而雙方所爭略而加以毀滅者，同是此上海一地。但中國軍隊實力愈强，上海所遭受之損失則更大矣。

二十四日 英國工黨全國執委會發表宣言，猛烈抨擊日本之侵略中國，並要求英政府會同國聯其他會員國，及曾與中國訂有條約（按指九國公約）各國，尤其是美國，採取必要措置，務使日本尊重國際法，與此項條約所載明的權利。

倫敦每日電聞報社論，題曰「日本危險的企圖」，謂日本穩健勢力，今已爲主戰之軍閥所蹂躪矣。凡對日本維新具有同情者，今對日當局之决議，危害其五十年來空前進步中所獲之一切，實不勝扼腕。日本今以大軍參加兩處戰事，目下且有延及他處之勢。日本之政治家，對於是否値得以國家之整個經濟作孤注之一擲，以求其繼續侵略之勝利品，從長計議，今或未晚云。

巴黎時報評論：就目前情勢而論，中日兩國間大規模之衝突，勢必至曠日持久。日本其將決定調動大批部隊，以謀保衞其軍威乎？中國其將在各處前線，支持長時期之抗戰乎？「日本時報」業已宣稱，戰事至少當延長至一年之久。然日本陸相杉山則謂：日本當在軍事上速迅獲得勝利，決不使戰事曠日持久，故將改採攻勢。惟日本是否可於短時期內獲勝，則當視中國軍力以爲斷。關於此層，雖無確切消息，足資憑證，但中國具有意料不及之軍力，則似屬可信。至就日本方面言之，戰區倘日益擴大，則殊非日本之利。誠以日本雖不必發全國之力，而卽可以鉅大力量從事戰爭；但戰區擴大之後，軍力分散，自亦無法迅速獲勝。根據上述各種困難，中日雙方或仍可開啓談判之門戶，亦未可知。果爾，則與遠東有關各國，自可設法以促成此項談判云。

二十五日　英國各報皆賡續討論中日兩國戰事。保守黨晨郵報載稱：「按之英國政府自遠東方面所接消息：中日兩國戰事鮮有早日停止之望。緣日本軍部，似已不惜任何代價，務在中國方面獲得進一步之勝利。日本態度頑强如是，以故英國政府所提出上海中立化一項建議，自鮮實現之望。」自由黨新聞記事報載稱：「日本現方刼掠中國，並威脅世界和平。推厥原因，英國政府前於一九三二年背棄中國而不與美國合作，實有以致之。今茲美國懲前毖後，對於英國相與合作之議，自必處以愼重。英國前外相西門爵士五六年前所種之因，吾人乃於今日食其後果矣。」

羅馬斯丹巴報評論中日兩國時局，略謂：日本所抱計劃，倘其目的確在控制中國沿海各港口，北起天津，南迄廣州，包括上海在內，則英國果能運用適當手段，以應付此種威脅乎？或謂英國尙有企望與美國合作，但時局演進，急轉直下，決非美國赫爾國務卿發出停戰呼籲，或羅斯福總統重申對華維持門戶開放一項原則，所可濟事云。

【二十六日】美國反對戰爭及反對法西斯主義同盟，曾向日本駐美大使齋藤發表宣言，謂美國千萬人民，皆反對日本侵略中國。倘齋藤不以此項抗議轉達東京，即將有數萬美人，圍困日本大使館及領事館。並將喚起全國人民，抵制日貨，以維護中國之民主政體及世界和平。此項宣言發表之後，國務部長赫爾卽奉羅斯福總統之命，力請該同盟勿過於堅持，以免引起糾紛。今日並由警察阻止該同盟實施圍困日本使館之行動。

美國國務卿赫爾日前籲請中日兩國停止戰爭之後，紐約泰晤士報加以評論云：此項談話措辭雖極溫和，但其所表示之態度，實較該國一部份輿論所預料者，尤爲堅決。惜乎日本現在中國，似已決定表演一種悲劇。此在英美兩國，未必能忽促使之美滿結束耳。至就中國軍事設備而論，遠非一九三二年所可比擬。該國現已置有空軍，其數量雖不及日本，但在某某方面設備極爲精良，並已在各處地方，尤其在南京，大顯戰績。此外蘇州與嘉興間鐵路，已使南京上海線與上海杭州線互相銜接。中國軍事當局，現可在軍事上利用此項鐵路。此在侵略者，則必須具有包圍上海近郊之力量，始能控制上海嘉興與蘇州間鐵路線，自非等閑之舉也。

英工人全國聯合會，本日發表宣言，痛詆日本現在侵入中國領土，爲更進一步之不法侵略。並極力主張英政府應與其他各國政府，尤其美國政府，共同動作，迫使日本尊重國際公法及條約上之權利。紀事報社論，謂：是項宣言實足充分代表英國大多數人民意見云。

日本第三艦隊封鎖中國東南海岸一項消息，經英國各報刊登之後，倫敦一般人士所獲印象，咸極惡劣。以爲戰爭狀態既未成立，封鎖海岸，實屬非法舉動。各觀察家幷謂封鎖之後，第二步辦法當係盤問各國船舶。但無論如何，此項權利，非日本海軍所得而行施云。倫敦右派「斐伽羅報」：日本現正依照預定計劃，在中國境內展開戰事。此項計劃表面上似無系統，實則準備已非一日。其在上海作戰目的，乃欲破壞中國政府之威望，亦阻止中國自海道獲得軍火糧食接濟。總之，日本對於控制上海海口一層，抱有決心。英國政府所提出上海中立化一項建議，所由失敗者，其故亦卽在此。目前軍火糧食，事實上已無法自上海輸入中國。今後問題之癥結，乃在於廣州之是否將取上海地位而代之。果爾，則日本軍艦必將珠江江面一併予以封鎖，當屬毫無疑義之事。

二十七日 美國反對戰爭反對法西斯主義同盟，上書國務部長赫爾，要求美政府對於日軍侵略中國，立卽援引九國公約，及改變美國觀望政策。

美國反對戰爭與法西斯主義聯合會，不顧羅斯福總統之勸告，今日置糾察隊於日大使署門外，隊員三十人，各執旗幟。內有一旗上書「日本侵略危及美國和平」。該聯合會之紐約秘書宣稱：美國各處之日領署，皆將由該會派人糾察云。

柏林日報載稱：中國陸軍之戰鬥力與士氣，已有長足之進步。南口之戰，證明中國軍人之善戰。就軍事觀點而言，近年來中國陸軍進步甚速。日本方面，已感覺目前之戰況，較之一九三二年更見嚴重。中國軍隊之抗戰，比較五年來爲堅强。中國方面已有較好之兵器，軍官之指揮能力，亦已加强，且中國軍隊之主力，無論在華北或上海，尚未加入作戰云。

二十八日 紐約民聲講壇報評論中日戰事，略稱：大約日本鑒於意國對阿用兵得勝，並估計德國財力，足以完成其大規模整軍計劃，所以肆行無忌。不知意阿戰事，僅一種軍事演習，不足稱爲戰事；而德國整軍計劃未必能完成。就日本財政現狀觀察，倘不樹立獨裁政制，卽無從應付大規模軍事行動。因此，恐日本民族將不得不忍受獨裁政制。

德國「漢堡外國人」報評論中日兩國戰事，略稱：日本顯已決定設立「華北自治區」，俾在中國中部與「滿洲國」間，作爲「緩衝區域」。誠以日本若在華北獲得勝利，則他日該國與蘇聯開戰之時，中國對於「滿洲國」卽不復能加以威脅。惟是日本卽使獲勝，其在經濟上能否獲得利益，仍可懷疑。日本若欲在華北取得充分棉花羊毛鐵砂與其他各種原料，必須俟諸若干年之後。加之中國人民對於日本敵視心理日益增加，日本所感受之困難，自亦隨之增加。又況日本財政力量有限，不克籌措充分資金以開發華北之富源乎。

二十九日 巴黎各報對於日本海軍封鎖中國東南部海岸一舉，加以評論。「小巴黎人報」載稱：此舉所引起之局勢，實乃未來嚴重事端之起點，則以中國對外貿易，大部份係由外國船舶擔任運輸故也。所幸英法美三國對於此種嚴重局勢，態度完全一致，毫無參差之處。美國似已決定用全力維護遠東利益，日本若果一味蠻橫，而使美國商人遭受損害，美國決不加以寬容。要之，英法美三國，不問對於日本半封鎖中國海岸一舉所引起之局勢，或英國所提上海中立化一項建議，其所抱見解均屬融洽無間此則可以斷言者也。「日報」載稱：海洋自由一項原則一經成爲問題，美國卽將毅然不復顧及中立主而英國亦卽重復憶及其傳統的海洋自由主義，以反對日本封鎖中國東南部海岸之舉。夫日本不論欲在中國全境，甚或上海一隅，進行正規的戰事，均須控制中國海道接濟，爰乃決定封鎖辦法。但如何付諸實施，則日本自身亦未能加以決定也。「小日報」載稱：夫欲實施封鎖，非具有絕大海軍力量，超過任何他國之上不爲功。歐戰期間，協商各國所由得以封鎖德國者，卽因具有此項力量之故。日本今茲所爲，足使盎格魯薩克遜族各國，均與該國作對。此在日本，不可不深長思之也。

九月一日　巴黎日報稱中蘇互不侵犯條約，爲『插入日本蠻牛頸項之第一支火箭』。該報繼謂：以目前之倫敦泰晤士報外交記者評論，稱日本侵略中國，倘中國不起而抗戰，則國內將肇分崩之現象，前途至爲危險。「今既起而與日本週旋，則其國際間之地位，已躋於若干年來所未達之高度。倘今後蔣委員長能善用其軍力，使中國不至慘敗，則以中國幅員之大，必可長久支持之。至以日本之策略而論，則今日日軍在上海之行徑，顯欲在上海四週設置鐵圈，使中國軍隊被逐之後，即無法再侵入。換言之，即日本企圖再重演一九三二年之舊劇，使在上海所得利益，更爲鞏固；而集中其主力，由華北向南推進也。」

三日 華盛頓郵報對於遠東局勢，續有所批評，謂美國與他國等必須以冷靜與堅決之態度，使日本瞭然於越過某點以外，日本決不能希望其冒險行動有所收穫。蔣委員長曾謂「凡信任和平與國際關係中有秩序的調整之各國，在此事上皆有生死關係」，誠哉是言。馴伏的投降，決不能阻止強橫，而莫可忍耐的侮辱之忍受，決不能保持永久的利益。今日日本所行種種舉動，適開前例，苟不有以制之，徒使其他強梁者，相率效尤而已。

四日 美國六和平團體，聯合請求美政府率先放棄在中國之一切治外法權，並提出一種保護中國及促進遠東和平之建議。其中計有下列四點：（一）放棄一切損害中國主權之要求；（二）放棄公共租界及治外法權；（三）廢止美國禁止東方移民法；（四）設法協助中國政府在戰後作經濟建設。同時並要求美國實施中立法。

美國海員聯合會，紐約海員工會，及國際碼頭工會，皆贊成美國工界抵制軍用品運往日本。並稱：日本為侵略國，違背非戰公約及九國公約，美國應出而干涉云。

印度同盟幹事會，向外相艾登送達一項議案，向政府請願：『完全遵守擔保中國人民獨立，及其領土完整之國際公法，及國聯盟約下之各種義務。』並向日本大使吉田送達另一決議，該建議『抗議日本對於中國人民之橫加侵略，對其領土之侵犯，結果在完全不顧法律及道德之中，造成現正施諸中國人民之鉅大殘忍及痛苦。』

五日　巴黎近郊凡呂齊鎮社會黨支部舉行集會，國務協理（即社會黨黨魁）勃魯姆演說關於中日兩國戰事曰：西班牙內戰若不爆發，日本行動或可較為審慎。反之，英國若非被迫密切注視遠東時局，其對於歐洲問題所採態度，或可較為堅決亦未極知。「於以見和平乃不可分割，而又具有普遍性質，不論在空間與時間上莫不如此。五年之前，各國若不縱任日本侵略中國東三省，遠東時局或可不致如此。」

六日　英國工會大會，在諾維區舉行第六十九屆年會時，會長伯文（英國運輸工會首領）謂：吾人對於英大使之被擊，固深為扼腕；但日人在華殘酷屠殺非戰士，已歷多月矣。此種暴行提醒之民衆的良心，其結果或將要求吾人之政府，終止其對付此種事件之僑胞行動。末謂：渠信英國工會會員，對於中國人民今日保衛國家之主權，而使完整無損之努力，必皆表示同情云。

倫敦每日電聞報評論中日戰爭，略謂：日本能否迅速克服中國，或與中國成立妥協，殊屬疑問。中日戰事若果曠日持久，日本在財政上定必引起種種困難。「日本原以為對華戰事，必可迅速結束；中國軍隊卽使抵抗，亦必不難立卽予以掃蕩。但此種估計，顯屬不確。」

美國太平洋新聞社總理許華茲，稱該社分析全國各報之評論及漫畫數百種，竟有千分之九百九十九皆傾向中國。可見美國公衆方面之情感，實與中國非常同情。許氏且謂以彼之意，此際美國應採取確切之行動。此項行動雖不必牽入遠東戰局，亦足阻止現在中國之屠殺。中國學會董事孟君稱：經濟制裁為應付日本最切實之方法。目前施行制裁雖或有危險，然實施之後，當能阻止較大之危險。

自中國回德之代表團一行，係海外返國參加國社黨海外代表會議者，首席代表議會領袖華爾夫博士發表談話，鄭重宣稱：返國之旅華德僑，對於遠東事件之發展，至為關切，對於中國具無限同情。華氏表示：希望在短期內，中國可以重復平靖，俾可繼續從事數年以來已有顯著成功之經濟復興工作。同時華氏并希望中德兩國傳統之友誼，將繼續維持，俾兩國商業均蒙其利。

【七日】巴黎各報評論中日戰事，如共產黨人道報謂：國聯會盟約必須付諸實施，「各國苟欲維持世界和平，必須在種種形式之下援助中國。」右派巴黎迴聲報：「蘇聯行將援助中國，固矣。但蘇聯外交顯又審愼自持，未免可異。日本正在蘇聯毗鄰地帶，義對於中國進行大規模之侵略，殆卽對於蘇聯進行侵略。乃蘇聯官方一若熟視無睹者也，何耶？」溫和派秩序報發出警告曰：「日本若能控制中國，危險孰甚。」

【八日】已退職之美國少將史忒林，於紐約太陽報上發表一文，題爲「對日干涉可能乎」。氏首先比較英美法日之海軍力量；繼斷言自來日本所以敢於在華自由行動，肆無忌憚者，卽由日本深知歐洲各國聯合對付日本之可能性甚少。故今日日本之所以能稱雄於東亞之故，純由歐西各國與美國不能確定其在遠東之政策，及以各國之海軍爲後盾所造成。氏末謂：歐美各國間之諒解並非不能，苟一旦成爲事實，而以其聯合艦隊逼使日本中止其對華之侵略暴行，則日本非自殺，必至於屈服也。

【九日】紐約時報評論遠東時局，略謂：觀於中國目前全國一心一德之抗日熱誠，足見中國已臻於統一之域。向以懷疑態度注視中國者，今當對之刮目相看矣。該報又謂：日本今次對華作戰之目的，即在於短期間內戰勝中國。唯中國之戰略，必在延長對日之抵抗，務使日本之經濟機構趨於崩潰，隨而不能繼續對華侵略而後止；至少亦將使日本不能對華提出苛刻要求。就今日中國對日抗戰之壯烈與意志之堅決而觀，中國所遭經濟上之困難雖大，最後之勝利當可致達也。

十日　莫斯科消息報評論：「中國事件確已使日本軍部手足無措。東京方面雖堅稱，日本未在中國進行戰爭，而僅執行一種「懲戒行動」，以期「使中國人恢復理智，與日本言歸於好」，但實際則大戰確已發生，且發生於日本軍部未曾準備的時間，亦不在其預先計劃的地點。中日事件固確爲大規模的戰爭也。日本軍部方作超越其人民及國家財政力量以外的犧牲，以圖「應付此非常時」。但中日大戰將不可免地證明在吾人的時代，泥足一雙決非進行大規模戰爭的可靠基礎。即使其敵人乃甫於最近完成民族統一的國家，結果仍將如此也。」

英國全國工會聯合會常年大會，於結束外交辯論之後，通過決議案，對於中國人民表示同情，略謂：「中國所求者，不外與各國和平相處，藉以發揚其固有文化；日本未經挑釁，卽加以侵略。此其所爲，匪特對於中國爲一種罪行，且係違反國際公法，破壞條約權利。全世界有組織的勞工階級，現皆一致加以譴責。此外，日本海陸空軍對於中國，任意殘殺無辜居民，本大會對之深爲憤懣。對於中國人民凡因遭受侵略以致廬舍蕩然者，並寄以深切之同情。」

香港電：英輪西凡勒虎號，現受僱於三井洋行，日前由海防滿載煤斤抵港，原定十日開日。詎該輪英籍船員因反對日人侵略中國，不允作此有違良心之行動，全體宣佈罷工。船主調解無效，呈報港船政司聽候發落。據船員表示，縱此舉認爲有干法律，應入獄，亦所甘心。蓋不願助長日本侵略中國也。又謂義侵阿時，吾等固曾對義實施制裁，今日情勢比前更爲嚴重，吾等事實上應有所表示云。

十三日　英國各重要教會團體之幹事，在倫敦舉行聯席會議，討論中國境內現有之緊急情形。與會者咸覺有對於中國兵民予以醫藥等援助之絕大機會，各教會應積極努力，不獨維持原有之醫院工作，且當增多醫院人員，並擴充其設備。庶對於任何國人之因戰受傷者，予以有效的援助。

莫斯科眞理報：「日本軍閥現方處於困難之境。對華戰事甫經開始，而日帝國主義前後方均已遭遇許多繁難。日軍閥已陷日本於長期戰爭的泥沼。日方原以爲中國將迅速屈服，而結果則完全失敗，終使日本走上軍費日增之途。據其同盟國德意志法西斯報紙估計：日本在華軍費每日已達二千萬至二千五百萬日元；而戰事進至本年底時，且應續增至四倍或五倍。同時，據日方本國報紙觀測，則明年度國家預算將達五十萬萬日元，其中三十萬萬爲軍事費。此種前瞻已引起資產階級方面之煩言。總之，對華戰事已使日本原已緊張過度之經濟結構更急劇嚴重化。此在眼前已完全明白：紡織工廠多家已破產；日本證券在倫敦交易所之市價已低落百分之十五；向國外訂購大批軍火之結果，則使黃金急劇外流。戰事每延長一星期，其國內統治陣營即恐慌愈甚。從而近衛內閣所構成的幻想的「團結」，亦日趨於完全崩潰之危境也。」」

十四日　加拿大合作聯合會與總工會均要求對中日實施中立法，稱日軍閥賴加供給軍需，應禁軍火運日。

倫敦電：中國軍隊自上海沿岸後退，各方聞之均表示同情，並對於中國軍隊「五星期以來，以血肉與日軍之鋼鐵英勇抗戰，皆一致表示欽佩。」而各報特派記者之報告，復繪聲繪色，尤使讀者對於中國軍人之勇武，增加崇敬之心。此間軍事觀察家，極稱中國軍隊後退之合乎理智，而以日軍之再蹈一二八之覆轍爲異。因五年以前，日軍侵入毫無軍事價值之地，得不償失，而今日竟再犯其錯誤也。孟却斯德指導報稱：中日戰爭兩閱月之後，現已可作一結論，即日本主要努力，將在華北而不在上海。無論日本是否能使中國「屈膝」，終難忘與蘇聯開戰之可能性。因此日本所切望着，即在中國蘇聯間插入一楔形物，而在中國之西北，建立防禦陣線云。

十五日　美國全國報紙一致痛詆日本之侵略行爲，而同情中國；甚至主張國際間亟應用武力制裁，並反對美國政府實施中立法，使中國不至禍蒙其害。紐約拍扣勃西亞報：「值此世界危機四起之中，中立法倘然實施，勢將使美國成爲日本之同盟國，以助成其併吞中國之野心。日本一旦征服或併吞中國，其野心仍必未足。菲列濱及澳大利亞，恐亦將成爲日本之目標。」芝加哥評壇報社論，題爲『中立法與戰爭之製造者』，謂「萬一總統現在宣布中日兩國已入宣戰狀態，禁止輸運大砲飛機及軍用品與交戰國，則等於助長工業發達軍備充足之國家，促其侵略行爲而已。」紐約世界電聞論：「今日世界各國，倘皆能尊重其九年以前之本月，在巴黎所簽訂之非戰公約，則日本或不至於侵略中國。倘英國於一九三一年踐守其宣言及條約之義務，切實與美國及國聯合作，則日本在華之侵略早已無效，更不致有今日日本對華之侵略矣。」

十六日 德國陸軍退伍中將赫爾德，在德意志總匯報發表一論文，略謂：最近六星期以來，中國軍隊在上海平津一帶，從事抗戰，不屈不撓，足使歐洲人士爲之驚異。但吾人倘能注視近年來中國陸軍之改組工作，並稔悉中國士兵之勇敢，則對於中國軍隊熱烈抗戰之情形，自不足爲異。中國在蔣介石將軍督率之下，曾在軍事方面，多所努力。惟日本海軍封鎖中國海岸之舉，自不免發生影響，則以中國雖有新式兵工廠數處，能製造良好軍火；但若干種原料，尤其是鋼與汽油二者，則必須自外國輸入故也。

十八日 紐約每日新聞評論云：就美國同情中國之人數而言，恐在百分之九五以上。更就我人之觀感所得，日本縱不欲於目前全亡中國，亦必欲攫取中國之一大部份。故我美國人民對於羅斯福總統禁運軍火前往遠東之舉，恐大部份皆將爲之惋惜。蓋此舉之結果，不僅不利於中國，抑且徒利於日本故也。再則日本征服中國之後，勢必轉其侵略之鋒芒於英美荷法等國。故於此種局勢之下，採取此種助桀爲虐之政策，實屬太無常識矣。又紐約時報評論稱：美國應參加國聯諮詢委會，否則等於在精神上援助日本。

德國攻擊報評論，謂對於中日兩國，吾人應決定贊助中國，抑或贊助日本，斯殆爲良心問題。此在歐洲固然，而在德國尤然。以言德國，吾人情感適在平衡之中。如今日聽令中國爲日本所鯨呑，則白人列强所負之咎，誠屬匪細。

二十一日 孟却斯德指導報素具權威之外交記者，就各方面之情報與意見，作概括之紀載，謂中國人民已表示其特質。此種特質，現使日政府大爲焦灼，即日本若干軍事領袖，自信日本必勝者，亦深覺煩慮華人之抵抗，已使日本不得不用較其原來計劃更爲堅强之力量。日本原擬以甚小兵力據有上海，而傾其全力於北方戰場。但上海華軍抵抗力，已減少日本所可用於北方之軍隊。德國觀察家對於日本軍事當局所抱「日本佔據華北，即可削弱蘇聯在遠東勢力」之信心，現已不能無疑。

莫斯科消息報社論稱：「中國問題，國聯未能給以果決的處理，實屬不幸。諮詢委員會僅爲頭等挖墳人，目前措置，等於將該問題僵屍化。」

二十二日 關於日軍飛機大舉轟炸南京一事，倫敦每日電聞報加以評論，略謂：轟炸平民一事，在世界輿論方面所可發生之影響，日本是否能予瞭解，殊屬疑問。「特日本此種舉動，在其他各關係國所可發生之影響如何，該國深謀遠慮之政治家，務須加以考慮。德國雖與日本在防共理論上抱有同情，恐亦不免爲之感覺不安。此在中國，則無往而不足以證明其抵抗侵略之決心，未嘗稍見衰弱。彼日軍之殘殺，與中國人民所受之苦痛，既未動搖新興之民族情緒，反而使之愈益强固。」

「空前之野蠻行爲」，此爲紐約泰晤士報對於日本恫嚇轟炸中國首都之批評。該報稱此種恫嚇，在未經宣戰之戰事中，欲將一大城毀滅，已使全世界駭然，而明瞭日本在中國進展之野心。民聲講壇報則謂：此種威脅，係怪異而可怖之事，已使文明戰爭之一切公法蕩然無成。至中立國家之利益，尤無置喙之餘地云。

二十三日　英國各報對日機大舉轟炸南京事，均表示憤慨。保守黨各報謂：日本竟以此種方式，强使中國「表示誠意」，安可容忍。工黨每日民聲報稱：「吾人對中國除表同情外，並當進一步而以持久的忍耐心與熱忱，加强國聯力量，挽救世界和平」。自由黨新聞紀事報登一被炸傷的中國幼孩照片，並加按語：「英國人目睹此種可怖照片後，如爲之驚駭，應立即要求政府，會同各國以有効的行動，制止此種轟炸行動。」

關於日本飛機轟炸南京事，法國左右兩派報紙均一致抨擊。急進社會黨事業報載稱：「日內瓦方面，聞悉日本飛機轟炸南京後，大爲震動。國聯人士最有力的見解，乃各國如能協助中國戰勝侵略國，即對和平事業有莫大貢獻。」

紐約時報稱：「日本所推行的政策，愚蠢而又兇暴，西方各國對於該國的友誼與尊敬心，已被飛機炸彈摧毀無餘。」民聲講壇報則抨擊國務卿赫爾的對日政策。

墨西哥電：今日晨二時許，有墨西哥人一隊遊行示威，行經日本總領署前，曾向該署開鎗射擊。

本晚倫敦各報，登載目覩今日廣州被日機轟炸所發之報告，以大字標題，大書「從來未有最可怖之天空襲擊」，「平民駭極狂奔」，「死屍遍野」，「死於最兇狠天空襲擊者數千人」，「日機掃射平民」，「廣州空襲之浩劫」，及 日本摧毀廣州」等字樣。至夜半，倫敦男女市民二百人，遊行日駐英大使吉田住宅附近之廣場，事後齊集吉田住宅前，高呼「撤去中國境內之日本殺人犯」，「召回你們之轟炸機」。一時形勢緊張，警署方面急調後備隊前往保護，後由警官向遊行隊領袖勸散，未發生暴動。

二十四日　世界和平大會之英國分會執委會討論中日問題，議決邀請所屬二百五十團體，聯名向外相艾登提出決議案，抗議日飛機轟炸中國平民。

英國共產黨祕書卜理特，致函勞工運動全國執委會，主張在國內從事宣傳運動，勸告英國人民援助中國，以反抗日本侵略行動。其主要辦法爲：組織救護隊，前往中國服務；發起有力的宣傳運動，請求國聯對日實施制裁手段；在日大使館附近舉行示威運動，以示抗議；由工會通告各碼頭工人，各種貨物凡由日本輪船運抵英國或自英國運出者，一概拒不裝卸。

英國總工會全國俱樂部，以公函送達中國駐英大使郭泰祺，略謂：「日本空軍在廣州及其他城市，對婦孺肆行轟炸。此種摧殘生靈行爲，窮兇極惡，民治主義文明各國的輿論，莫不深惡痛絕，吾人亦至爲憤激。茲請貴大使以吾人眞誠慰藉之忱，轉達貴國政府與民族。關於日本飛機此種野蠻行爲，以及該國侵略戰爭，如能以有效方式提此抗議，吾人無不樂於參加。此函頃經錄送日本駐英大使。」

美國加州教會協會，今日代表五十萬基督徒，致電紐約基督教聯合會，對日本軍閥向中國毫無防禦的平民作慘無人道的轟炸，及對宗教文化教育機關作毫無憐惜的摧殘，提出嚴重抗議。同時主張各文明國基督徒，聯合反對此種殘殺手段。

二十五日 英國全國和平協會向日駐英大使吉田茂提出節略，表示抗議轟炸，由會長伯明罕城主教反對派工黨上議員龐松壁勳爵等具名。同時，國際婦女協會除向吉田茂抗議外，並上書外相艾登，稱：英政府務當以壓力加諸日本，使其中止殺人行動；國聯諸詢委會英國代表團務當極力敦促該會討論日本飛機濫施轟炸問題。

敵機迭次轟炸中國首都，全歐輿論震動，歐洲最重要報紙均紛紛刋載平民慘遭轟炸的照片，若干報紙斥日本爲「廿世紀文化的摧毀者」。

倫敦新聞紀事報稱：英政府除提出空洞抗議而外，更當在經濟上壓迫日本，以「抵制手段對付之。日本出口貨百分之廿八均由英國予以購進；日本轟炸機所用汽油，係英美兩國供給；日本經濟賴全世界商業界維持。吾人應以經濟的壓力，促使日本覺悟。」

倫敦捷報稱：日本飛機得以轟炸廣州，實爲世界文明各國的恥辱。

世界和平大會，本日午後在巴黎「互助堂」開幕。主席法國航空部長谷特代表大會向中國表示同情，謂法國人對於日本，原無敵視之意；但日本現旣出於侵略行爲，自即爲法國人所唾棄。紐約各教會聯合會秘書長亞金森與法國總工會秘書石屋兩氏，繼之發言，謂遠東時局極爲嚴重，主張採取强硬的集體行動，以對付日本云。

二十六日 英國全國工會及和平協會，均舉行集會及示威運動，表示對日抗議。今晨在海德公園舉行集會，一致通過對日實施經濟制裁。

倫敦星期泰晤士報登載一文，謂賴有不干涉原則，始克成立禁止海盜行爲的尼翁協定。但「海盜」有種種不同方式，最近飛機轟炸中國城市的可怖行爲，實亦一種「海盜」行爲。

巴黎人民報稱：「英，美，法，蘇，荷五國，對於日本倘能實施眞正的經濟制裁，自能制止該國軍人的屠殺行爲。出口業爲日本經濟命脈，而其出口貨的半數，則由上述五國購進，尤以英美兩國爲多，計英國購進四分之一，美國購進五分之一。英美兩國如果拒不購買日本生絲棉布，並不以煤油鐵樹膠機器售予日本，則日本對華侵略戰爭，不難在數星期內制止。」

莫斯科弗龍茲廠，戈布諾夫廠，斯達林汽車廠，及莫斯科其他工業機關，開工人大會，對日機轟炸中國和平無防城市，表示抗議。又自美政府決定以全力保護旅華僑民後，蘇聯方面極爲滿意。

澳洲阿特萊特城工商聯合會，因憤恨日本軍隊在中國的殘暴，已決定抵制日貨以作對日抗議。阿特萊特在澳洲東南部，爲南澳首邑，與日本貿易極盛，宣佈抵制日貨後，影響範圍極廣泛。

二十七日　美國各處已開始抵制日貨，與禁止日貨入口之運動。

澳洲杜尼定碼頭工人決議，不再爲航業公司將運往日本的廢鐵裝船，因彼等「反對日機轟炸無防備的中國婦孺。」

倫敦方面之抵制日貨運動，因日潛水艇在香港海面擊沉中國漁船十一艘，死無辜漁民三百人，遂大爲發展。工黨與總工會皆主張：各業工人凡爲日商服務者，應採集體行動，加以抵制。

二十八日 英國抵制日貨運動發展迅速，已普及全國，各重要團體均紛紛加以提倡。「英國公民聯合會」首先發起刊印「本店不售日貨」之標語，分送倫敦全市商店，各地人民均自動起而響應，並要求與該會合作。英國中部各商業推銷員聯合會，昨在伯明罕城舉行會議，當通過決議案，主張敦促各商店實行抵制日貨。

倫敦市區自由敎會各牧師本日午間舉行聚餐會，決定對於「日本飛機轟炸中國城市之暴行提出抗議」；幷定於本月三十日在白鄉區敎會舉行集會，爲中國作聲援。南威爾士區鑛工聯合會執行委員會，本日在加第夫城通過重要決議案，稱：「本會代表會員十二萬名，對於日本以武力侵入中國，幷用非人道的野蠻手段，殘殺中國婦孺之所爲，深惡而痛絕之。因此，要求總工會全國執行委員會，迅向國際工會聯合會努力接洽，通告各國勞工團體，對於各種貨物原料，凡輸往日本或自日本輸入者，務當拒不爲之工作。該會幷從而發動普及全世界之抵制日貨運動，非至日本軍隊自中國撤退不止」云云。該會幷將此項決議案抄送首相張伯倫，外相艾登，暨中國大使郭泰祺，日本大使吉田茂。此外，英國體育協會提議，將來一九四〇年奧林匹克運動大會在日本舉行時，英國選手當拒不前往參加。

三十一日 美國海員工人六萬八千名，推舉代表在芝加哥開會，通過決議：「對於中國人民抵抗非法無端侵略，表示同情。」籲請美國全體海員工會竭力援助中國，要求美國商船照常停靠中國各海口，並主張美國對日施行經濟封鎖，「直至全部日軍退出中國而後已。」此項決議業已提呈總統羅斯福及國務部長赫爾。

滬報評論

戰事發生，我國一致表示團結對外，蓋雖曰滬戰，實則已爲全面抗戰矣。滬各日報對抗戰問題時有論列，茲選其重要精粹者十數篇，轉錄於下，以饗國人之處於遠陬，不及見滬報者。

總動員與國民道德

蔣方震

——大公報星期論文，八月十五日——

時至今日，全面抗戰的偉大序幕已經揭開，全國民衆惟有勇敢沉着，勉盡天責，大公報徵文及余，爰本斯義，與讀者諸君一談。

假如讀者有人問，今日國家大事，那一件實行起來最是簡單，我以爲莫如現代各國的總動員。這只須一紙命令，而且命令只有短短兩句話：『命令動員，以某月某日爲動員第一日』。假如再問這時候誰最忙碌，誰最閒暇，我可以回答說，全國人民個個忙碌，只有一位總司令，一位參謀總長，却是極端的從容閒暇。

何以動員的命令是那樣簡單？這正是因爲動員的事務過於複雜；何以負責的軍事當軸是那樣從容？這正是因爲他們應該注意的事項過於繁多。

以上所說，還是指的歐戰以前情形。現在更進步了，動員令簡直只是「祖國危險」四個驚心的字樣。這只是一個符號，表示二十四小時內決定要下動員令了。至於從容閒暇的也不止是總司令和參謀總長，全國人民個個都是從容不迫，行無所事地履行他們應做的事。

試問國家到了最危急的時候，何以國民都能這般從容？這就是平時準備有素，而且這種平時準備有一個根本原則，就是人人自已知道：『一旦祖國危難，我們大家，應該如此這般做去。』

這種「某人做某事」的規定，從前只限於軍人和一部分有關係的官吏和實業家，現在却擴充到了全國國民以至小孩子，老太婆。不信請到法國鄉間找一位小學校長或教員，他就會告訴你動員時候，他的學生各人應做什麼工作，而且這種工作一概從他本身，本家，本村做起點，決非勉強去做平時未嘗習見，未嘗經驗的事情。所以無論心理怎樣緊張，感情怎樣熱烈，人人都是脚踏實地，手做實事。

要做到這樣秩然不紊的局面，不僅政府應予準備，人民自己也應有準備。任何一件難做的事，倘能自己覺悟，早事預備，總可以達到目的，總有解決辦法。任何一件容易的事，若要猝然做到，總有種種意外的困難發生。外國人本領何嘗廣大，只是早有準備而已；中國人何嘗不愛秩序，何嘗沒有本領，不過是臨渴掘井而已。

總之，在現代國家，關於動員一類事件，政府與人民各有職責。國家本有一種崇高的義務，應於平時指導人民，使他們個個知道非常時期每人應該做什麼事情。這一點不僅在國防作戰上有非常的重要，在國民道德上也有很大的意義。這至少使人民有事實幹，無暇空論。

我們研究中外民族興亡的歷史，可知一個民族若在復興的過程中，外來的壓迫只有使整個民族日臻於統一，日趨於團結，有如十九世紀的意大利德意志諸民族；而一個民族在沒落期間，每發生外禍愈烈，內鬨愈甚的現象，像兩宋末造，以及波蘭淪落的前夕，莫不顯然如此。這時候最不好的亡國之兆，就是人人不對自己負責，只知責備他人，不肯黽勉自己，所以國民批評政府，政府諉罪國民，甲部埋怨乙部，丙省彈射丁省，大家推來推去，結果把國家主權推給了敵人去！

大概一個民族處於順境時代，國家與人民常是利害一致，處於逆境時代，每多利害的衝突。毀家紓難的精神只能期望於極少數，不能以之律大多數，只能求之於一時，不能求之於永久。所以國家本身要不指示人民各種切實的救國途徑，則熱心的人民不明白時代國家的需要，就無從發展他們的能力，而社會上各種擾亂以起。因爲人是有天然的活動性，不向上則向下，不爲公共卽爲自己，而欲羣衆統一，只能求之事實，不能求之理論。

德國民族復興時期名將哥爾紫，關於大軍統帥的議論，特別可以錄給大家做反省的材料。他這樣說道：

『俯仰今古，一切軍事會議的結果，無非給我們這個教訓，卽常時雖應該十分重視「理智」，到了戰時「意志」却更爲重要。軍事會議固然把有經驗，有見識的人士集合一堂，收羣策之效，但腓特烈大王獨加嚴禁，以爲此風斷不可長。他乃是老於行伍，深於閱歷，明知會議每易發生推諉責任的惡習，結果定是膽小者佔了優勢。把許多有經驗人衆在一起，只會看出無數的弱點，對於當前事實却毫無裨益，徒使負責的將帥重增一番精神上的不安而已。』

受過軍事教育，具有戰事經驗的軍人，若不與以恪守的職務，只教參預普泛的討論，尙且發生這樣的大流弊，何況數累千萬的平常人民呢？

人們或許要問，現在各國不是也有所謂國防會議，軍事會議麼？自然，不過這個會議制度，百年來經過一大進步，已從商量的機關變而爲命令的機關。譬如參謀部長下令調百萬人到前方去，他要調查自己有多少火車，多少船隻，這就有交通部接洽的必要。譬如實業部長下令要開發荒地，也須問問軍人，這塊土地開發後對於軍事上有何影響。同時每一件國家大事，都不是一年半載所能做到，所以時間上緩急先後的權衡，凡軍事家外交家對於負責當局都有重要的進言之責。

非常時期中，平常人民應做的事情雖然不勝枚舉，總以物質的生產製造最爲重要，所以歐洲總動員，萬事以工業動員爲中心。今日中國工業原不發達，戰期更形艱難，惟有以組織的人力來替代機械的馬力，也就是以精神補物質的不足。印度聖雄甘地的織布運動，就是一個例子。總而言之，凡我同胞不可妄自菲薄，以爲沒有一事可做。我們只教認清目標，竭盡心力以赴，總比空言擾攘爲佳。我們應該少開一次會議，多織幾匹土布，少談一些是非，多種幾石米穀，事情雖似迂遠，功效却最直捷。

第一次全國對外戰爭

——大公報社論，八月十九日——

盧溝橋的烽火焚燬了我們的平津，現在又延燒到上海。無疑問的，這一把烽火還要繼續並擴大燃燒；在這個大火燄中照耀出中國的第一次全國對外戰爭。

中國的兒女！我們應該慶幸，更應該驕傲，生長在這個大時代裏！

中華民族立國五千年，一向孤立在東亞大陸上，未曾遇見過條件具備的敵手，更沒有產生過全國的對外戰爭。宋明兩代的蒙古滿洲並不是條件具備的敵手。我們雖曾兩度亡國，那是逐漸衰敗，並未經過全國的對外戰爭。近代中國的對外戰爭，從尼布楚戰爭到九一八事變，一共有八次，但都不是全國的對外戰爭。第一次康熙二十四年（一六八五）的尼布楚之戰，只是東三省的兵與俄國戰。第二次道光十九年至二十二年（一八三九至四二）的鴉片戰爭，軍事範圍只限於沿海粵閩浙蘇數省，英人只在沿海襲攻，清廷動員也只有沿海數省。第三次咸豐六年至十年（一八五六至六〇）英法聯軍之役，由廣州打至北京，主要軍事只在粵冀兩省，軍事徵調也只限於沿海一線。第四次光緒十，十一年（一八八四，五）的中法戰爭，事只限於西南一隅，規模尤小。第五次是光緒二十，二十一年（一八九四，五）的甲午戰爭，那是中日兩國的正式戰爭，戰場只限於奉吉兩省及渤海沿岸，是以北洋數省對日本全國；偌大一個戰爭，在中國方面，李鴻章以外的內外大吏幾乎皆是壁上觀火的人。第六次是光緒二十六年（一九〇〇）的庚子事變，那次事情簡直是一個亡國局面，亂子卻只闖在直隸一省。第七次是民國十九年（一九三〇），中俄在北滿的衝突，那只是一幕滑稽劇，算不得戰爭。第八次便是民國二十年（一九三一）以來的中日局面。這一個局面，到現在拖延了六年，我們最初不抵抗失了遼吉黑三省，假抵抗送了熱河一省，半抵抗丟了河北半省，打了一個寒噤又去了察哈爾的一半。這些次對外事端，老實說，都算不得戰爭；尤其近五六年來的情形，失地四五省，對內對外都不成一個局面！

現在不同了！我們經過五六年的鞭撻，忍受無數次的屈辱，中國人的意志堅靱了，中國人的骨頭強硬了。我們眞應該謝謝日本帝國主義給予我們的教訓與磨鍊！在這無情的教訓及磨鍊之下，中華民族的靈魂復活了，中國政府的力量長大了。現在的中國，無內爭，無歧見，四萬萬人惟一心，全國的人民，軍隊及官吏，都在同一的情緒下聽候同一的號令，政府能用她的權能集中調遣全國的人力物力，對外鬥爭。這一切一切，在中國歷史上是空前的，今後則將永遠如此，以迄戰勝她的強敵，給世界樹立一個眞正的「東亞安定力」！

現在我們看見平綏平漢津浦三線的大戰，淞滬健兒與敵人的肉搏，這幾條火線將聯成全面的戰爭，統帥的號令已普遍動員全國各省的軍隊，邊遠如雲貴四川，阻隔如桂粤，懸絕如陝北共軍，現在都泯除一切意見，在一個號令下，行將奔赴前線，去盡保衛祖國的神聖使命了。這是中國歷史上所未之前見的。

看！南口抗戰羅芳珪部全團殉國以待援軍的壯烈，淞滬空戰降落敵軍陣地不肯做俘虜，隻槍奮戰而卒死於敵人亂彈之下的空軍健兒的志氣，眞可以動天地，泣鬼神！惟有這樣的壯烈，這樣的志氣，纔可以復活中國民族的靈魂，摧毀日本帝國主義的堅壘！

中國的兒女！我們應該慶幸，更應該驕傲，生長這個大時代裏！我們祖宗所未見到的全國對外戰爭。我們見到了而且參加了，這是何等的光榮！何等的幸運！

戰時經濟統制

——大公報星期論文，八月廿二日——

黃　卓

一個國家的經濟資源大致可以分為兩部份：一部份是用來滿足人民的衣食住行等等個人需要的，一部份是用來滿足國防教育等等集體需要的。戰時經濟統制的目的，就是：為滿足戰爭這種集體需要起見，由政府將國家的經濟資源根據某種原則重行分配一過，換言之，即由政府限制第一部份的資源（滿足個人需要的資源），藉以增加第二部份的資源（滿足集體需要的資源），把後者的最大可能部份直接或間接的用來作戰。

實施戰時經濟統制的大前提，是人民在心理上必須有相當的準備。所謂心理準備，就是使人民有一種決心，準備為國犧牲。在政府統制之下，限制個人的消費自由，省衣節食，把剩餘的經濟資源的全部或大部份，交給政府，用來作戰。換言之，所謂心理準備，就是由人民將「為個人享受甚至個人生存打算的心理」變成「為國家為民族生存打算的心理」。除了維持個人最低限度生活水準的資源外，把其餘的資源全部保留起來作為戰費準備，由政府隨時以任何方式來提取。

在一般的狀況之下，這種心理準備，大都必須經過長期的教育或宣傳才能完成。不過在某種特殊的狀況之下，外力的壓迫，短期中也可以完成這種準備。壓力愈強，心理準備的進展便愈速。目前敵人給與我們的高度壓迫，便是完成全國人民心理準備的一等工具。因爲這次的壓迫，已經使我們獲得了一種根本的共同認識：華北戰爭的開展，是我中華民族生死存亡之最後關頭。除非我們不想繼續生存則已，如果我們要繼續生存，那麼，在現在國際狀況之下，唯一的辦法，就是集中全國的力量，抵抗我們的敵人，保持我們領土的完整。復次，我們也知道：現代的戰爭，與其說是軍器的戰爭，還無寧說它是一種經濟的戰爭。如果我們要在戰爭中取得勝利，第一個先決條件便是在經濟方面獲得充份的準備；爲完成這種充份的準備起見，全國的人民必須在經濟方面預備犧牲，盡力的援助政府，戰勝我們的敵人。近年來敵人給與我們的壓迫，似乎已經使我們漸漸完成了這種心理準備。每次華北衝突，中國人人自動捐欵與獻產，便是人民心理準備完成的一種表現。

人民在心理方面有了準備，我們才談得上戰時經濟統制。實施戰時經濟統制，第一便須設立統制的機關。我們現時雖然有幾種類似的機關，可是因爲事權不集中，在統制上不能有多大的效率。目前之急務就是把現存幾個類似的統制機關合併起來，組織一個經濟統制委員會，形成全國統制經濟的中心；有了中心的統制機關，我們才能談得上經濟統制。

戰時經濟統制可以分爲四方面來講。第一是消費統制。消費統制的目的在限制人民的消費，藉以增加作戰經濟資源。在短期中，我們無法增加生產，只有盡量的減少消費。在消費統制方面，我們主張取消人民的消費自由，採取定類與定量分配制度，即人民日常消費的貨物，在種類上與數量上都由政府嚴格的規定。爲達到這個目的起見，政府對於分配消費品的商店必須加以統制，同時爲保障人民的最低生活計，對於一般的主要生活品價格，也必須嚴格的統制，除非政府許可，不得自由漲高。對於某種缺少的物品或原料，政府應當樹立一種分配的原則，即公共需要有儘先滿足之權利：公共需要沒有滿足以前，私人不得消費這一類的物品。

第二是生產統制。戰時生產的原則，是除了滿足人民最低限度的生活以外，其餘的經濟資源應當用在軍需品與其他的有關係的物品方面。在我國現存狀況之下，生產統制應以企業統制爲中心，因爲除非我們根本的改革現存經濟制度，政府決不能直接的統制生產原素。企業統制當然是以滿足戰時需要爲原則。生產種類，生產數量與生產方法，都應由政府加以統制。種類與數量統制的目的，在支配經濟資源的分配，滿足戰爭的需要。方法統制的目的，在提高戰時生產能力。戰時的生產有一部份是強迫的生產，生產效率不會很高，爲播高它們的效率起見，政府在生產技術方面必須給以統制與指導。復次，戰時的生產統制必須包括勞動統制。勞動統制的目的不僅在免除勞資糾紛，而且同時也在合理的分配全國的勞力。在戰爭期中，勞力的供給不僅要滿足軍需工業的需求，並且也還要滿足軍事方面的需求。政府必須在供給與需求，以及各種不同的需求間，維持一種均衡與合理的分配。

第三是對外經濟關係的統制。戰時經濟統制是一種計畫性的經濟統制，全國的主要經濟活動都有一定的目標，預定的程序。爲使這種程序能順利的進行達到目標起見，政府對於對外經濟關係必須加以統制，使它不能自由擾亂國內的經濟程序。統制對外經濟關係的方法就是國外貿易統制與外匯統制，因爲國與國間的經濟關係是由這兩種東西而發生。在我國現在狀況之下，國外貿易大致是一種很簡單的工作，戰爭一經發生，重要的海口即有被敵人封鎖的可能，如果出入口貿易局部的存在，那麼，這部份的貿易大都是政府經營的貿易，無所用其統制不過在原則上，戰時對外貿易的全部必須由政府統制，使國內的經濟資源，能由政府自由的支配。其次是外匯統制。外匯統制的目的，一方而在補救人民心理準備之不足，封鎖國內經濟，防止資本逃亡；一方面在集中對外購買能力，俾能隨時向國外購買軍需品。統制外匯簡捷方法，就是將人民現有外匯一律收爲國有，停止外匯自由買賣，使外匯的供求全部由政府支配。對外經濟關係由政府統制以後，我們才能根據一定程序實施經濟動員。

最後是財政統制。有了消費統制與對外經濟關係統制，財政統制的工作便完成了一半。因爲消費統制的功用在增加生產剩餘，對外經濟關係的統制在防止國內資本——即生產剩餘——的外溢，剩下來的財政統制工作，就是由政府利用種種工具來吸收人民的生產剩餘，滿足戰時財政需要。在吸收生產剩餘（即籌措戰費）方面，作者同意於侯樹彤君的主張，由政府以關金爲單位，發行戰時公債；不過作者認爲同時也可擴大直接稅的範圍，藉以加强政府吸收剩餘生產的能力，減輕未來一般人民的負担。至於利用現有法幣準備金與徵發海外逃亡之資金，作者也完全同意；前者可以補充戰費，後者還可以進一步的促進一般人民的心理準備，增加他們對於政府的信仰；因爲它既可以減輕人民的負担，同時又可以表現政府大公無私的精神。如果政府能採用這幾種辦法，我想一兩年內戰時財政可以不成問題。至於如果有人認為利用法幣準備金可以影響法幣的價值，我們的答覆是：在外匯國有，對外貿易國營的制度之下，只要政府不膨脹貨幣，法幣的價值決不會因準備金的增減而發生變化。誠然，大規模戰時公債的發行可以影響法幣的購買力；不過這種影響，與準備金的多少沒有關係；而且在定量分配與價格統制制度之下，公債的發行只能影響秘密市場中的物價，而不能影響公開市場中的物價。不過，無論如何，政府不應當利用通貨膨脹來籍措戰費，因為戰時最大需要，只是人民對於政府的信仰。只要人民對於政府有信仰，政府總可以利用公債租稅特別徵發等等手段來吸收民間剩餘資金。反之，如果人民對於政府沒有信仰，那麼，貨幣膨脹只能破壞我們的經濟制度，斷絕財政的來源，決不能解決戰時財政問題！

統制工業之初步工作

柳

——申報時評，八月廿三日——

近兩年來，工廠向內地移動之言論大盛。然而已設之工廠，遷入內地，事實上自有其難處。新設工廠，欲設立於內地，常無此勇氣。因之「工業農村化」，依然為一種理論，難成事實。自此次戰事發生，一般論者多以工業向內地遷移為是。然此又談何容易，不但為目前交通所不許，即欲移轉，亦豈倉卒間事。惟滬地既經兩遭變患，從事工業者，必能憬悟在內地發展比較沿海都市當爲安全也。

雖然，此亦內移之一機會。多數工人溢回原籍，或向內地移徙，此種熟手之工人能就地利用之，不難用簡單之設備，即可從事於製造。且一般消費工業，除大規模之紡織廠外，所需之機械不甚繁複。如針織業緜棉紡織業，食品製造業，燃料製造業，甚而至於翻砂五金各業，現下鄉鎮已漸次電力化，開業亦復不難。況經此次滬上紗廠長時間之停工，及幾多遭逢破壞之後，將來紗布供求方面，自必失其平衡。及時謀補救，要亦不失爲預籌之一道。惟日本爲長期戰爭，已作統制全國經濟之圖，我國亦應急起直追，趕快組織起來，作統制之準備。茲就上海一市而言，亦應由當局立即作成方案，詳加指導，督飭各業公會，就其所業之各工廠，作成最精密之調查報告，分別從事：（一）將戰區所設之工廠塲所，歸併於較安全地帶內之工廠，共同工作，或能自立工廠者聽。（二）凡可移設於內地之工塲器械，設法向內地輸送，招集散入內地之工人，恢復工作。（三）各廠工人多有地域色彩，如某一廠工人常爲某一地方人，則更不妨以勞資合作之辦法，至內地去經營。（四）應從速築成經濟國防，一方即以抵抗敵人對我經濟之破壞，另一方面亦所以保持經濟之活動力，而爲長期應戰之準備。（五）經濟國防之建築，應從事實作出發點，毋偏重於理論；而各方面如有良好之方案，貢獻於當局，不宜多所發表。

總之，在此國難嚴重時期，有財者出財，有力者出力，有學識者出其學識，有經驗者出其經驗。

無人見無我見，祗知大敵當前，埋着頭，沉着胆，用着心，衝向前去。渡過此難關，正我中華民族復興之機會也。

非戰鬥員的責任

傅東華

——救亡日報，八月廿四日——

所謂全面抗戰的「全面」，顯然不僅指地理上的面積，而是兼指參加抗戰的分子，那末抗戰的責任之不能全部交給前方及後備的戰鬥員去負荷，自不待說。

所謂消耗戰爭的「消耗」，顯然不僅是損耗敵人的武器，而是一面虛耗敵人的持久力，一面增强自己的熬忍力，那末持久抗戰之有需乎非戰鬥員的精神的撑支——猶之病人抵抗病菌之有需乎强心，——又不待說。

就目前事實的表現而言，我們戰鬥員方面的準備似乎已用不着無謂的憂慮，値得注意的倒是非戰鬥員方面的準備。因爲非戰鬥員方面的熬忍力萬一不能持久，其給與戰鬥員方面的影響一定很大。此所以凡非戰鬥員都不得不深切認識自己的責任了。

如果把非戰鬥員粗粗分成了：（一）生產的農工，（二）不生產的老弱婦孺，（三）及非實際生產的利潤階級和薪水階級三大類。其中最容易起動搖最缺乏熬忍力的應該是第三類人，而這第三類人却是持久抗戰的主要的精神支持者，所以他們所担荷的責任也最重大。

當大時代不可避免地到來，非戰鬥員中人人所以自處之道原不可一概而論，但若人人要為這已開始的大時代盡一份責任，人人要經得起這個逐漸進展的大時代的猛烈衝激，就有幾個基本原則斷乎不能不遵守：

（一）在個人方面，人人須盡力養蓄物質上和精神上的極大熬忍力。

（二）萬萬不可希冀大時代的趕快過去，因為這樣的希冀對於個人的熬忍力有極大的損害。

（三）凡事須從最大的壞處去着想，等到事情實現，戰來不如你所預想那末壞，那就成了你的意外的安慰，這對於熬忍力的養蓄大有益處。

（四）當共同渡過大時代的期間，特別應該警覺個人能力之渺小，羣的力量之偉大。因而凡平時具有孤癖或潔癖的人，都應該幡然改悔，將自己消納於全羣之中。

總之，在大時代裏面熬忍力最强的就是最適於生存的分子。這並無關於平時物質的準備，只靠持久的精神的撐支。只要非戰鬥員當中人人能够始終不動搖，不抱怨，就算已盡了自己一份消極的責任，而這次的全面抗戰也就百分之百的可以樂觀了。

中日全面戰之成敗觀

天放

——新聞報社論，八月廿五日——

自日軍挑釁蘆溝，強佔平津，繼之而大舉來襲我淞滬，由華北局部衝突，擴展而為中日全面戰爭。因交戰區域悉在吾國領土，故人民生命財產所遭之損失奇重，而一般期待敵軍及早殲滅之心理亦愈著。然此僅屬主觀願望而已，如就客觀條件，衡量最後之成敗，則問題殊不若是其簡單也。爰舉所知，以敬告國人：

此次戰爭，在我為防禦，在敵為侵略。攻守之形勢既殊，物質之犧牲自異。敵所損失者，為大量輪船之運輸，給養彈藥之消耗。我所損失者，為城市工業之破壞，居民屋宇之焚燒。據聞日方侵略華北之軍費，為數已逾七億，淞滬僅鏖戰旬日，竟損失一億有奇。所謂賭國力於孤注，敵之所得固未必足償所失也，此其一。敵以全力威脅淞滬，誠如英孟却斯德指導報所云，欲以戰勝結果，使中國發生道德及實質之崩潰。顧此種迷夢，已為我前方將士後方民眾誓死抗敵之當頭一棒所喝醒。在彼徒墮世界強國之聲威，在我已博精神勝利之收穫，此其二。日本素利我廉價人工與低度關稅，以侵蝕我民族工業，尤以滬地日紗廠為其吸吮膏血之總匯。滬戰中吾市民所遭損害，雖不可以數量計，然因此淨化日帝國主義者經濟侵略之毒菌，永杜無限金錢之外流，使敵人侵略對象根本幻滅，益促其國內經濟矛盾急劇加深。且寧獨上海為然，異日華北大會戰展開，其情況殆亦稱是，此其三。中日兩軍決勝之最後關頭，將為津浦平漢各線，雙方動員各需五十萬以上。依國際估計，日本現有之陸軍軍力，至多能出動百萬士兵而止。然以守禦偽滿邊境，對抗蘇聯，與及鎮壓本部高麗台灣各地，制肘殊多。能否傾其全力之半，與我周旋，已成疑問。我如發揮淞口殲敵之神勇，於山東半島諸海口，節節設防，拒彼登陸。則敵犯攻險攻堅之忌，我轉獲好整以暇之機，此其四。日本國債久已達於最高之飽和點，今以侵華之故，而再增軍費二十萬萬日圓。其人民一方既失對華貿易之利潤，焉能供此無厭之誅求。以視吾地廣人稠，儘堪從事生殖，長期獻納政府，優劣之判，奚待蓍龜，此其五。是故吾人對中日全面戰之觀察，斷不應以一時勝敗而喜戚於心，要當於精神的或物質的各項條件中，作一長期之清算，乃能求得眞正之結論也。

吾人曾聞日首相近衛長期戰爭之言矣。在此中日全面戰揭幕之始，日軍閥所以刦制其國民以供若輩冒險之再試，固亦在吾人意料之中。但由此而演化至於無可回旋之階段，終將有不可控制之思想行動，反映於大和民族之間，而嚴予日軍閥以最後之裁判耳。

從速展開國民外交

紀

——申報時評，八月廿八日——

自從大規模的全面抗戰爆發以來，我前線將士忠勇的犧牲精神，壯烈的戰鬥行為，不但震駭了敵人的肝膽，而且轉移了國際間的視聽。素來估計中國作戰能力薄弱的歐美各國人士，至此亦不得不嘖嘖讚美；素來抱持中立態度的各主要報紙論調，至此亦開始予日本帝國主義的對華侵略行爲，以無情的抨擊了。這是抗戰以來國際形勢的重要展開。

因我軍前線的幾次勝利，迭予敵人以重創；因國際形勢有利於我們的展開，使侵略者不得不大舉增兵，傾巢來犯，企圖在吳淞口岸沿海各地登陸，以牽制華北的軍事。於是，我們的抗敵戰爭更趨劇烈，而戰線亦日益擴大。

這一戰爭是艱苦的，持久的，也是我中華民族生死存亡的最後戰爭。我們勝固不可驕，敗亦不應自餒，因爲局部的得失，是無關大局的。而如何去動搖敵人的內部，如何去截斷敵人的一切物質供給來源，如何去獲得國際友邦對我們源源不絕的援助，使我們的抗敵工作，能够在軍事上經濟上外交上，一致很順利地平衡發展，乃是今日極重要的問題。

我們知道，近代的戰爭，不單純的是武力與武力的戰爭，而是國力與國力的戰爭。人民的政治組織力與外交關係的運用，尤爲決定最後勝利的重要關鍵。所以，我們今日應努力的目標，是從各方面展開我們的抗敵戰爭。

因此，除了展開全面的軍事抗敵戰爭以外，我們要求政府運用全國的人材，從速展開國民外交。從民間與民間的聯絡與推進，以推動我們整個的外交工作，使暴日成爲舉世共棄的暴日。使我們能在財政上軍事技術上，軍需品的供應上，得到各國民間自動的大量援助。

如何展開國民外交呢？我們以爲政府應該在這時候，遴選國際上有聲譽的學者，與各國民間關係素極密切的教士實業家，以及確有外交上的活動能力，組織能力的代表，分派各國：一方面揭破暴日的陰謀，以及其對於世界和平的破壞；一方面宣示我們抗日的決心，及其爲人類的公道正義而戰的眞諦。一方面對同情我們的友邦政府及人民，進行募集公債；一方面組織散居各國的華僑及留學生，分頭爲整個民族的光榮抗敵而努力。使我們的每一個國民，都成爲戰鬥的一員。使我們的抗敵組織普遍於世界各地，來喚起全世界對我們的同情與援助。

我們知道，假使政府能够有決心去做，這一外交工作的展開毫不困難。而全國人材的樂於爲國盡瘁，更不待言。其外交上所發生的效力，將遠勝于外交使節或其他特派使節活動所得的成績。日俄戰爭時，日本的戰勝俄國，主要的是日本人民向美英諸國募債，接濟政府軍需資金而得的。我們還不應該急起直追嗎？

至於國民外交工作的經濟來源，我們以爲這時應該暫時停止派遣留學生出國，留他們爲國効勞，把這一筆經費充作國民外交工作經費。同時，提早官費留學生回國年限。另一方面，節省派往各國考察人員的考察費，使用於更實際的活動工作上去。我們希望全國上下，羣策羣力，共同來展開這一艱苦的國民外交工作。

戰時政府戰時人民

——大公報社評，九月四日——

現在是戰時，我們的一切都需要戰時化，從政府的組織到人民的生活都需要戰時化。

講到戰時，我們的國家早已進入戰時，起碼自從九一八的晚上已入戰時。從那一天起，日本就開始高喊「非常時期」，軍閥一面鞭撻政府，一面强姦人民，連推帶挽把整個的日本國家推進戰時。準戰時的經濟體制，準戰時的軍備組織，先後出現。一面厚徵苛歛，擴充戰備；一面造謠惑衆，鼓煽人民的敵愾心。無風生浪的侵略者，尙且像大難臨頭似的鼓着勁兒幹；我們這個被侵略被壓迫被逼到生死存亡關頭的國家應該怎樣呢？我們不否認這六年來人民意識的進步，政府工作的努力；但還不够。這種不够便由於政府及人民都未曾及早認識國家早已進入戰時。

從人民的生活講：大家儘管憤慨日本軍閥的蠻橫，憂愁國家的危難；但這種憤慨與憂愁絕對未曾反映到大多數人民的生活上。大多數人的生活方式，仍是鬆弛，懶惰，奢靡；很少人在過着緊張，奮發，刻苦的國難生活，戰時生活。現在南北都陷入砲火中，正好是訓練人們過戰時生活的時候，但在這組織散漫感情鬆弛的社會裏，更會使你到處看出無戰時訓練的國家中的戰時悲哀。街市上流離着無告的難民，戰場上喘息着望救的傷兵，舞場一復業，居然有人又擁上火山去跳舞。假使同胞的熱血都澆不活我們的同情心，敵人的砲火也燒不緊張我們的生活，這種國民簡直已是國家的腐肉，絲毫不能起正常的細胞作用了。

再說政府的組織：這幾年政府在建國工作上的努力及準備，是不可否認的，在這種努力及準備上給國家掙得若干進步，也是不可否認的事實。但在這種努力上，我們也不能否認它有浪費的地方。政府的組織冗雜疊架，貪污的毒菌佈滿上下機構，不僅浪費，且必影響效率。一個中央黨部職員過千，汽車逾百，不是浪費也是浪費；一個少年身兼數十要職，不是偏私也是偏私。這類現象在平時已然減低政府的效率，影響政府的威信，何論戰時？

現在已是戰時。我們的一切都需要戰時化，從政府的組織到人民的生活都需要戰時化。爲了適應戰時，我們要求政府的組織趕快公開的做到簡化，潔化。不但要裁去一切疊床架屋的機關，裁去一切無所事事及掛名兼職的冗員，並且要切實的肅清一切貪污份子，造成一個眞正簡單清潔的戰時政府。這個戰時政府，不僅有權，而且有能，有守。惟有簡化潔化的政府，纔能擔負國家的戰時任務。

同時我們願向一般國人呼籲：我們的國家是一個弱國，我們的同胞是一羣窮人，這個窮人弱國正被强敵逼上生死決鬥的戰場。我們再不能過鬼混的日子了，從人生觀念到生活方式，人人都應該澈底檢討一番。我們的人生觀念要堅定，要硬朗；我們的生活方式要簡化，要潔化。生活簡了纔能多做事，生活潔了纔能不奢靡。我們這羣弱國的窮人，要立志，要奮勇，在生死決鬥的大戰場上翻身！

滬外報評論

——申報，九月四日——

字林報昨載社論，題曰「三星期」，略謂：中日軍在上海四周作戰三星期。總之，此次戰爭，乃中國自衛之戰爭。日本在中國境內，以大軍進攻，中國軍隊則力圖保衛其國土。日方發言人已承認其軍隊在滬遭遇猛烈之抵禦，且稱讚華軍之勇武。故前者所抱關於上海區域內戰事進行之某種推想，今須加以更正，始爲公允。日軍之行動遲緩，顯爲日軍欲避免輕敵之錯誤，但彼等不絕以言行施其侵略，恐徒足堅强華軍之抵禦力耳。無論數星期前中國之地位若何，而中國今日已團結一致。此非僅爲矯揉造作之熱誠，實爲確切重大之因素，而團結華軍之抵禦力。在新時代中，中國從未若今日之一心一德者也。華軍上自司令，下至士卒，皆堅決抗敵，而不求宣揚——半因知公布稍有不愼，危險實甚；半因彼等已獲有證據，知國家之精神，今無需以誇張勝利之消息，作人工之鼓勵。彼等謂若戰而不勝，則公布勝報，不足自慰。若長期抵抗日軍之侵略，而獲勝利，則事實足爲鐵證，較之渲染事間之宣傳機關，更足動人也。中國男女平民之盡勞於國家奮鬥，此在中國，亦屬創見。此以平民對軍隊之救傷慰勞等舉，可爲明證者。總之，中國今日已堅決作多月之長期抵抗，皆覺在此初步中，誇揚勝利，無濟於事。而中國平民亦不欲與贊助對方者，作口舌爭。華軍各指揮亦然，皆不欲求人共知，而孳孳以發展其軍防，打成一片爲務。此將以其所獲之結果評判之。彼等希望以此結果，保全中國獨立之完整，而成不能以雄兵侵略，使之屈膝之國家。假使此爲鼓勵中國領袖與其所統軍隊抗戰之精神，則當爲日軍所須計及，且確將加以尊重之精神也。

對付敵人暴行的手段

——申報時評，九月九日——

自敵軍不宣而戰，侵入我國領土以後，兩國邦交名義上雖然尚未斷絕，但敵軍慘殺我們無辜人民，轟毀我們文化機關，封鎖我們全部海岸，實在沒有一件不是非法背理窮兇極惡的手段。我國爲自衛計，爲世界正義計，爲抗敵前途計，在合於國際公法的條件下，對於敵人的暴行，應當採取報復手段，而給敵人以打擊。

按照國際公法，在未宣戰以前，對付他國的不友好行動，也可採用於報復手段。報復手段有照樣報復（Retortions），與報仇索償（Reprisals）二種。尤以後者，在此期間行之最爲適切。所謂報仇索償，近世公法學家所公認的方法，約有下列幾端：（一）將敵國在本國境內公私的財產查封，而不予以酬償；（二）停止通商；（三）將敵國僑民一律驅逐出境；（四）與敵國所訂立的條約，一律廢止；（五）將敵國僑民所享的特權或優待權宣告作廢；（六）停止應付的敵國的外債利息等。這種種報仇索償行動，都是目前我們可以採用的有効手段。就第一項講，敵人的投資遍佈中國，其中除天津北平東三省，在日本控制下，我們無法施行外，其他如上海投資一萬三千五百萬日金，山東各地二萬萬日金，以及漢口華南各地若干萬日金，我們應該就我們能力所及，立卽予以沒收或查封。至第二第三兩項，事實上不成問題。第五第六兩項，我們正可利用此一時期，趕緊實行，務使過去對敵國的一切不平等條約根本失效。

按照通常情形講，報仇索償的目的，只在促對方的反省，使其改變不友好的行動。當然，當前的敵人還抱着要叫我們「屈膝」的迷夢，他們決不會因我們採取報仇索償的行動，而有什麼反省的。然而敵人對我的暴行却日益嚴重起來，現在他們甚至蔑視了中立國的權利，對第三國的船舶也不顧一切地搜索着。我們這時候，在軍事以外，再來還報他們一個重大的打擊，實在是無所用其顧忌了。

速對日宣戰

——立報評論，九月十日——

日本帝國主義再度掀起的侵華戰爭，從七月七日蘆溝橋的砲聲起，到今天已經六十五天了，單是淞滬一帶的戰事，也已經廿八天。在這兩個多月中，日寇的軍艦飛機陸軍，從南到北，屠殺我人民，焚燬我產業及文化機關，其殘暴酷毒，已非筆墨口舌所能形容！

在這種狀態之下，我們所驚奇的是我們到今天還和敵人維持正常的外交關係！在日本帝國主義，它自知不能一口吞下偌大的中國，自然要把每一個地方的戰事當作「局部的偶發事件」，以便各個擊破，逐步併吞。但是我們呢，被侵略的我們呢？除掉作全民族的拚命外，還有什麼辦法？

在上月二十日，我們曾提出「宣布對日絕交」的要求。雖然到昨天爲止，我們還沒有看到已付實施；但是這廿天來戰事的發展，日寇肆虐的殘酷，我們應取的步驟已經不是僅僅以「宣布絕交」爲已足，我們認爲必需迅速對日寇明白宣戰。宣戰當然有利有弊，但到現在已經是有百利而無一弊！因爲封鎖海岸，轟炸非軍事區域等，雖未宣戰而日寇都已肆無忌憚地幹出了，宣戰之後，充其量也不過和現在一樣！

以宣戰的利益講：除一般人所講過的，沒收日帝國主義在華財產，廢除對日一切條約協定，停付賠欵債欵，驅逐日人出境，制止間諜活動等各項外，最主要的是在政治和外交上。第一，堵塞了少數人對日妥協的幻想——這種幻想，客觀上是妨害抗戰，足以陷國家於淪亡的——鞏固抗戰的陣容。第二，使日寇不能不作持久戰，使它「小勝之後卽利用其他國家的妥協性，以結束一地的戰事，再把主力移向他處」的陰謀，無從施展。第三，使其他友邦明白表示立場，能够嚴格中立。現在敵人在行軍的供需上及間諜破壞我們的工作上，很多是利用第三國人士辦理的，宣戰之後，我們可以要求中立國嚴厲約束其人民，否則我們也可以自行取締，而無所顧忌。

對日作戰意義的轉變

——大公報社評，九月十一日——

上海對日戰事，轉瞬要滿一個整月，敵軍再三增兵，進攻日益暴烈，我們作戰的意義，也逐漸轉變。因爲自北方蘆溝橋事件以至八月十三日滬戰的起因，都是中國抵抗侵略，守土自衛，但是到了最近，我們作戰的意義已經由消極的抗拒強權，進而爲積極的爲人道爭存在，爲正義保權威了。溯自戰事開始以來，我們政府迄未向國內國外正式宣布過我們作戰的意義和國家的立場，我們主張政府現在亟應向世界作鮮明的表白，以示中華民族的決心。國際聯盟大會在即，我們對於國際同情，莫不熱烈歡迎，對於打擊敵人，儘可不擇手段。我們雖不必過於期待國聯發動對日經濟制裁，但是如果大會能夠宣告她是侵略國，也就可以顯示天壤間確有公道。所以我們對於政府要將日本對華種種暴行訴諸國聯一層，決不反對，但毋寧進一步主張，政府應將日本破壞人道的罪惡，和中國奮勇作戰的立場，披瀝於全世界人類之前，以見我中華民國的犧牲，是含有歷史的價值，世界的性質，而不是單純的兩國關係。

中華民族向來是和平仁恕，不待煩言。日本在古昔沐浴中國文化，在近代更受西方文明的薰陶，卽其所恃以壓迫中國的堅甲利兵，又何一不是食歐美科學文化之賜。想不到曾受東西兩大文化洗禮的日本民族，在此次作戰，竟至絕滅人道，違反正義，幹出許多野蠻人所不忍爲的暴行。這眞是人類的恥辱，歷史之悲哀。而同是黃色人，同根相煎，至於此極，尤叫我們慚恨不遑，悲憤無地。

戰爭誠然是慘酷的，但是國際公法上對於戰鬥員尙且有種種保護的辦法，對非戰鬥員更不應橫肆蹂躪，乃日本在中國却絕對不守文明公例。我們姑舉滬戰以來近二十天的若干事實，以見日本軍閥獸性危險之一斑。

……（此處列舉日機轟炸紅十字會及基督教醫院，槍殺紅十字會救護隊，轟炸車站難民及學校等，從略）……

以上不過略舉要案，此外破壞文化機關，以及日機每日在浦東南市，及京滬滬杭沿線各地亂擲炸彈，或以機關槍掃射非戰鬥人員，更復不勝枚舉。此種慘無人道的舉動，在軍事上絕無需要，而日本樂此不疲，幾於認爲得意之作。八月二十六日，日機在南翔附近以機關槍掃射駐華許閣森大使致傷，消息傳播，世界譁然。英政府二十八日提出抗議，一則曰：『對於非戰鬥員之直接及有意的攻擊之禁止，不論在戰區之內或戰區之外，久已爲國際公法久遠及確立之規則，且此規則施行於空中襲擊，與任何其他方式之襲擊相等，故飛機亦不能視爲例外。況以事實而論，足證對於平民生命之疏忽及完全蔑視。』再則曰：『對戰鬥員與非戰鬥員不予明白區別，其非法而殘忍，在國際公法及人類良心，均所不容。』義正辭嚴，直不啻宣布日本爲野蠻人。日本當局厚顏無恥，不但對英國不肯坦白自承犯罪，對本國國民亦竟抹去英牒此段辭句，以相欺飾。此種道德墮落的表現，不僅令人爲日本民族以往的精神教育可惜，並且爲全世界的文明人類憂慮，因爲以野蠻人而擁有現代式的武裝，在國際團體生活中，前途何等危險？我們實逼處此，祇好以鐵血擁護人道正義，不惜犧牲，期於喚轉日閥墮落的良知，啓迪日方消失的理智，代世界教訓此文明敗類，爲各國打擊此公共敵人，使他們知道人道不可抹殺，正義不能忽視，這便是我們今天對日作戰的眞意義。我們不但主張政府應該從速表示中國今後作戰的立場，並且主張全國各界領袖人物都應該聯合起來，列舉事實，向全世界宣佈日閥慘無人道，純與中國國民爲敵的一切罪狀。我們不但希望中國祇打這一回仗，而且希望日本也祇打這一回仗，因爲『大刑用甲兵』，我們作戰，目的祇在懲膺日本軍閥，爲日人弔民伐罪。我們相信：日閥打倒之後，中日國民，必能眞正提攜，不特亞洲的安全和平，不成問題，東西各國也可以除祛一大威脅。這更是我們所願引爲責無旁貸的任務。

看呀，日本開始還賬了。　英文大美晚報評論

——華美晚報譯，九月十一日——

英國孟德斯鳩導報，用他素有的合理和堅銳的記述，詳論日本因戰事影響而發生的種種煩惱。她

在商業上的損失，遠過於砲火，炸彈，機關槍，和刺刀上的影響。那種種損失，終將一併趨回到她自已家裏去。

國外的評論家雖能指出一兩個地方做她的貢地，那供給她生貨原料的地方當然包括在內，日本財政的窘迫，確是她眞眞的桔梏。

這是一樁感有趣味的事情。那素以友誼態度對待日本的英文晨報，也曾詳述她『增加預算後的嚴重性』，所增加的差不少倍於原有的數字，同時還有三萬萬元的借欵。這種數目，隱示着一種戰事可在短期內結束的意思——但是，多數人以爲這是一個富於十分可能性的長期戰爭，因爲中國已有堅決行動。那英文晨報指示日本，她應蒙及的損失不僅在軍費方面，而亦在她完全與中國通商的停頓上面。日本在經濟上嚴重的困難，計算起來，當毫無疑問。那裏可找着一筆收獲使她抵償一切損失呢？

到現在，日本還向那遮眼法，賒借，愛國熱，和聚歛的流下前進。她的國民已被驅入爲帝國而急進道路上，他們沒有時間，且不許以時間，來分析那一切的一切。外面的人士都已看透了她的機謀，且表示不以爲然的態度，但對於她那正在不斷地散佈新穎的和可怕的連串的花樣，正好像一個獨臂的裱畫師的地位，或者好像一個人與一只烏賊魚去摔角一樣，要把這種姿態加以詳細的陳述，實難開始動筆。這並不是說，這裏毫無陳述的方法。在現在的情勢之下，財政上的信用已歸宿到破裂的程度，而在我們看起來，有很多理由使我們相信日本在開支方面將要歸於崩潰，這不過是幾個月時間罷了。

同時，現在完全是一個祗有出去沒有進來的局面。這局面，不久全世界將在不慌不忙之中援助日本來糾正她的錯誤。在我們看來，日本的局勢一定要愈趨愈壞，不顧她的軍事結果如何。當然，倘使日本能立卽完全勝利，而使中國向她屈膝，她猶可有呼吸的餘地。但是，這樣一來，全世界對於勝利後的日本，要想同她經濟聯絡，更有較多的恐懼原因，她的侵略也不久要走入他國的門戶。事實是在指示着：的確中國的長期堅强和有力的抵抗，我們有一切理由可以置信。萬一中國退入內部，這是爲中國自己打算，與日本毫無利益。同時世界對於中國的同情當更爲深切，與日本的關係則更爲疎遠矣。

當然，中國現在所處是一個下風的地位。這裏並沒有新的或意外的事實，可以作爲反面的證明。雖近數日來，上海和華北的抗戰，經過宣傳家的新報告，容有過分的樂觀在裏面，但中國人對於一九三七年的戰爭節目，大部份已有堅銳而透澈的意志。他們知道，必須衝向前去與站牢地位，必須把敵人漸漸消滅，必須用種種不同的方法，把敵人的力量摧倒，尤其要使之經濟乾枯。他們知道：這次戰爭，雙方都不能立刻勝利，雙方必蒙到浩大的損失；仝時，這次戰爭是遲早不免的，除非中國自願爲人奴隸以圖暫時的苟安。

這種和平的與實際的見解，漸漸增加全世界對她的同情。她接受暫時的失敗，她以爲這是她應有的遭遇，因爲她已看到那敵人的最後的和不可避免的失敗。雖然敵人可以暫時勝利，而這種勝利正是將來全國復仇的機會，只要中國始終站在主人翁的地位。中國人的基本問題和軍事策略，也是如此。

他們必能引起普遍的同情，而在事實上，他們已經獲得了同情。

雖則一個共同抵制日本的組織，在目下還是過於奢望。不過要表示反對日本在中國所爲的一切起見，與之相類的組織是不可避免的。同時，因爲日本要集中不生產的戰爭工業上面，她的國民必因之感覺到糧食的缺乏。世界共同厭棄的意識正在不斷地進行，但是日本的國民因爲報紙被統制的緣故，尚不能明瞭世界對於日本的趨勢。雖則在外交上，世界不能向日本採取任何的共同步驟，終必要施之以相當的壓力。這種壓力將漸增加，是可預言也。

一個人或一個國家，眞不值得因搏取名譽而變爲凶暴之徒，致鄰居都加以厭棄。暫時，或可不致如此，但長久終難避免。日本合法的企圖，當然，可以引起同情，但是因侵略他國，暴露其軍事上的獸性，則全世界將不止僅以恐怖與厭惡視之也。自一九三一年——九一八——以來，日本總是狂歡無度，現在賬單已經送到，她就要感覺到頭痛的時候來了。

「泥足」的前途

——申報時評，九月十三日——

英國作家歐脫萊拿「泥足」來比喻日本，意思是說支持着日本帝國主義的兩條腿，是像泥做那樣脆弱的。自從經過了淞滬一個月來的戰爭，這個比喻愈加見得確切了。這裏，我們就用最近開展着的種種事象，來印證一下。

第一，先從軍事說起：日軍侵滬剛達一個月，據估計已經動員了十幾萬兵隊，一百艘軍艦，一千門大砲，二百多架飛機，而且都是最精銳最新型的。但所得到的結果怎樣呢？最初在虹口區節節敗退，繼攻浦東受了重創，最近吳淞寶山一帶登陸部隊，經我軍猛烈抵抗，又弄得狼狽不堪。從八月十三日到三十一日止，單在淞滬一隅，飛機給我們擊落了六十餘架，軍艦毀傷了十餘艘，死傷人數則據聞達三萬以上。全面戰爭還只是初步的展開，敵軍就已如此窘迫，以後戰區擴大，戰局持久，則其作戰力量遞的減，是可想而知的。

第二，就經濟方面來說：照塔寧與約翰兩氏在「當日本作戰的時候」一書中的估計，日本作戰第一年的戰費，至少須一百三十六萬萬圓以上；而傾全國可以提供的，至多一百二十六萬萬圓，缺少十萬萬圓。第二第三年的恐慌將更加強。淞滬戰爭證明這一估計並不過高，據曾任海軍的軍官某英國人說：日軍且前在淞滬侵略戰所消耗的，就軍火一項而言，每天已達百萬圓之巨。淞滬戰爭只是長期戰爭的開始，又只是全面戰爭的一角，消耗已如此之大。等到戰局擴展，如果以二十倍計算，則每天的軍火須二千萬圓，一年約七十萬萬圓；其他費用再加一倍，卽已合塔寧約翰的估計了。要彌補十萬萬圓以上的不足，唯一途徑只有借外債，可是這却是一目極端困難的事。國際形勢於日本日益不利，誰會給它以同情的援助呢？以上是日本經濟窘迫的總姿態，如再分別觀之，則原料問題，生產問題，徵稅問題，公債問題，人民生活問題，都是沒法解決的。本年度五十四萬萬餘圓的龐大豫算，眞不知從何籌措？目前所已有的現象是：貿易繼續逆轉，原料大量恐慌，物價不斷騰漲，證券激劇下落。而國際經濟制裁又在醞釀中，日本經濟可說是已到極危險的關頭了。

第三，要說到日本內部矛盾的嚴重性：本月六日衆議院預算總會開會，政民兩黨議員會就對華關係，向政府多所質問，可知政府與議會間並未十足融洽。二十萬萬餘追加預算雖經通過，但據說這是用威脅利誘的手段，使議員不敢發言的結果。其實，至少一部分資本家（特別如輸出商品的經營者，及對華有巨額投資利益者），對軍部是怨恨很深的，因爲軍部把他們的利潤斷送了。據日方自己的估計，截至八月二十九日爲止，在滬經濟上的損失額，已突破五千萬圓，比較一二八時代的三千萬圓超越很巨。最近所傳日本產業界醞釀着一種反戰運動，這是値得重視的。其次，日本人民大衆是日益覺醒了；日本各地車站上對來華士兵送別的眼淚，終有匯成爲革命洪流的一天。而且朝鮮台灣琉球各地，又都滋長着不安的因素。日本內部的危急，只是時間問題而已。

總之，日本這雙泥足，誠如蘇聯消息報所說，「決非進行大規模戰爭的可靠基礎」。只要我們抗戰到底，「泥足」的瓦解是必然的。

抗戰中內地的生產機能

——大公報社評，九月十七日——

這次抗戰的局勢，是全面的，長期的。戰事上的進退勝敗，固然值得我們注意；可是持久的戰爭，我們最應該注意的，是後方的生產問題。尤其是各地農產的原料，不但關係到工業的命脈，且於農民生計上，國家富力上，有極大的影響。據最近棉業統制委員會全國各地的棉業調查，今歲各地棉花生產，估計有一千九百六十六萬担，值國幣八萬萬元。稻的產量亦較往年爲多，產米區域如河南，湖北，江西，安徽，江蘇各地，估計產量亦有八千萬担，其所值當在八萬萬元以上。這種豐富的產力，都是舉國抗戰中極寶貴的力量。我們擁有這種產力，與敵長期抗戰，卽使二年三年，也可與之周旋。不過軍事發生以後，全國水陸交通，因爲軍運頻繁，加以敵機不斷轟炸的影響，各地貨物頓告阻滯，尤其是工業原料的農產品，正值新貨登場的時候，都感到不能外運的痛苦。陝西，山西，河南一帶的棉花，向來由平漢津浦兩路南運的，現在已感到十分艱險，而長江以南各省米糧的北運，也感到同樣的困難。這樣，本年農產儘是大熟，於國力民生也得不到什麼好處；在這長期抗戰的局勢下，更是一件很不好的現象。一般經濟學者，見到工業的停頓，頗注意到遷廠問題，可惜很少有人注意到農產的阻滯，其影響於戰局上更大。就我們所見到的，希望各方面各就責任所在，各自注意如下的工作，以收分工合作的成效。

第一交通方面：應請鐵道部交通部在任何困難狀況之下，對於內地農產品的輸運，要儘量的予以特殊便利。須知內地農產流通以後，農民購買力增强，各地工商事業纔可保持現狀；卽受戰事影響最大的區域，也不難早日回復。希望交通當局在目前全國總動員方案中，速定生產運輸辦法，於軍事運輸之外，同時顧到生產運輸，以活動內地的生產機能。此次敵機轟炸，以京滬滬杭兩路爲最酷烈，但兩路管理當局，能於敵機砲火之下，照常運用其機能，又於最短期內修復通車，此種服務精神，希望水陸交通當局均能辦到，各各完成其偉大的職責。

第二金融方面：中中交農四行於貼放委員會之外，應增發法幣，儘量從事於農業與工業之放款，以流通生產的資金。如首受敵軍侵犯之寶山、嘉定、太倉等縣，棉田百五十餘萬畝，種植棉花者十之六七，平均以每畝十元計，亦有一千五百萬元的生產，希望江蘇農民銀行本其應有的責任，從速派員赴該地設莊收花，運赴安全地帶。頗聞今歲各地棉花價格，以收買寥寥，價値暴跌，極爲可慮；政府應嚴定棉價標準，令知農本局農民銀行儘量收受，轉運各地。如果棉價太低，使農人以後不願植棉，則我國今後棉業更不堪問。至於糧食問題，也應限定標準，由銀行負責收買。同時希望各銀行降低存放利息，俾經營農工生產事業的減輕担負。且銀行界收受棉花糧食儲藏倉庫以後，倘能採用貨物準備制度，則法幣雖增，準備方面仍極穩固，而生產機能因此靈活，農業首受其利，工商連帶繁榮，於長期抗戰局勢之下，大有裨益。

第三工商業方面：在這抗戰期中從事商業的，既以溝通內外產品爲職責，第一當發揮其服務精神，時時以幫助農工復興產業爲唯一任務；萬不宜有壟斷居奇，或任意貶價乘機漁利的惡習慣。工業方面能遷廠內地，固屬穩當辦法，如果尚在安全地帶，不妨設法復工，趕製貨品，以應各地的需求。這次戰事，調查全國工廠，祗紡織一業，開工的不足十分之四，長此不想辦法，即全國衣的方面，便要發生恐慌。希望內地從事工業的，不待政府實施統制，儘速要日夜開工，加緊生產，一方容納多量的棉產，一方供給大量的需求。倘由工商同業公會實施原料統制，價格統制，活動全部生產機能，適應戰時需要，尤爲目前的要着。總之一國生產機能，平時爲生存力的要素，戰時爲戰鬥力的資源。歐戰時德國能於二十四小時內產生麥粉一千萬包，集合棉衣五百萬扭，以供前敵將士衣食之需；他們所以能這樣迅速的原因，即在交通金融與工商業一致合作機構靈活所致。我們在這敵人壓迫之下，全面和長期抗戰中，該怎樣來靈活這國力生死所繫的生產機能？

美國名記者評論

——申報，九月廿二日——

美名記者郝富納，於昨晚本市英文大美晚報發表一文，對我國士兵作戰之勇猛，與全國人民決心抗戰敍述甚詳。原文頗長，玆擇要節譯於後：中國人民素有卑視當兵之心理，俗語云「好鐵不打釘，好男不當兵」，即此心理之表現。自一二八中國第十九路軍及第五路軍所屬之兩旅，對日英勇抗戰後，中國士兵始爲人民敬佩。中國士兵作戰之勇猛，奮不顧身，實由痛恨日本軍閥所使然。世界各國人士對之，莫不同聲稱頌。中國民衆，因日本之不斷侵略，亦覺悟建設統一國家之必要。今中國已告統一矣，全國共有二百萬大兵，準備對日抗戰到底。許多外國觀察家僉認爲日本軍備雖較雄厚，惟目前戰事中，最後之勝利終必屬諸中國。同時，中國人士深知苟不欲使祖國淪爲日本之殖民地，則抗戰殆爲不可或免之事實。故近數年來，中國已積極從事準備，各項運動如新生活運動等，皆使中國人民之愛國熱忱，爲之激發。全國不論老少，均決定不問其代價若何，決不對日本有所屈服。日本此次起釁，就物質方面言，中國雖尚未達到準備完美之境；然就心理上言之，則每個愛國人民，均已充份準備。目前全國政見業已捐除，全國人民均一致願在蔣委員長領導之下，與日本拚死作戰。中國士兵，已第一次知悉人民之身心均爲彼等之後盾也。

外人言論

Robert L Stewat

——字林西報，九月廿三日——

今何必再費光陰，寫婉轉動人辭藻富麗之文字，以期激起彼兇徒之理智或道德乎？此輩因陸地屠殺事業，迄今未獲較大之成功，乃惱羞成怒，而轟炸無防之城市。其耳中所喜聞者，僅落於非戰鬥員之炸彈爆炸聲；其腦筋全同於森林中之野獸。任何人費去一晚，以聆日本官立無線電台之短波播音，卽可知今日日本之一切，厥爲報告轟炸慘舉之如何得利，而以使人厭聞之詳情鋪張之。惟藉此可引起和平團體之注意，使知今已臻彼等大呼抗議之時矣。彼等若不乘目前之機會，嚴厲反對中國無防城鎮中成千盈萬之非戰鬥員難民醫院職員婦女兒童之慘遭殲害，則在距今不遠，東京大阪及其他人烟稠密諸城市之不幸的公民，亦遭同樣悲慘之命運時，彼等亦當緘其金口也。日本高等指揮今方以其言行表明其所施可佈行動爲合法，是不啻邀請敵對之轟炸機隊取相同之合法手段，攻擊日本自己之土地。此轟炸機隊，此時無疑的正在一北方著名口岸作此準備。日本之諸友，對於日本萬千無辜公民不可避免之命運，必將爲之驚駭不置。如日本高級指揮永不覺「報應公律」之宜予承認，則恐一旦發作，將見其規模之大，雖其最嗜殺之同僚，亦將爲之束手無策矣。此種慘酷轟炸中國城村之舉，尚有一點須注意者，厥爲所及於中國大軍之影響是。今日若需事物以堅士氣，則欲覓求較此更有實效之方法，殆不可得；惟其偉大效果之實現，尚需時日也。日軍竭盡能力，展其戰略，希圖攻破華軍之防線，卒不得逞。加以戰費之羅掘，死傷之衆多，其結果恐將使其國內領袖數人爲之醒悟，而作亡羊補牢之計。他日下令「停止開火」以作和平談判時，華兵飲恨刺骨，其肯服從其長官之命令乎？而即此罷休乎？恐僅有日本之樂觀家希望彼等之服從而已。於是，吾人將聞和平團體，因不許退軍安然登其運艦，而復囂然出而反對矣。

怎樣對得起前線的士兵

——大公報社評，九月廿五日——

自從對日抗戰局面擴大以來，雖然在某某局部戰場上有些事實，使人感覺苦惱和憾惜，但是大體上都是可以樂觀，欣慰的。因爲敵人的力量，不過在飛機大砲，精神比我們差得很多。看透了這點，不但可以增强我軍抗戰的自信力，而且把敵人的作戰本領和野蠻根性澈底暴露之後，可以影響到她的國際地位，於將來持久抗戰的前途，尤有甚大的效用。我們近來雖嘗一再太息痛恨於某某方面二三高級長官之痲木愚私，誤受敵人痲醉，中了人家各個擊破的毒計，事前不肯認眞地設防，臨陣未能盡奮戰的能事，以致一髮之牽貽誤戰局；但是我們深信南北前線的青年將校和全體士兵，其同仇敵愾，不辭犧牲，心理完全一致。他們在物質貧乏的環境之下，無條件地慷慨赴義 ，捨身成仁，人格何等偉大，精神何等壯烈？我們希望全國上下，在這國難方長的時候，人人都應該拿出天良，捫心自問，應如何自勵自責，竭誠爲國，方纔可以對得起前線數十萬拚命救國的武裝同胞！

上海戰場，近在咫尺，許多將官們之明大體，識大義，忠貞勇毅，無忝厥職，與夫無數官兵們之踴躍衝鋒，裹創殺敵，一切可歌可泣的事蹟，多已昭昭在人耳目。就是二十九軍之在津浦路，晉綏兩軍之在平綏線，一樣也有不少的忠勇長官和義烈將校，領導部衆，血戰支撑。雖有督師不力輕於退却的一二長官，而職責所在，各有攸歸，祇有他們對不起部下，我們却決不能叫他們的部下爲不職的長官連帶負責，毋寗要轉爲這班沒有遇到賢長官的健兒們痛惜。根據上述觀點，我們不但不敢——也不忍——以一二長官的失職，概論全軍的功過；更不敢——也不願——以團體中一二分子的行動，抹殺其他部分的勛勞。我們並且希望已經受了處分的長官們激發天良，想一想自己的所爲，怎樣對得起眞純單簡的部下而趕快悔悟自新，立功自贖。此際我們尤其希望一般負有重大責任的長官們，要以過去失職的人們爲戒，務須果勇忠誠，盡瘁職守，別再稍有游移，害及部屬，至少要時刻牢記著怎樣對得住南北各路前線作戰的士兵。……我們希望政府內外當軸與夫全國軍界長官，大家認清此點，忠誠堅貞，自奮自勉，祗要盡忠職責，對得起國家，政府，國民，部下，一定可以得著公衆的欽崇，承受精神的酬報。至於沈迷於腐舊的思想，執著於一瞬間的私利，不知不覺中，上了外人的大當，那是軍閥政治的滓屑，封建勢力的魅影，假令還有，也必然要被大時代潮流沖刷以去。這是毫無足惜，抑又毋須顧慮，因爲我們國家民族的出路，就在這反抗侵略的一戰。這種舉國一致的眞精神，懷抱着民族解放的大目標，有如懸崖走石，不落不止。我們祗有全國一心，亦勇亦愼，大家護持着持久戰的順利進行，使得牠能彀儘速完成解放民族的任務，其間縱有一部戰局之變化，實際殊不足以影響全局。

總之，現在大勢，中國固不肯輕於撒手，日本也準備長期戰爭，我們務須以前線的官兵爲模範，純潔簡單，果敢壯烈，不浪費精力，不爭論瑣屑，人人要把『怎樣對得起前線的士兵』的一句話，永遠體念着，一致努力着，則最後勝利，非我莫屬，敢爲斷言。

動員民衆的先決問題

吳涵眞

——立報，九月廿九日——

作者曾經參加過辛亥和民十五年那兩次革命戰爭的。回想那兩個時候民氣的蓬蓬勃勃，軍民合作，水乳交融的氣象，反映着民族生存全面抗戰展開的今日，民氣沉寂，漢奸環生，眞令人有今昔之感。抗戰第七期所載宋希濂師長的談話，就是一個最有力的現實佐證。此中因果，大有檢討的價值。我們想：辛亥和民十五年的民氣從那裏來的呢？當然，無疑的 ，是領導革命的人，在革命醞釀時期中，看準了民衆需要，舉出了民衆痛苦，喊出給予民衆利益等等政治口號，到處號召，到處宣傳，深印在民衆心坎裏。一旦時機成熟，舉國響應。

現在我們的政府在言論上，在事實上證明的的確確在抗戰，在盡力支持展開抗戰到底。爲國家民族出力的政府，我們老百姓祗有盡量擁護。使整個中華民族得到自由解放。取得光榮的勝利。不過我們要曉得『良藥苦口利於病，忠言逆耳利於行』。善意的批評和號召，正是有利於國家民族的。如果諱疾忌醫，小則有害個人，大則危害國家民族。

我覺得今日民衆運動之不能開展，不單在制度和組織上的問題，而在執行工作的「人」和方法的問題，應嚴切注意。做這些工作的人，至少要具備以下幾個條件：一，有能力，二，有辦法，三，有誠信，四，副衆望；才能號召得羣衆。

組織卽是力量，但是漫無系統的，各立門戶的組織，一定是散漫。散漫就根本談不上力量。在此危急萬分的時期中如人民與政府不打成一片，政治與軍事不配合，將來危機，在在深堪憂慮。所以我主張在大前提之下，大家開誠布公，通力合作，先把開放民運的方法和主持人的問題解決了，接着再談統一組織的問題。這些問題都解決了，然後動員得起民衆。

我們要知道，有組織的羣衆，已經有了二十多年的經驗。「利用」兩個字，萬萬不能用到他們的隊伍裏去。去年我客居華南據華南，方面民運工作的負責人告訴我：他們會派人去各地接洽，而各地的負責人多數開口便問華南領導我們的是誰？不然，免開尊口……這就是說明，民衆所信任的人，是站在民衆一起的，是爲民衆謀利益的。換一句話說，現在的羣衆，對於領袖的信仰與否，完全以事實作他們的根據；對『官僚化』，『教師式』，利用民衆作個人企圖的那些人，他們是要根本拒絕。其實領導權不必硬綳綳去爭的，你若爲民衆眞眞實實的服務，民衆自然而然的會心悅誠服地愛戴。從這一段事實，亦可以測知民運工作，不單是統制包辦所能收效的。恐怕包辦統制的結果，仍然成爲光桿和掛空招牌，永不能與民衆結合起來。

蔣介石先生說：『個人之生命有限，民族之生命無窮』！這是千眞萬確的。賢明的朋友們！把小我的我見趕快丢了，把大我的觀點擴大開來，好讓那些平素在社會有信仰的人士，得到爲國効勞的機會，各組織機構亦隨之充實。於是各地工作當然能順利開展，死氣沉沉的氛圍，馬上會烟消雲散，變出蓬勃的新氣象，萬衆一心，放出國家民族的新曙光來。

抗戰最後勝利，切實把握在整個中華民族生命中。

附幾篇重要談話

蔣委員長申言中國之態度

——對路透社記者的談話，見九月廿一日滬報——

路透社記者冒空襲之險，乘車赴京晉謁蔣委員長，探詢在目前中日不宣而戰的狀態下，中國政府之意見。當蒙委員長詳細見答，而委員長之意見尤着重於國際制裁的必要。

委員長宣稱：『制裁的必要，不僅是爲了中國，且是爲國際的安全。』

『假若各國認識目下正在進行的侵略的威脅，並希望阻止此種結局之波及全世界，那末各國應直接或間接，採取任何適合於自國立場的行動以阻止之。』委員長說話時態度很肯定。繼謂：

『日本發動戰爭，其目的在粉碎中國，而自立爲一大陸國家。此爲簡單之事實，已無須再煩言證明。』

委員長及蔣夫人公務甚煩忙，常每日辦公十八至二十小時。此次晉謁，本定爲五分鐘，後竟延至四十五分鐘，委員長本人亦詢及許多問題。

記者當請委員長說明，自戰爭發生以來，其在軍事上或政治上所發生的結果爲何。

委員長答謂：『結果已有好幾個。第一是中國人民的一致團結，抵抗目無國際公法，蔑視正義人道，藉口侵略中國，並燬壞平民，無論其爲中國人或外國人之生命財產的兇暴殘忍的敵人。

『第二個結果，是列強顯然接受了「製造事實」以代國際公法；因此用侵略，佔據，終於吞併其部份領土以「懲膺」一個國家，便視爲出於正當。這是在東北所發生的事，而現在之企圖亦復如此。

『第三是日本蹂躪中國各重要海口，以摧毀商業及驅出外人利益於亞洲大陸之外的有系統的企圖的揭露。而外人利益早已被驅出朝鮮，驅出滿洲矣。

『第四是中國已回答日本，就是，在軍器和組織上，日本即或是强，中國即或是弱，但中國已不再忍受日本所慣用以對待中國的方法，中國將抵抗任何對領土主權的破壞。

『第五是日本不斷地自毀其在中國的投資，同時便自毀其在中國的通商機會。如果日本能以聰明，和氣，及政治家的態度與中國相處，無疑地，日本必可獲得廣大中國人民的尊重，及近乎壟斷的貿易。然而日本此之不求，反而深種仇恨及不信任的種子於中國人民心中。至於其他結果則有待於時日的顯示了。』

中國的和平條件

記者當又詢及蔣委員長，目前在何種條件下，中國方能停戰。

委員長答謂，『這個問題，祇有在日本決心改變她反對中國及全世界的態度時，方能回答。中國是必須保障她的主權，及其行政領土的完整。』

記者當再問：在任何環境下，不宣而戰，是否有利於日本；又日本與另一西方强國開戰，是否不可避免？

委員長答謂：『列强是否甘心聽日本蹂躪中國，更進而據有中國，我不能回答。中國現在以簡陋的武器所從事的戰爭，不僅是中國自己的戰爭，而應是一切委託其生命於條約的神聖和不可侵犯的國家的戰爭，尤其是那般在中國有廣大的商業利益，而目下利益正在被破壞，代表正在被驅逐的國家的戰爭。

『假使日本戰勝而佔有中國，則外國貿易所受之影響當不難逆料，而政治上之影響亦不難先覩。自九一八以來，國際觀點已有顯著之變遷，故目下余不能預測任何國家將取或不取之行動，但余堅信，假若日本繼續侵略中國，中國絕不會失敗。中國將不計成敗，抵抗到底。』

列強應有的態度

記者又詢問在上海目前情勢下，各國之態度或行動。

委員長答謂：『在上海目前的情勢下，各國最近將來及較遠將來的行動爲極爲明顯的。但制裁的問題則有待於參加九國公約，凱洛格非戰公約，及組織國聯會的國家了。

『無疑地，以行動阻止對中國的蹂躪及恢復合法貿易的進行。實應由某某肩負起此項責任。海口的破壞於任何國家無益，而中國的海口正爲侵略者所破壞。』

蔣委員長對中國共產黨宣言談話

——見九月廿六日滬報——

國民革命之目的，在求中國之自由平等。

總理曾說明三民主義爲救國主義，卽希望全國國民一致爲挽救國家危亡而奮鬥。不幸十年以來，一般國人對於三民主義不能眞誠一致的信仰，對民族危機，亦無深刻之認識，致使革命建國之過程中遭受不少之阻礙；國力固因之消耗，人民亦飽受犧牲，遂令外侮日深，國家益趨危殆。

此數年間，中央政府無日不以精誠團結共赴國難相號召；而國人昔日之懷疑三民主義者，亦均以民族利益爲重，放棄異見，而共趨於一致；足證國民今日皆已深切感覺存則俱存，亡則俱亡之意義，咸認整個民族之利害，終超出於一切個人一切團體利害之上也。

此次中國共產黨發表之宣言，卽爲民族意識勝過一切之例。宣言中所舉諸項，如放棄暴動政策與赤化運動，取消蘇區與紅軍，皆爲集力量，救亡禦侮之必要條件，且均與本黨三中全會之宣言及決議相合。而其宣稱願爲實現三民主義而奮鬥，更足證明中國今日只能有一個努力之方向。

余以爲吾人革命所爭者，不在個人之意氣與私見，而爲三民主義之實行。在存亡危急之秋，更不應計較過去之一切，而當使全國國民徹底更始力謀團結，以共保國家之生命與生存。今日凡爲中國國民，但能信奉三民主義而努力救國者，政府當不問其過去如何，而咸使其有效忠國家之機會；對於國內任何派別，祇要誠意救國，願在國民革命抗敵禦侮之旗幟下，共同奮鬥者，政府無不開誠接納，咸使集中於本黨領導之下，而一致努力。中國共產黨人既捐棄成見，確認國家獨立與民族利益之重要，吾人唯望其眞誠一致，實踐其宣言所舉之諸點，更望其在禦侮救亡統一指揮之下，人人貢獻能力於國家，與全國同胞一致奮鬥，以完成國民革命之使命。

總之，中國立國原則爲總理創製之三民主義，此爲無可動搖無可移易者，中國民族既已一致覺醒，絕對團結，自必堅守不偏不倚之國策，集中整個民族之力量，自衛自助，以抗暴敵，挽救危亡。中國不但爲保障國家民族之生存而抗戰，亦爲保持世界和平與國際信義而奮鬥，世界明達之士，必能深切瞭解之也。

附中國共產黨宣言

親愛的同胞們！中國共產黨中央委員會，謹以極大的熱忱，向我全國父老兄弟諸姑姊妹宣言。當此國難極端嚴重，民族生命存亡絕續之時，我們爲着挽救祖國的危亡，在和平統一團結禦侮的基礎上，已經獲得了中國國民黨的諒解，而決心共赴國難了。這對於我們偉大的中華民族的前途，有着這樣重大的意義啊！因爲大家知道在民族生命危急萬狀的現在，只有我們民族內部的團結，才能戰勝日本帝國主義的侵略。現在全民族團結的基礎已經定下了，我們民族的獨立，自由解放的前提，亦已創設了，中共中央特爲我們民族的光明燦爛的前途慶賀。不過我們知道，要把這個民族的光輝前途，變爲現實的新獨立自由幸福的中國，仍需要全國同胞，每一個熱血的黃帝子孫，堅忍不拔的努力奮鬥。

中國共產黨願乘此能機，向全國同胞提出我們奮鬥之總的目標。這就是（一）爭取中華民族之獨立自由與解放，首先須切實迅速的準備與發動民族革命抗戰，以收復失地和恢復領土主權之完整。（二）實現民權政治及開國民大會，有制定憲法與規定救國方針。（三）實現中國人之幸福與愉快的生活，首先須切實的救濟災荒，安定民生，發展國防經濟，解除人民痛苦，與改善人民生活。凡此諸項，均爲中國的急需，以此懸爲奮鬥之鵠的。我們相信，必能獲得全國同胞之熱烈的贊助。中共願在這個總的目標下，與全國同胞手攜手的一致努力。中共深切的知道，在實現這個崇高目標的前進路上，須要克服許多的障礙和困難，首先將遇到日本帝國主義的阻礙和破壞。爲着取消敵人陰謀之藉口，爲着解除一切善意懷疑者的誤會，中國共產黨中央委員會有披瀝自己對於民族解放事業的赤忱之必要。因此中共中央特再向全國宣告：（一）中山先生的三民主義，爲中國今日之必需，本黨願爲其澈底的實現而奮鬥。（二）取消一切推翻中國國民黨政權的暴動政策及赤化運動，停止以暴力沒收地主土地的政策。（三）取消現在的蘇維埃政府，實行民權政治，以期全國政權之統一。（四）取消紅軍名義及番號，改編爲國民革命軍，受國民政府軍事委員會之統轄，並待命出動，擔任抗戰前線之職責。親愛的同胞們，本黨這種光明磊落大公無私與委曲求全的態度，早已向全國同胞在言論上明白表示出來，並早已獲得同胞們的贊許。現爲求得與中國國民黨的精誠團結，鞏固全國的和平統一，執行神聖的民族革命戰爭，我們準備把這些諸言中在形式上尙未實行的部分，如蘇區取消紅軍改編等，立卽實行，以便用統一團結的全國的力量，抵抗强敵的侵略。寇深矣！禍急矣！同胞們起來！讓全國四萬萬同胞更親密些團結起來罷！我們偉大的悠久的民族，是不可戰勝的。起來爲鞏固民族的團結，爲推翻日本帝國主義的壓迫而奮鬥！勝利是屬於我們中華民族的！抗日戰爭勝利萬歲！獨立自由幸福的新中國萬歲！中國共產黨中央委員會。

孫夫人宋慶齡之談話

——救亡日報，九月廿六日

本報記者日昨趨訪孫夫人宋慶齡，當蒙接見，記者即問以對中國共產黨共赴國難宣言及蔣委員長談話之感想，承答覆如下：

國共兩黨十年前在孫總理領導下，同致力於國民革命。在總理逝世兩年後，竟致分裂，這是首創國共合作的先孫總理生前所意想不到的。在目前民族危機和全國人民共同要求之下，兩黨終能言歸於好，從新攜手，爲中華民族的獨立解放共同奮鬥，中共宣言和蔣委員長談話都鄭重指出在先總理的遺敎下，兩黨精誠團結的必要。我聽到這個消息，悲喜交集，不禁有無限感奮。（孫夫人講到這裏，表露出非常莊嚴和激昂的神色）

孫總理生前倡導三民主義，認爲民族獨立，民權自由和民生幸福，是救中國於危亡的政治綱領。

同時他實感覺得要實現三民主義，只有對外聯合平等待我之民族，對內喚醒民衆，組織民衆，聯合革命的政黨，共同奮鬥。所以他又手訂了三大政策。三民主義和三大政策是不可分離的。孫總理直到臨終不獨沒有改變他的主張，並且在遺囑中深望全國同志「力求貫澈」。在這種精神下，一九二六——二七年的北伐獲得了偉大的勝利。如果以後這十年能够繼續貫澈孫總理的全部主張，我敢斷言，中國國內封建勢力早已剷除乾盡，帝國主義也早已驅逐出去，而中國也早已成爲獨立自由的國家了。

但是不幸得很，一九二七年後，引起了國共兩黨的分裂，致令國家民族的眞正敵人——日本帝國主義——乘隙而入。誠如蔣委員長所稱：『致使革命建國之過程中，遭受不少之阻礙，國力固因之消耗，人民亦飽受犧牲，遂令外侮日深，國家益趨危殆。』這一段沉痛的回憶，是値得國共兩黨和全國人民共同警惕的！

在這民族危機千鈞一髮的時候，國共兩黨實現和平團結一致對外，是實現孫總理彌留時「和平奮鬥救中國」重要遺囑的開始。我相信國共兩黨同志經過十年來的慘痛歷史，當此日寇殘酷侵略時，定能精誠互信，團結起來打倒日本帝國主義。

孫夫人講到最後，表示出一種深沉熱烈的神情。記者以爲時已久，旋卽興辭告別。孫夫人這個談話，給了記者對中國抗戰以無限光明和一定勝利的提示，因記述如上，以餋國人。

第七章　特寫（十五篇）

到前線去

樊放

（抗戰三日刊第四號）

同前線下來的英勇戰士們談談，我認爲是最快樂不過的事。他們會毫不隱諱的告訴你在火線上殺敵的一切一切——同時，大家也極願意聽那些生動的故事。不少悲壯驚險的節目，都在這談話中自然的流露出來。

『後方有什麼消息？』

我簡單的告訴他一些。

『前線呢？』

『前線，新聞多得很咧！』他很興奮的樣子，橫握着槍，坐在田壠上，我也順便坐在他的身邊。

『日本小鬼終歸是不成的，全靠着堅強的防禦工事。前哨的距離，只有二百咪遠近，雙方可以望得很清楚，日本人多半是躲在屋子裏，由牆縫裏順出機關槍，我們是在馬路上，所以衝鋒也比較難些。』

『那末，前線上很危險吧！』

『不危險！有時候我們還同敵人對駡呢！拿槍描準着，「癟三！」「隆！」「啪！」一探頭就是一槍。不過這是在戰事平靜的時候，衝鋒就不論那一套了，那得拚命，沒客氣！』

他由袋裏拿出一排子彈『卡！卡！』上到槍膛裏，『媽的，都是開花子，見血就炸？……』他把槍口向着前方，作描準的姿勢，希望每一個槍子都炸開了敵人的腦殼。

『前線上的弟兄，沒有一個懈怠，除去子彈用光了，決不肯到後方來。每天的早晚飯，都不曾吃過！……』

『你呢，吃過飯了嗎？』大家很關心的問他。

『我兩天沒吃飯了，在前線上也沒想到吃飯。』

『來，這兒有麵包！』幾個夫役，搶着到車上拿了幾個麵包給他，而且很誠懇的說：『吃吧！這都是給你們的。』

『我們的老百姓眞好，在前方就得有不少爲軍隊服務的；後方的也沒有忘記我們當兵的弟兄，還送這些東西來！眞的，死在前線也應該！』他一口氣說完這些話，面孔上現出欣慰的神情，麵包不斷的一塊塊向嘴裏送，大概也確是兩天沒吃飯了。

飛機又在頭上轉着，大家散臥在地上，那邊又來了幾個戴着鋼盔的同志。

『他奶奶的，又來啦，早晚都掉在海裏了。』

『日本鬼頂不要臉啦，聽說我們飛機去炸他們兵艦時候，他們竟掛出了中國旗，飛機上也有不少畫着青天白日的標誌，現在都分不清了，中國飛機來了也得躲。……』

飛機飛去了！『老鄉！你那麵包也給咱們一個，』 他們很坦白直率，麵包不給他們給誰，『吃吧！够不够？』

『老鄉，中國不會敗吧？』幾個小工好奇的問他們。

『敗！敗對得起這麵包嗎！死在這兒也不能退，退是小男子！』他們臉紅了，額上綳出了青筋，好像有人辱罵了他一樣。

我們把話引到另外一個問題上去。

『聽說後方漢奸活動的很厲害！是嗎？』

『可不，他媽的，幾個錢把祖墳都能賣掉，眞不知這些人是什麼心肝！昨天那邊季家宅還槍斃了廿一個。』

『眞可恨，白天出來刺探，晚上還要殺人，藏在暗的地方，看見傳令的弟兄就打，把公函偷了去。弟兄們吃這虧的多了。全壞在他們身上，打死眞不解恨！』

太陽落了，夜幕漸漸的高張在大地上，槍砲聲也由稀而密，很清楚的從附近傳來。『再會吧！老鄉。』幾位戰士立起來，伸出了粗壯的手臂。我們都親切的握了一握，『再會！』

黑暗吞噬了他們雄糾糾的身軀的黑影，他們到前線去爭取光明了！

在前方——不朽的一夜

徐遲

（宇宙風第四十八期）

他開始告訴我那一夜的經過時，隨手在桌上拿起了白色的皮帶，火柴匣，紙烟罐，剪子，眼藥水，墨水瓶，和一杯茶，又隨手的把滬戰的前方擺設起來。這是揚子江（白皮帶），這是獅子林（火柴匣），寶山（紙烟罐），楊行（剪子），劉行（眼藥水），羅店（墨水瓶），月浦（一杯茶）。於是他又從衣袋裏掏出幾個鎳幣來，放在桌子的一邊，說，這是大場。

『這一帶戰區裏（手指了指桌子上的雜物），有許多是軍事上的秘密，我答應過守口如瓶，所以不怕掃你的興，我不能不隱去許多我知道的事實，不告訴你了。

『現在這一帶戰區（手又指了指桌上的雜物），已經沒有新聞記者能趨前視察的了。所以現在這一帶戰區裏的情形，差不多沒有人知道；我能够去一次，完全是我的幸運。經過了兩個要人的連環保證，經過我自已的指天誓日，他們爲了某種關係，不能不讓我去。這「某種關係」，是前方因需要防禦工程中最要緊的蔴袋，敝公司裏捐了十萬隻，而公司的棧房是在戰區中，所以我能夠去了。本來也只是到了公司的棧房就不能再深入的，因爲到了那兒已經是夜深，他們爲了我的生命的安全，才叫我跟着他們一起跑。於是我在夜的前方遊歷了五個小時。

『把十萬隻蔴袋分裝了十輛運貨汽車，這些汽車的外表是破舊不堪的，有的地方甚至是故意弄得牠骯髒非凡，看看眞以爲是些一九二七年的老爺車，其實牠們都配着一九三七的最新的機件。

『每一輛車四個士兵，我坐在第一輛，汽車夫的旁邊。在我的旁邊，立着的，是一個姓×的團附。×團附保證我一路上生命的安全，我也自信還有一些膽量，便奮勇的跟他們沿滬太路如飛的前去。我們將經過大場，經過劉行到楊行，把蔴袋卸在楊行之後，再打原路回來。

『我不描寫夜是如何如何的美麗了，因爲晚上沒有月亮，我看不見四繞的景色；汽車自然不開亮燈，因爲怕飛機。可是耳朵很享受一些清福，這些秋蟲，蟀蟋，紡織娘，金鈴子叫得很起勁。

『過了大場，便聽見槍砲聲，接近地平線的遠處，每隔一分鐘便閃電一樣的亮一下，亮一下。經過一小時的默默的旅程，忽然我和這位×團附之間，起了同情手足的幻異的感情，我們開始了談話：

『——×長看見做生意人肯捐出十萬隻蔴袋來，一定很歡喜，停一會，我給你介紹×長好不好？

『車子顚簸得很厲害，×團附接着讚美我們公司的蔴袋的細而堅固，又嘲笑我穿的一套白嗶嘰西裝——這套西裝，我在大場時已借了一套藍衣大褂換去了。秋蟲的聲音繼續的鳴叫，草裏彷彿還有響尾蛇的「嘶——嘶——」的悠長的聲音。

『——「口令！」

『突然在黑暗中爆炸出震人的聲音來，團附也大聲的叫回去——「×」。經過哨岡時，有手電燈亮了一亮，照見幾個士兵，荷着槍，那種印象，是我永遠不會遺忘的。

『我好奇地問×團附——這就是前方了嗎？團附哈哈的笑了，說這自然是前方，不過還沒有過劉行。過了劉行，可以聽機關槍的密集的射擊聲，迫行楊行時，可以看見大砲。過了楊行，便是今天夜裏的兩軍爭持的「無人區」了。×團附告訴我，白天寶山縣失了。

『失了！我驚叫。×團附說：不過，天亮以前也許可以收回來，×長親自在楊行指揮，你知道這是一枝精銳的兵，一切現代戰爭的器械都完備 。他又肯定的說：一定，一定，寶山是天亮就會收回的。

『——口令！

『——×！於是汽車又駛過去。可是，路前面彷彿有着一堆黑影子， 這便是疊着沙包的一個戰巷。汽車夫都是受過訓練的，他冷靜的飛駛，現在却慢了。他在第一輛車，要指揮後面九輛車的，他們有暗號。沙包的戰巷是疊得彎彎曲曲的，車前的燈亮了，依着彎彎曲曲的路前進。

『——媽的！有一個沙包旁邊的兵罵了，「開什麼燈，不怕死嗎？」事實上他們不怕死，倒怕飛機！

『團附和汽車夫立刻解釋，不開燈，這彎彎曲曲的路怎末能走。「那末！」那個兵叫，「快走！快走！」片刻後，車出了沙包巷，又飛駛了，不過現在的速率已比較減少了不少。

『過劉行後，果然機關槍聲大起。而蟋蟀，紡織娘，金鈴子却依舊這末鳴叫，還有響尾蛇。

『我告訴團附口渴了。

『團附突然特別的不豪爽，他忸怩了半天，才從他自已的熱水瓶裏倒出一杯茶來，他說：「你別小覷這一杯茶。在前線，這一杯子茶比什麼還值錢。你們不知道在前線，一杯水是多末寶貝。兵士肚子餓了，不怕沒有乾糧吃，可是沒有水，那就是沒有水，而且等於是沒有了一切。譬如肚子餓了，而你沒有水，那末只好有乾糧也不吃，乾着挨餓。一等到有一杯子水，那時，才能吃乾糧。」我把這半杯子茶一口吞下，覺得不能熄滅我的口渴，可是我不好意思也不敢再要。

『「蓬！」這是排砲，從月浦一帶射出。拋物線地，一個火球，震動了大地，震動了我們的汽車，從我們頭頂，咉咉地作聲，過去了。我的心直沉下去。×團附泰然自若的笑了。

『團附，我說，我不上前了，我要回去。

『別怕！啊——你瞧！有好玩兒東西可看了。我順着他的手指望去，天空中不知何時已懸掛了兩盡小燈，一紅一黃。團附解釋這是砲兵的信號彈，你看了不懂什麼意思，可是砲兵一看，就知道他該怎末樣放射了。蓬！蓬！蓬！火球，震動了大地，連我們的車都跳了一跳（這不是修辭學或文章病，這是事實），從我們頭頂哄哄地作聲，飛快地過去。機關槍聲密極了。蟋蟀，紡織娘，金鈴子却還是這樣鳴叫，還有響尾蛇。

『我又安下心來，團附高興的說：「你膽子大，有種，一忽兒，我給你介紹×長，×長見做生意人肯捐十萬隻上好蔴袋，又膽子這末大，一定喜歡。」片刻，他忽然高興地說：「你要看看中國軍隊的行軍嗎？」

『我自然要。「可是，」我說，「在那裏可以看到呢？」

『回答說：「就在我們車的兩旁！」

『我嚇了一跳，這末神秘的事情！眞在我車的兩旁嗎？我望了一望，望不見。×團附說：「可以讓你看看，不過會挨罵的。好！這是難得的機會，也讓你見識見識。車夫，開燈。」車夫奉命開了燈。

『燦爛的燈光裏，兩旁都是兵，默默的，堅忍的負槍荷彈，一些聲音也沒有的在前進。

『我想起了古人所謂「啣枚疾走」的景像。約模兩分鐘的樣子，有一個營長罵了，「操的，什麼時候！開燈！」果然，挨罵了，燈立刻滅了，車又在黑暗中緩緩的移動。

『慚愧，我又口渴得忍不下了。挨了半天，我告訴了團附。團附乾脆的回答，「忍着到楊行再給你水喝。」我已默然忍下來了，可是團附拍拍我的肩膀笑了，「後方給×長送了兩大箱金山桔子，比我拳頭還大的鮮橘子，我去偷一隻給你。」

『吃了桔子，團附又來讚美我了，「好傢伙，你膽子大。」

『我說，「沒有什麼啊，大砲在頭頂飛，機關槍老遠的，沒有流彈，怕什麼？」

『「誰說沒有流彈？你聽那些嘶嘶的步槍，就在我們車前車後。」

『啊，這就是我錯認的響尾蛇的聲音！立刻，我膽子寒了。嘴裏流出清水來了，我告訴團附，我不上前了。可是楊行到了。

『×長在午夜三時半，正伏几安息；想一想這幅畫！「×長因爲勞了大半夜，現在正在桌上靠一靠，」他們說。

『如果是冬天，那些將軍「靠一靠」醒來，挺一挺胸，甲上的冰柱迸落，鏘然有聲——像古代的行軍紀上描寫的——這些抗戰的英雄啊！一幅何等英勇的畫！

『團附進去的時候，我和一個士兵談天，有一句話，聽得我懍然。他說：「鬼子（他們稱日本兵鬼子）的槍打二千米，我們的槍打一千五百米，那怕什麼，我們跑上五百米再打啊！」這就是我從前方走了一趟，帶回來的關於士氣的一句話。

『我沒有和×長見面，就回來了。歸途上，團附答應送我兩枚日本霤撒彈，我答應他用紅木或紫檀做成木架，將來戰後可供作不朽的紀念品。

『過了大場，快天亮了。最精采的事在這裏，我沒有想到我們的軍隊裏，連幾個汽車夫都訓練得這末好。

『遠處的灌木叢中，突然一條紅線，冲天而起。這好像過舊歷年時，小孩子放的蘭花條。

『團附告訴我，這是漢奸的信號。車立刻徐緩起來。

『差不多立刻的，在車的正前面的高空中，撲撲兩個照明彈，大地倏然亮了起來。

『車夫做了一個暗號，傳到後面，於是迅疾的，車急轉四十五度，斜刺裏往路旁的一排大樹中插過去，停了。我們立刻下車。啊，如果有福看到十輛汽車，整齊地，用同樣的急轉四十五度，而且同時的，往樹的行列中插入，同時停住。那末迅速！那末敏捷！眞像電影一樣！便是那時我望到這十輛車，停得這樣整齊，距離這樣精確，而且剛好把十輛車都蔽掩在樹葉底下，已經使我驚叫了。

『每輛車點過人數，便各人在田野中分散。稻已經結了穗，團附牽着我的手，奔入田裏，撲下，立刻泥土的熟悉的氣息浮入鼻孔。

『遠處有炸彈的爆烈聲，飛機在天頂盤旋。

『車再駛動時，天已昧爽了。我們用了七十哩的速度，開回上海。

『這就是我遊歷這一帶戰區（指了指桌上的雜物）的一夜經過。這是不朽的一夜，團附也一付笑臉說：「這種風景，出了錢也買不到；你眞有膽子。」我回想這一夜，也覺得我是過了一生中最有意義的幾小時。我很抱歉，有許多事牽涉軍事秘密，只好不告訴你了。』

前線武裝同志的一夕談

詒

（新聞報九月六日）

初秋的黑夜，寒露冷風，侵襲到身上，饒有涼意。敵機一會兒放照明彈，一會兒搖機關槍，把我們從探海燈照耀的××，熱烈歡送到離租界較近的××。前面後面的照明彈，光芒逼射着我們，叫我們不得不急急下車躲避。

在躲避的一刹那，無意中却碰到了新聞源流。由一位武裝同志的帶領，黑暗中踏着七高八低的小路，到達××××的××。一路上呼喝着口令聲，哨兵槍刺上晃搖着雪白的寒光。因爲連日敵機夜襲，在這裏沒有一點燈光，就是在×××裏，也祗有一隻放在桌子底下的煤油燈。

黯淡的燈光，飛機在低空盤旋的聲響，武裝同志過分疲憊後發出的鼾睡聲。就在這樣一個又緊張又嚴肅的氛圍下，我們跟××××以及另外兩位××，開始談上月十三日起迄二十八日爲止，滬東一帶的戰況。

那位××在上海曾打過三次仗：第一次是國民革命軍北伐，克復上海；第二次是參加十九路軍一二八的抗戰；這次是第三次了。每一次都是光榮的，可是第三次的戰鬥，是對外戰鬥的更光榮更偉大的戰鬥。行軍床上舖着一張詳明的地圖，他不斷的用手指指示我們幾處戰略上必爭的軍事根據點。繼續着，他興奮的談戰鬥經過了。

在戰事未爆發之前，他們是奉命，擔任保衛×××一帶的任務。每個弟兄們，在奉命出發之初，個個興奮得不得了，大家都抱與國土共存亡的決心。八月十三日早晨，他們又奉命向前推進，擔任從滬東一直到吳淞張華浜，那一條靠黃浦江邊的陣線的防務。大家曉得，就要跟東洋兵在戰線上拚命，快活得直跳起來。上邊的命令，叫我們以黃浦江邊爲葬身的墳墓，任何危難都不准後退。當然啊，就是上面沒有這種堅決的命令，誰願意放棄陣地。我們正欣歡慶幸，自己居然也有一個衝鋒殺敵的機會，要是這個機會輕輕忽略了，也許我們一生一世永遠再碰不到這樣的機會了。

十三日的下午，敵人的炮火和槍彈，開始向我們進攻了。『痛快的幹一下吧！』大家摅壕應戰，又興奮，又快活。那時敵人登陸必經之地的橋樑，以及道路，都給我們預先破壞了。所以敵艦的炮火，只能儘在虬江碼頭魚市場一帶，亂轟洩憤而已。我們當時的戰略，在敵軍未登陸前，儘管你飛機轟炸也好，敵艦炮轟也好，我們總是隱伏不理；可是敵軍乘小艇登岸時，我們就發機關槍怒吼，請倉卒未備的敵兵中彈嗚呼，或喝幾口黃浦江中的冷水。這樣一連了好幾天，敵軍百般嘗試登陸的企圖，始終不能實現。而在楊樹浦一帶的敵軍，又給我們由市中心區出擊的國軍，打得落花流水，更無力來衝擊我們××路一帶的陣地。我們又在××路一帶，利用路旁濃密的樹林，深厚的壕塹，固守陣地。所以敵艦在黃浦江裏，結成一條水上的炮兵陣線，日夜炮轟，但是我方受損殊微。

二十四日的上午，敵軍在大炮飛機的掩護下，猛攻張華浜蘊藻浜一帶。我們在那裏的兵力過分單薄，所以總究給他們登岸了。奉命擔任這一線防務的同志，全給炸彈炮火葬在壕溝裏，實踐了『成仁』的願望，並無一個退回。這一線的突破，敵人也遭逢了極大的損失。我們急速調部隊上去奮戰，敵軍大放催淚彈，把我們戰士弄得眼睛紅腫，不能睜視。可是大家仍艱苦撑支，力戰不退。到了下午，國軍某師長，親率旅長團長及一團之衆，趕來奮戰，士氣大振，遂將登陸殘敵，包圍殲滅。該處防務，遂由×××國軍擔任。後來幾天，敵人炮擊轟炸更爲加緊，可是他們登陸的部隊，仍不能展開戰線。尙未站穩脚跟的敵軍，又是集密在極小的區域，給我們重重包圍，恰恰給我們炮兵機關槍手，殺得痛快淋漓。你想，他們的傷亡，該多麼鉅大啊！

二十八日的早上，我們奉命調防，才依依不舍地告別了黃浦江邊的戰壕，到了這兒整理休養，準備再上火線敵殺。

談完話，他親切的勸我們，乘照明彈不多的時間，趕快踏上歸程。我們就這麼匆匆的告別了，但是××英勇的雄姿，以及另一位隨該隊參加戰鬥的××同學的印象，將永留在我的腦海。願我們在中華民族解放的勝利旗幟下握手重逢。

在火線上

——外籍記者觀戰記——（立報，九月八日）

路透社特約記者威廉・派克，此次在滬任戰地記者，前日曾赴楊樹浦虹口前線視察，撰文刊於大陸報，茲迻譯如下：

世界大戰所造成的破壞情景，此刻已復呈現於閘北虹口戰地的每個角落。

記者抵戰地時，戰鬥正烈，子彈橫飛，野砲怒吼，乃爬進日軍壕溝，匍匐機槍旁邊，由沙袋空隙窺望，見路前中國軍人正藏身障礙物後，用機槍對着此邊。

此處路牌寫明是其美路，可通市中心，所以記者可以看見市府大樓，綠瓦紅簷，已砲痕累累。附近各廠房以及民房亦多敗壞。

兩方陣地，中間隔一小河，相距僅百碼。路上橫臥着一輛被毀的坦克車，還有中國戰士倒臥其上，他們已忠勇的犧牲了。因爲陣地相距很近，所以日軍在路上覆一大旗，以免得本國飛機弄錯目標。

記者此次不曾看見肉搏戰，很是失望。但日軍的理論是：現代戰爭無需人對人作戰，攻敵但須大砲掩護，再以小鋼砲密集轟擊，再以機槍掃射。

前天砲戰很激烈，日方耗資至少達美金十萬元，而華軍死傷不及二百人。

記者旋往日本海軍陸戰隊司令部與大川內等談話。記者問前日楊樹浦之戰，是否日方總攻的開始，大川內說：「前日僅是海軍陸戰隊與陸軍聯合作戰的第一天，以後總攻，將全由陸軍担任。」

鬥士之心

榆

（辛報，九月八日）

「在那杳無人跡的荒地上，正在下着雨——砲彈，槍彈，及炸彈的雨，任何事物都呈顯着一種朦朧。火藥的腥氣叫你透不過氣來，而且到處有濃厚的烟霧。

「有時是很痛苦的靜寂，在那斷續的機關槍聲之後；但是，過一會，那巨大的砲轟炸聲又擊破了那不神聖的沉默了。在我四周的那些人都像瘋人一樣的喊叫着，在那彈雨之中，我不知不覺地從壕溝裏爬了出來，跟着我的同志，向敵人的防線以步槍和刺刀衝過去。

「一步一步往前推進，已經燃燒的火藥氣味也逐步地濃厚起來，使喉間作癢，機槍的聲也跟着密切起來。難以辨明的黑影在我的眼前搖曳着——那是死的黑影。我的耳朶震聾了，我的感覺模糊了，而我的堅强的意志就叫我往敵人的防線衝去。

「一秒一分等於一小時一整天。火燄似的仇恨燃遍了我的胸口，我拚命地往前跑了，向敵軍的陣線直衝過去。突然間，火光都消滅了——那星光也黯然了。什麼都是平安和靜寂了，斷續的槍砲聲從遠處送來！」

這是無數的傷兵中的一位講述的實情，他曾在前線盡過他的職務，他的努力還沒有人來歌頌或稱讚過。他是幾萬人中之一——他們為國犧牲的戰績都應該大書特書於吾國的歷史上。他是××師的士兵，幾天之前，在離滬江大學約三百公尺處受傷的。

到了現在，他的記憶力已復原了。這一位老戰士是一個智識階級的人，曾受過相當教育。當記者與之談話時，他很高興地講述在軍工路一帶的戰事，他能從地理上來追述那一段的吾軍進展情形。他覺得他的腿傷是一樁夠不幸的事，因為他是急於重上征塲去為國殺敵。

據他說來：某一時期，敵軍曾以兵艦上的大砲的掩護，一度占領滬江大學附近的區域。但吾軍却沉着地一寸一寸向前反攻，一近敵人，即肉搏而進，敵軍損傷奇重，而他就在這一役中了流彈受傷。

他不能記憶受傷以後的情景——可是他祗覺得很為欣幸，當他發現他自已已睡在紅十字醫院內的時候。

「我不過是一個小兵，值此國家存亡之秋，我的生命不足顧惜。我所為者不過是盡國民一份子的命分而已。」當他說到這句話的時候，旁邊有好幾位傷兵，彷彿受他的影響，都面露笑容，而把傷痛也忘掉了。他們都對他表示熱烈的同情。

那一般兵士異口同聲地說：「吾輩從來沒有這樣奮勇作戰過，因為我們徹底明瞭這一次是對我們眞正的敵人作戰了。最後的勝利必屬於我！公理必能克服强横！在這時候，個人生命應置於第二，國家的運命方是首要；再打十年廿年，我們還願意打的！」——到了這個時候，那位腿傷的戰士展開了笑容……

我彷彿仰見那燦爛的青天白日滿地紅的旗飄揚於空中，當我拖着我的雙腿步出那病房的門口……希望已經貯滿於我的胸口和心腔了。

戰勝了敵人犀利的武器

啓

（救亡日報，九月十日）

記者昨晨經過××救護隊的門口，正逢該隊的卡車前夜至吳淞鎭方面救護傷兵回來。共載來了十二個傷兵，其中有一個×連的排長，他的左面的大腿與胳膊均受了彈傷，而面部亦有一條半寸長的創口，那是被敵人的刺刀所傷。記者便踏上了卡車，與他攀談起來了。

卡車在救護隊的門口，將傷兵的姓名登過記後，車子便向着××傷兵醫院出發了。那位排長的精神很好，他是在吳淞鎭一戰而受傷的，敵軍從蘊藻浜方面偷襲了過來，因此雙方發生了極激烈的肉搏戰。

這位受傷的排長很謹慎，起先不願將前線的情勢告訴記者，後來經過了記者再三地向他解說，並拿出證明文件來給他看，他才將前線戰事的情形以及他受傷的經過告訴記者了。

他說：『敵人當時襲我吳淞方面陣地，人數並不多。他們以坦克車和軍艦上的大炮，猛烈地向我陣地冲來。這時，我們的弟兄們都伏在戰壕中，不動聲色，待到敵人衝到我們的戰壕的面前的時候，我們便齊喝一聲，衝了上去，以手溜彈與刺刀同敵人力搏。這時敵人的大炮都失去効力了，只看見一個個敵人倒了下去，不到幾分鐘，敵人就會像潮水一般地退下去了。但是我們這時全線的弟兄不衝上去，只以少數的部隊追擊了過去，因爲我們早就知道敵人的戰略了。要是這時我們的隊伍全部衝了上面，那我們的犧牲便大了，因爲敵人老早就在兩翼埋伏了重兵，待我們的部隊衝過去的時候，便會對我們來一個大包圍，加以殲滅。然而自從洞悉到敵人的策略後，我們在敵人的兩翼的外面也埋伏了有了重兵。這樣，待敵人發動兩翼的部隊後，我們便立刻對他們的包圍來一個大包圍，結果，敵人全數便被我們消滅了，生還者極少。可是我們被犧牲的弟兄更是極少的一部份了！』

我問他：『你是怎樣受傷的？』他說：是在肉搏的時候受傷的。那天晚上，敵人衝到我戰壕的前面，半天，不敢再上前一步，一個擠緊着一個，旣不敢向前，又不敢後退。他們總是待我們隊伍衝過去，他們的先頭部隊泥亂了，後面督戰的長官輾了下去，他們才敢棄械而逃。這樣被我們擊死了的敵人眞是數不勝數！』

他又說：敵人的炮火固然利害，但是軍士的作戰，決無我軍勇猛，這是我們取得最後勝利的一個最大信心。最後他告訴記者，在敵人最初衝吳淞鎭的那一天，他曾經用機關槍，一人掃死了敵人三四百之多。其先是敵人佔領了一個高坡，憑地利用機槍向我軍掃射，我軍一部份人便繞到敵人的背部，從下向上掃射，那時，敵人防不勝防，只看見一個個的敵人被射亡，而從高坡上滾了下來。事後敵人死傷幾達千人。再其次，便是敵人每次的登陸了。

浦江砲戰目擊記

（華美晚報，九月十一日）

從武器方面講，我軍炮火力量，也許不及敵軍的厲害，設備也比較不足，但目前我×××隊已經相當訓練，設施完竣，所以對於任何猛烈攻擊的炮火，都不足懼。何況我軍有比炮火更猛烈的抗戰精神，必致敵軍於死命而後已，何患最後的勝利不屬我們？現在正全民族併全力向敵人殊死抗戰的時候，我弟兄誓以炮火還砲火，決予敵人的炮火以整個粉碎，使全世界一般愛好和平人士確知中華民族絕非炮火所能威脅也。

上述的言詞，由張×長用激昂慷慨的情緒，而雜以詼諧的語調吐出，句句都是眞實，沒有半點虛僞。那一支鐵血抗戰的雄心，潑刺地刺激起我們沸騰的熱血，我們感到從未有過的興奮。尤其是最後一句最幽默的結論：「炮火是沒有眼睛的，而這次戰爭，敵軍的炮火，却非常原諒我們，它竟然生了眼睛，始終沒有在我陣地開一次玩笑，眞未免太客氣了。」

我們聽了張×長的一席話，不禁代表全民族謹向神聖的中國炮手深致敬禮，而爲了要使一般民衆更清晰的認識我偉大的炮兵起見，不得不要求張×長允許我們攝幾個炮兵的特寫，和將官的雄姿，他都慨然允許。於是我們便在敵軍飛機不斷偵察下，活潑地運用着開麥拉（照相機），照了很多特殊生動的鏡頭。

攝影完畢，不覺天色已晚，我們原想卽日趕回上海，但一因路途遙遠，恐時間不及；二因此行使命祗完成一半，其於我炮手作戰的神技，尙未獲目睹，心猶不甘，旣經張×長治餐留宿，遂住×部消夜。這夜，前線平靜無事，敵我雙方，均無砲戰，我們雖輾轉終宵，企圖觀戰，卒然一無所得。

一宿無話，第二天清早起來，卽聽得戛戛機聲，在上空飛翔，似又施其盲目偵察的故技。據張×長告知，謂昨夜敵軍三四百人，分載四五小艇，靠近我××碼頭一帶，有企圖襲擊登陸模樣，嗣見我防地戒備嚴密，無法進犯，不久卽行離去，預測今日戰事或恐不免。正言談間，忽接前方情報，謂敵軍今決冒險來犯，張×長卽發令全體弟兄嚴陣以待，準備攻擊。我們遂在掩護物下靜待砲火之展開。

大約九點多鐘，遙望上海烽烟四起，料想又是敵機濫施慘無人道的轟炸。同時××上空，亦有日機大隊活動，此外尚無其他舉動，然砲火的爆發，已有一觸卽烈之勢。迨過一二小時，隱約聞炮聲隆隆，機槍戛戛，彷彿敵軍已與我前線接觸；據確報，敵軍果利用飛機大砲作掩護，積極侵襲，我前線弟兄，已奮起予以迎頭痛擊，是時我××砲兵，也早已嚴陣以待了。

至中午時分，日艦炮火愈迫愈烈，頻向我陣地轟擊，我砲兵遂開始猛烈還擊。其發砲也，離奇飄忽，無從捉摸，使敵艦迷離倘恍，莫知砲火方向之由來。每一砲之發，必經仔細瞄準，故砲彈飛處，轟然爆炸，一望而知敵軍目標已被命中，卽或不命中，亦離目標不遠；不若敵炮之亂射横飛，方向把握靡定，徒耗彈藥。

我們身臨火線，目睹敵我炮火之惡鬥，煞是奇觀。但見一片融融火光，飛迸高空，敵炮彈嘘嘘作響，掠空而過，多落田陌，無一命中，反顧我砲彈則轟然一聲，火光與烟焰齊起，敵虹口陣地起立卽火焚燒。其時敵轟炸機更在上空，不斷用機槍掃射，到處擲彈；而我神威的炮手則沉着應付，從容不迫，以砲火還炮火，使敵軍登陸計劃，終不得逞。中國炮手的神威，於斯益信。

我們目擊我軍變幻莫測的炮火抗戰，神經血脈之極度興奮無以復加，但因急須趕回，不敢久留，遂於炮火聲中與辭張×長，冒險踏上歸途。但見一天緋紅的火光籠罩着寂靜的上海，恍惚使我們想見砲火中的西班牙，其風景線亦正如此壯烈。呵，偉大的砲火！這砲火正象徵新中國全民族復仇死拚的怒火。我們誓以砲火還砲火來淸算一切，決與抗戰到底，絕對不屈服。我們有的是比敵人更猛烈的新武器，不折不撓的抗戰精神。這抗戰精神是掩護我軍砲火最有效的威力，在這威力下，我們的砲火必然獲得最後的勝利。

清冷的月夜裏

鸞

（新聞夜報，九月十二日。）

夜幕已經下垂了。

遠處隱着幾點燈火。一灣鵝毛月從稀疏的樹葉中射出淡淡的光芒。

爲了救護前線抗戰受傷的士兵兄弟，和到前線採訪眞實的抗戰消息，在爲民族解放的共同前提下，我們又一同乘救護車出發了。

駛近租界邊線，我們向收容所投了一瞥，知道今天並沒有醫好弟兄要到前線去。於是司機把汽門一開，我們便駛出了租界，向着我們的前線邁進。

一幕强烈的回憶浪浮上心頭——

是在前天，我們汽車駛進收容所。車停不到兩分鐘，車廂裏已經擠滿了三十多個清癯愉快的面孔，大家穿着乾淨的黃制服，手裏拿着多多少的慰勞品，有的還安閑地抽着烟。問一問，才知道他們皆是醫治好了又要預備到前線參戰的弟兄。他們高興得好像去赴一個盛大的筵會，快樂如同一顆小炸彈，隨時都可以從他們的深處爆發出來。聽說早在三天以前，他們知道預備出去以後就在問。

『我們什麼時候回到前線呀？爲甚麼我們關在這裏，還不讓我們走？』他們知道他們的任務是保衛中華民族，所以他們要急急地再上前線。

汽車終於載了那熱烈的一羣回到前線去。

司令部到了，一個個跳躍着下了車。我們向他們道了一聲『爲國珍重』，他們却同聲喊出了『同志們，等到打勝了日本，我們再見。』相對致了一個民族解放敬禮，彼此分別了，聲音好像在低空繚繞着。

眼前展開了一幅堅强抗敵的國軍，和懷帶『佛符』『千針縫』不敢衝鋒的『皇軍』的對比圖——偉大的事實在讓我們相信，最後的勝利是屬於我們的。

沒有燈光，汽車在大路上畫着曲線前進着。

遠處，有三個黑黯的人影在招手，是師部的特務隊。跳上車，說明着他們的任務，他們辛苦的了。但他們却說：『前線并不危險，所以前線的弟兄說，『最安全的地方是前線』。因爲在前線我們有武器，敵人打我們，我們也可以打他，一個對一個，我們就不白死。』所以我們不應怕到前線去，倒應該怕蜷伏在後方。

汽車繼續前進，到了，我們開始了救護工作。

担架，背，扶，汽車上終於擠滿了黑越越的輕傷重傷的弟兄。

汽車轉了身，向後方傷兵醫院駛去。我顛播簸着跕在士兵弟兄中間，開始了下面的談話。

『同志，你是從那裏來的？』我問。

『虬江碼頭。』一個四川口音。

『前線打得怎樣？』

『打得厲害。我們和敵人相隔一丈路，在軍工路右翼。我們這一連死傷很多，連長掛了彩。』指着一個蜷伏在車角落裏低聲呻吟的同志，聲音裏有點凄慘。

『爲什麼我們會損傷得這樣多？』

『喲，同志！』他也這樣喊着我。『我們正在做工（工事），築飛機洞，戰壕，忽然敵人大隊向我們包過來，用二十架飛機轟炸得好慘。』

『你們沒有步哨？』我驚訝着。

『是漢奸破壞了我們的步哨，我們得不到消息。』是痛恨和呻吟混合的聲音。

一個長時間的靜默後，我們都在咒詛着該死的漢奸。

月漸下沉，已經近午夜了，空氣有些清冷。

車輪與大路上塵土的沙沙摩擦聲和汽車缸鼓風翼的軋軋聲，在深夜中混成一團，在空氣中震動着。

『同志，你是四川什麼地方人？』我試探着問，想把我們談話弄得親熱些。

「四川成都人。」一個很誠懇的答覆。

『敵人包圍是在什麼時候，』我補足了我的要求。

『是在今天（九日）早晨三時。』

『我們雖然傷得利害，但我們曾用機關槍射下了敵人一架飛機。雖然敵人在八點半鐘上岸四百人，十二點鐘上岸六百人，但我們在下午四點和五點反攻兩次，敵人死傷了兩連多了呢。現在我們援軍多得很，同志，我們不怕什麼。我們陣地是仍然會保持住。』他在興奮着。

汽車離開了傷兵醫院，行在中途，『援軍多得很』在我腦子裏反覆着。

最後汽車中的我們大家唱着：『……兵士死了有老百姓來抵，丈夫死了有妻子來抵，中華民族是一個鐵的集體，我們不能失去寸土地……』

中國陣地觀戰歸來

——兩位中立者的赤裸報道——（九月十二日華美晚報）

〔字林西報〕『前面是機械化力量的最大集合，與號稱前進不退和勇毅不屈的日本部隊；同時那捍衛吳淞與羅店之間——前後相連四十餘里的戰線——的中國軍隊，用一種果敢的精神，憑着他們偉美的紀律，正在作他們殊死之戰，這，的確值得我最高的讚佩。不顧他們過去是怎樣，那今日抵抗日軍的中國×師步隊——其中頗有精銳的中央軍和若干各省軍——俱皆抱定決不後退的決心，雖則他們的作戰器械遠不及其對方。』這是一個英國戰地名記者梯爾脫門君，在他於往前線參觀羅店與吳淞間中國陣地之後，所發表的結論。梯爾脫門君著有關於太平洋範圍的名作多種，如「遠東與西方日益接近」及「不可非議的遠東」等書，久已膾炙人口。據梯君稱：『羅店那裏戰事激烈到這樣，竟使我不能抵達中國前線陣地。且在某一處，使我不得不棄車步行，避入一水溝裏面有半小時之久，因爲那時日本方面的砲彈和照明彈均集中在劉行鄰近。

『在吳淞前線，當我到達那裏時，中國軍隊適纔擊退日軍的堅銳進攻；在那裏，我發覺中國的戰壕皆鞏固異常。在楊行一帶又發現日軍似已退入第二道防線，因爲在第一線上，在黑暗中猶可看到星星槍火。中國方面想頗多損失，因爲尚有不少受傷士兵，正在等候紅十字會的救護車，把他們遍到後方去。

『尚有較更富於興趣者，即中國軍隊依照上方的命令，正在極力準備，以防日軍把他們從中切斷這事，我願有所論述。戰壕頗形鞏固，士兵也體力壯健，軍械亦很完備，且在前線後面，有六七處方位，彙聚着大量步隊，大宗重砲與軍火。我個人的印像是這樣：倘能給以與日軍同樣的槍炮數量，則那捍衛上海重要區域的中國軍隊必能不負其使命，且可顯其所能。在日本陣線上——那裏，據聞每晚都是平安的夜，因爲不常有中國炮火的襲擊——時時聽到六寸大小炮彈的呼聲，轉移到中國方面來，並向後方搜索。

『那令人心傷的一回事，即在前線，完全缺乏救護傷兵的設備。受傷的士兵，僅僅由他們的同伴，加以潦草的包紮。或者有醫生和看護在那裏，但我確未看見一個。傷者挨住了他們的苦楚，直要等那冒險的救護車，把他們運到上海。但救護車只能在夜間駛行，且不能點火，因爲要避免日軍的空襲。路上又有軍用卡車來往，以致有時竟有重傷的士兵，不能即刻前去運回救治。

『中國紅十會服務人員的勇敢與毅力，確值得敬佩。我本人也曾加入工作，且曾由一個古色古香的車站上運回三十多個傷者。在黑夜裏，在一條炮彈炸碎的路上，行着二十具以上殘破的救護車，有時因迷途竟開入溝道中。有時，聽到日本飛機的聲音，我們又要停車暫避；有時聽到轟炸，我又不能辨明那被炸的車裏，載的還是傷者或是軍火。因爲後方交通不便，軍用車與救護車混合行駛，無法辨別。這種種情狀，在日間祇需一點二十分的途程，在黑夜裏，要延長到五小時左右，我們回到上海將傷者趕送入醫院時，天已茫茫魚白矣。但是，還有許多重傷者，因爲救護車的缺乏，只能在前線再等一天。

『對於其他紅十會工作人員所說的：在白天任何車輛必遭日人轟炸；並建議着：雙方須同意想出

一條路線專供運輸傷者之用；這兩者意見，我未加可否。但是，我以爲，倘使這種建議可以實現，則無數勇毅的——尤其是少年的——士兵，必可蒙惠不少。且在戰事損失的統計上，亦可減少一筆數字。日本操猜空軍優勢，中國運輸只能黑夜工作，因此感覺到種種困難。所以，在中立者看起來，這次不幸的戰事的損失，正在增加不已。

『倘使能劃出一區域，專爲救護傷兵之用，不許任何一方以陸空之軍力加以攻擊，則這種種不幸的現象，或稍可避免。那些受傷的人們，或是爲飛機所炸或是爲其他軍器所傷，我不確定。因爲，在前線，紅十字的區域完全沒有樹立的可能。』

梯君在吳淞前線並未看見如日本所稱的中國婦女軍隊。但是，他又說：『縱使有那樣女軍，我也不能看清。因爲當喝一些啤酒時，我以爲坐在一堆米袋上，但是一刻鐘後，發現到我坐的並不是一堆米袋，而是三十幾個死體。』在這裏，連點一枝自來水，中國兵士也不許點。因爲他們經歷到，倘使自來火一亮，日軍就即向火的方面射擊。梯君在東三省和華北已見過很多的日本軍士，他知道他們的習慣和機警。

他又說：『我尙未參觀維店及吳淞以外的日軍，但我素知他們是這樣富于愛國狂和剛愎熱，他們或可與中國堅強的軍隊一戰。但是，另一方面，中國軍隊紀律之佳，和自信力之強，遠非昔日可比。他們勇猛的打開目前的重重困難。這種精神，確值得我最高的敬佩，至其程度，却决非筆墨之可道其萬一也。』

〔泰晤士報〕 上海前線中國兵士之戰鬥能力及道義精神，實堪欽慕。這是上星期五晚上，幾個外國的觀察者，沿華軍陣線，自虬江碼頭至中山路，再轉入因黑夜不能辨別的幾條馬路，弄堂，和橋樑後，對於華軍的讚語。

這一羣觀察家，於是晚六時後，自租界西區的英租界出發，擬在幾小時內，抵達前線。倘環境許可，並擬在那裏勾留一日，在第二日晚上言旋。但是，中途有不可預知的困難發生，忽遇停泊在浦江內的日艦向岸上開炮，且有飛機在空中翺翔，直至昨晨破曉時，方安抵上海。

雖則對於在前線的一切情形，他們並未發表正式報告，但其中一人會聲稱：照他看來，各線的日軍並未有任何的進展。中國兵士有堅深的戰壕，不畏日本飛機的轟炸。

上星期裏日軍的炮火及炸彈，只落在野田裏面或房屋上面。華軍曾告訴我們，他們極力與房屋離開，因爲吳淞寶山羅店的日軍，認房屋是他們轟炸的最大目標。至於中國軍隊方面的損少，眞是微之又微。

他們中有一人，曾在一九一四年參加紅十字會工作。但他看了今日中國自動的和正式的紅十字工作員，他們的服務精神，使他驚異。那一羣觀察家參觀好幾個紅十字所在地，他們乘的是一部卡車，亦作運輸傷兵之用。輕傷者卽送至離前線不遠的第一救護會，重傷者運至軍用醫院，或者送至車站，再運至無錫崑山間的傷兵病院。

那幾個分會及軍醫院裏面，充滿着淸潔的空氣和服務效能。這種軍醫的設備，顯露着近年至中國軍事的偉大進步，使那幾個外國觀察家，尤爲嘆羨不止

他們所乘的卡車，開車的是個自動參加的紅十字工作人員，這種服務的精神，更爲可敬。當車行在不平的道路上，有時差不多要陷入水溝裏去，他時常回轉頭來看覷車裏受傷的兵士。有時，他忽然停車不進，跳下來救取幾個躺在支路上的傷兵，把他們救上車來。

在回到虬江碼頭的歸途中，因爲炮火的嚴密，車行前後有兩次停留。中山路上，和到吳淞去的那條路上，有時差不多要開入稻田，有時幾乎由一半修好的橋上落下，行了三小時又半之後，車抵虬江碼頭華軍後方。一路上，除掉前哨的電火以外，黑暗遍佈四週。每經過前哨步位，問過口令，即讓我們開向前去。

虬江碼頭附近，炮火稠密，他們只能轉入支路，沿一條河流行駛。其中的受傷士兵，搬下來，送入紅十字救護站，再由他們一站一站的運送。

那些輕傷者，運輸甚易，好在他們都在等候救護車的到來。當車行近他們時，即一擁而上。

當那羣觀察者經過前線時，戰爭正在激烈進行。中國方面以鋼炮及機關槍射擊，日本軍艦即以大炮作漫無目標的轟炸，但當炮彈經過頭頂時，感情覺得異常緊急。同時，日方又亂放高射炮，又以探

照燈指引飛機的行動。

空戰以後，那一羣人覺得稍自平安，卽向前進行。車已抵達某一前哨步位，在那裏先把輕傷的搬下，再把重傷的運上車來，送到車站那面去。

車站上，在黑暗裏，不能辨別是那裏，但是隱約中可見到被炸的痕迹。火車仍照常駛行，把軍隊運至前方，再將傷兵載回。

鐵道旁的一條路上，有一羣騾馬，載滿軍火，正在行走，共數至少有四百左右。

鐵路上有很多工人，在黑暗裏修補這被炸的鐵軌。因爲這個緣故，有一百左右工人，長在前方專作這種修理工作。

當那一羣觀察家沿鐵路前進時，有四列車將要抵站，裏面至少載有三千生力軍開往前方，替回第一線的士兵。

在歸途中，經過眞如電台，但並未在那裏停留。在黑暗中，辨識頗難，猶知該處損失之不小也。

羅店之役

狄　斯

（辛報九月廿一日）

開拔　下午四點鐘的時候，我們這一團人奉了師部的開拔令。在緊急集合號之下，我們的隊伍一排一排的站成方形。一會兒，團長用宏亮的聲音宣佈了本團奉令担任本師的前衛，即晚挺進淞滬。上海戰事八月十三日爆發，我們在十八日渡江趕到此地暫駐。當時有許多弟兄，都很懊喪，我們担心指揮部會把我們留在這後方，而讓別的隊伍去殺日本鬼子。尤其我們的劉連長，悶得時時在跌脚。

劉連長有皖北健兒典型的體格，結實而並不高大。他在本師有七年的歷史了，古北口之役，他是中尉排長，同鬼子兵鈴木旅團的血肉相拚，是他得意的傑作。可是他每次提起古北口，他的眼睛就發出怒火，粗壯的拳頭自然的揮舞着，他悼念他那當時的一排同他一樣結實的弟兄，立誓要以加倍的鬼子的血來清償這一血仇。

對於鬼子兵的砲火，他說：那東西祇好嚇沒有陣地經驗的新兵，不曉得找掩護，不曉得使用耳朶的聽覺，來趨避一顆大砲彈或是迫擊砲彈。要是碰到了我們，砲火的威力就等於白費了。他解釋怎樣先看見一堆噴射的烟火，就能斷定這是一顆大砲彈快要飛來了，假使方向同距離都向着此地，就得趕快爬開。此外迫擊砲同小鋼砲彈也要注意，在砲火密集的陣地上，小砲發射的聲音往往會給大砲所掩沒；同時小砲彈進行的「嘶嘶」聲，也不及大砲彈的「嗚嗚」聲來得顯著。

老劉現在快活了，懊喪的氣色已逃避開他那滿掛油汗的黑臉，一枝自動步槍在他的肩頭閃出光亮，背囊上面還有把五斤多重的大刀片子，和一把步兵必須具備的掘泥鏟。隊伍是那樣長長的一長行，在斜射的秋陽光急促的行進，迫擊砲同機關槍的拖動揚起乾燥的地塵，統統裝進了一列噴着怒氣的火車，旋風似的向前線駛去。

火線 各人的情緒雖則緊張，但精神充分的士兵，照例是不會失掉他們的睡眠的。轔轔的車聲一過武進，車箱中有一大部分的弟兄是睡着了，有些則在寫着書信，大概是把這興奮的消息去告訴他們的親友了。

醒來時，火車已停在田野裏，滿天的星光裏着一抹斜掛的月亮，那正是陰曆的二十前後，夜光錶告訴我是早晨的兩點半。老劉揉了揉眼睛，招呼我一同下去看看，兩面農田裏秋蟲吵得很兇，可是一點沒有涼意。跳下了車，情勢立刻判明，很遠的東面似乎是一個車站，從那裏拖下來一長列一長列的火車，顯然我們這一列是開不過去。老劉想要判明這個車站的站名，他以爲這裏或者是眞茹了，但爲什麼還嗅不到火藥氣息。

三點一刻，列車駛過了兩個車站，又在曠野裏停下來。團部的傳令兵發來命令，大家下車讓空車回去，一連一連的士兵縱隊散開，從許多稻田棉田中間向東北行進，隱隱的從那方向傳來砲聲。

我們這一營現在是本團的預備隊，而我們這一連又是本營的左翼。大家在棉田裏很快的跑着，老劉對於棉田很高興，說這樣子很像北方的高粱地，所惜沒有高粱那麼高大同密集罷了。漫漫的黑影愈散愈開了，大砲的轟隆隆震得大地微微顫動，「鏗嗒鏗嗒」的迫擊砲聲幾乎連接得起來。偶然有顆照明彈發出紅光綠光，在這光影裏可以看出距離不到七千密達的前面，一長條地帶籠罩在砲烟之下，輕重機槍以及步槍的發射，那就簡直像一大鍋稀飯在沸騰。

每個人的面色有些發青，這還不僅僅是曉色未分的緣故，顯然每人都已感到前面就是火線，在那邊有我們死生的仇敵，大家的脚步不由自主的加緊了。

驀地發出了大砲的狂吼，一連幾個火球飛了出去。老劉拍拍我的肩頭，用贊歎的語氣說了句「好傢伙，看樣子是二十四生的的重砲呢」！每個人心頭都在喜悅，大概敵人做夢還沒想到「中國已經有了這樣好的大砲」。同時老劉估量：我軍的拂曉攻擊馬上要開始了，我們剛好能趕上這個場合。

越過一道小河，二百米的後面就有一條預備壕，那還是晚上新築的工事，一羣工兵和不少伕子在忙着工作。正在這時候，忽然上空有了軋軋的機聲，一顆照明彈在一把綢傘下面出現，白光照遍了大地，數百米以內是毫髮分明的。我們本能的最迅速沒有的臥倒下去，然後各找掩護的目標，一大串螃蟹似的立刻爬得一個不見了。俄然飛機發出「嗚嗚」下垂聲，一顆大炸彈落在我們的左方，泥土噴泉似的冲到了上空又給我們一陣暴雨；到得第二個炸彈爆發時，距離已相差三百米，顯然是並無準確目標的。

衝擊 我們跑進了預備壕，因爲工事太急促，各人又拿出鏟子來整理了一下。劉連長和我們幾個人作了個窩室，算是本連的連部，幾個值哨的弟兄攀上了哨崗的位置，自動步槍安置在瞄準架子上。我們算是暫時休止在此間，這裏是羅店的西邊。

我們任務是担當殲滅這包圍中的敵人。老劉聳聳肩，他顯然爲聽得敵人是精銳的選拔隊而高興。

曉色漸漸展開，上空三架飛機的機器都看得出了，顯然是敵人的。飛機繞了幾個圈子之後，猛烈的砲火也光降了。一排砲的砲彈至少是六顆，爆發在戰壕前面，震得擋彈的掩護工事岌岌動搖，濃厚的火藥氣塞住每個人的呼吸，是十五生的重砲。自此以後的砲火，那簡直是瘋狂，什麼聲音都不易辨別了，像十萬個大鑼同時在敲擊。老劉發怒了，他忙着指揮增加工事，要大家鎮靜。他說他在古北口曾遭遇過三天三夜的砲轟。其實，大家都不待老劉分付，先就靈敏的在活動了。這裏有防禦工事，怕什麼！

十分鐘之後，敵人的砲火縮短在我們前面的一百碼，我們這條戰壕是無事了。共計敵人給我們六七十顆砲彈的損失，是意料之外的輕微，死傷僅僅五個人。可是前面幾條戰壕立刻充滿了烟塵，除掉烟塵火花以及泥土的噴發之外，什麼東西都看不見。三架日本飛機依舊在頭上轉，一看見目標就擲顆炸彈。

照這樣的砲火伸縮，穿梭織布似的在我們陣地上循環往復，我們的戰壕有些地方是殘破了。擋彈壁外面的沙包慢慢的消溶掉，擋彈壁的水泥也爆掉了不少。我們每個人手裏的鏟子並沒有停過工，戰壕加深到八九尺，而且都挖了窟室。我們的瞭望哨站在頂厚的擋彈壁後面，除此之外的人都可以安然的休息，聽憑敵軍去轟炸。

突然間，砲火又高擧到我們的後面去，濃的烟是沒有散掉，可是前面的幾條戰壕都有了機關槍同一寸口徑自動砲的猛聲，隱約地有六七隻大爬蟲在滾過來。「坦克車」！這東西迫近我們的陣地，碾平了棉田，碾平了砲彈窩，還想掙扎過鐵絲網來。我們的砲兵發砲了，重砲，重迫擊砲，小鋼砲，完全向敵軍陣地送過去。敵人的大爬蟲遭難了，顚蹶在砲火之中，有一隻的圓頂給大砲彈開了天窗，另一隻則給自動砲打穿了肚子。但敵人畢竟不愧爲久留米師團的精銳，依舊在頑强的挺進。一小部分的鐵絲網給壓毀了，第一線的戰士在拋着手溜彈，戰線發生了灣曲。我們第二線第三線的戰士便向中間切攏去，坦克車陷入網裏來了，在許多煩響中雜着呼喊，偉大的鬥爭場面展開了。

緊接着的是敵人衝出戰壕來了，土黃色的鋼帽覆沒着眉眼，黃軍服短褲，纏在膝部的似乎是鋼罩，好怕死的敵人！我們渴念了多年的敵人，此刻是在眼前了。第一線的機關槍吼叫着，許多敵人在沒有越過鐵絲網時已經跌倒，另外的一大部分又衝了進來。弟兄們又給敵人嘗了手溜彈，接着就跳出戰壕，雪亮的大刀和雪亮的刺刀一齊擁上，喊聲響徹了天地。在這喊聲中。我們知道敵人都穿了很寬很長的鋼馬甲，刺刀對胸部都失掉效用，「弟兄們把大刀砍鬼子的頭頸啊！」「給他們手溜彈啊！」果然這是有效的方法，敵人的衝鋒遭遇了挫折，他們沒想到砲轟的結果對於我們僅有輕微的損害。

我們團部的號音來了，我們立刻要增援第一線，給他們嘗嘗反攻的味道。老劉第一個跳出戰壕來，乾脆的他把自動步槍交給勤務，五斤多的厚背刀一挺，電光似的飛向前去，百多個弟兄沒一個是落了後。殺啊！

這一陣衝殺把敵人打退了，鬼子兵都背轉身就逃。我們好多弟兄的刀口上還沒發利市，我們怎肯罷休呢，當然給他個緊追緊殺了。我的前面是一個倭個子的敵人，我追上了他，在他來不及返身困鬥之前，一刀下去他的肩背給斫開了，鋼馬甲並不保護他的後面。那傢伙一聲慘叫，跌下去又滾了滾，我左手的鏈子又給他頸項一送，幾乎把他的頭鏟了下來。

一刻工夫，我們衝近了敵人的戰線了，我們不讓殘敵離得我們太遠，這樣子就鎖住了敵人關機槍的發射。逼得敵人祇好增加援隊，又是不少的鬼子兵跳出來了。他們讓殘敵過去，有許多殘敵大概為面子關係，又回過頭來同我們肉搏。另外是幾十架小坦克車，敵人的機械化部隊。

我們漸漸的後退，退過了第一線戰壕。我們的砲火盡量在阻止敵人的前進，可是小坦克車的活動比大坦克車還兇，打翻了又爬起來，打破了還是蠢動，滾着了地上的傷兵便是一戰血肉的漕。敵人的飛機，至少是八架，永遠在我們上空擲彈，牠的目的物是機關槍和自動砲。我們的戰線是翻騰了，我們的軍服都給汗所浸濕，中午的太陽光比什麼都熱。有許多兄弟帶了彩，都忘記了是受傷。「我們得拚命啊！」「我們不能讓敵軍勝利啊！」「我們得死守我們的陣地啊！」老劉像瘋虎似的叫着。

轉瞬間，敵人的坦克車已進到第二線。我們英雄的弟兄拉開了電鈕，地裂天崩的地雷爆發了，十幾架坦克車和百來個敵軍都成了碎塊。我們在這烟霧火光中間又吶喊反攻，敵人是逃了。

反攻　夜色漸漸來了，敵人所給我們的損傷是僅僅兩條戰壕的殘破，可是我們後面的預備壕已築好了幾十條幾百條。

夜色濃了，星光燦爛地出現，戰壕上一縷縷的白烟沒有散盡，大砲也僅僅隔三五分鐘一發，並無目標，想來敵人是疲倦不堪而急需休息了。我們輸送隊送來了糧食，白麵饅頭，罐頭菜，白開水，還有啤酒，上海的同胞待我們眞不錯。救護的担架隊也來了，他們把傷兵抬回去，不過許多輕傷的弟兄不願退下。我們親密的互相拉拉手，爲了爭取國家的獨立自由，我們得努力下去。

夜光錶的短針指在一點鐘，團部的反攻命令下來了。各人攀上戰壕，在敵人的探照光閃過時，一長列的人已爬開三十碼了。

敵人的哨崗槍聲一響，機關槍「咯咯咯咯」地掃着，迫擊砲更是「鏗嗒」「鏗嗒」的忙個不停，探照光照明彈到處在搜索。可是我們全不管，一聲不響的緊爬着。同時，我們的砲兵陣地也發射各種砲彈，給敵人戰壕以一陣彈雨。最使人興奮的是我軍飛機的出現，幾顆大炸彈都命中在敵軍的陣地，敵軍陣地立刻變成人聲喧嚷。高射砲在空中爆着火花，美麗的夜戰，新時代的立體戰。

祇有一百碼的距離了，敵人的手溜彈已在亂拋。我們發一聲喊，站起身來電也似的衝上去。老劉一顆手溜彈剛好拋着前面的機關槍手，另外一顆又把站在擋彈壁後的幾個敵人炸翻，我們已在鐵絲網的缺口裏湧將進去，跳進了敵人的戰壕。敵人因爲來不及逃，有幾個瞎舞着槍刺，有幾個竟掩了眼睛躲向角落裏去；三分鐘之內，他們已沒有一個活的在戰壕裏了。

越過了第一條戰壕，我們又向第二條戰壕的敵人肉搏。我們的喊聲震天動地，我們絕不讓敵人喘氣，一口氣追到了原來敵人的戰壕。

敵人是退回來了，用各種各樣的砲火掩護，要遮斷我們的衝擊。忽然我感到頭上着了一下重擊，一跤跌入一個砲彈窩，感到暈眩。同時，我的靈魂發出警告：「假使在敵人的戰線面前暈了過去，你將永遠和世界脫離！」於是我強制自己醒來，並且迅速的爬出去。頭額上的血像水一樣的淌着，濕了我的眼睛，我的知覺漸漸模糊了。

× × ×

現在我已知道獲救，這裏是第××傷兵病院，但是我渴念着我的弟兄們，尤其是比鋼鐵還堅實的老劉。

浦東殺敵目擊記

俞振基

（辛報，九月廿九日）

沒有親眼看見過中國兵怎樣作戰的人，決想不到中國兵的是如何的勇敢；同樣的，沒有親眼看見過日本兵怎樣打仗的人，亦決想不到所謂「大和魂」是如何的言過其實。記者很幸運的親眼看見過兩軍作戰的情形，證實了我軍的勇敢殺敵，與敵軍的懦弱無用。

本月某日，有一個在浦東某機關內做事的朋友到浦東去。記者爲了要明瞭浦東一般情形起見，特地請他帶我一起去，蒙他的允許，就一共到浦邊搭了一隻小擺渡船過江。

下午三時，我的朋友已經把他要做的事辦妥，我亦已經將炮火下浦東的慘狀看够，預備返滬。正走到離開××碼頭尚有三五百米時，當地守備的兵士忽然搖手向我們高叫道：

「站住！站住！鬼子上岸了！」

我們向碼頭上望去，果然約模有四十個鬼子跑上了岸，東張西望的向我們這裏移過來。第一道沙袋給衝過了，推進！推進！離開我們不到三百米了，而我們的士兵依舊一個不見，一彈不發。這才把我們急壞了。要退嗎，反給鬼子看到，一槍結果，豈不白白送了命。要前進嗎，手上沒有武器，無異自投死路。正在躊躇不決，危急存亡繫於一刻時，敵軍已經推進到第二道沙袋，離開我們不到一百五十米了；嚇得我們躲在一家南貨店的牌門後，沒有給他們發見。

此時，除了日本兵急促的皮鞋聲，自己心房的震顫聲而外，大地沉寂得像座死城。

突地然，從兩旁街房裏，叫出了一聲「殺」！接着，我們的士兵便一齊勇敢地衝了出來，像春雷，像地震。

一幕生動緊張的鏡頭就觸進我的眼簾。

我們忠勇的戰士，大約有二十多人，每一個人都拿了一把長約三四尺的厚背大刀，見了鬼子，不分青紅皂白就砍。因爲這打擊來得太猛烈和迅速，敵兵倉皇之間，手足無措，一下子就折了幾個。後面十幾個鬼子看見形勢不妙，拔脚就逃，望上去眞有些只恨爺娘少生兩條腿之感。而我們的士兵却越殺越起勁，簡直是殺起了性子。大刀像切瓜般舞着，斫在敵人頭上，碼頭上的就噴出鮮艷的血和豆腐色的腦漿；斫在敵人臂上，臂和肩就脫離了關係；斫在敵人胸上，血就從小肚子中直漂出來。而敵人只會用「劈刺法」來抵抗，這種愚蠢的方法，只消我軍大刀一擋，就失去了效用！一陣陣的殺聲吼聲，從我們戰士口中發出，一個個無用的敵人冒血倒了下去。只不過五分鐘的光景，敵人已經倒下了一大半；餘下的看見情形不對，也爭先恐後掉轉馬頭，「溜之大吉」。

這一幕驚心動魄的全武行，所費的時間不上五分鐘，事後檢點，共獲得敵人屍體二十五具，步槍二十七支，手溜彈四十八顆，此外高良菩薩神符數道，「千人縫」若干。至於我們，却只犧牲了一個弟兄，傷了一個平民。

負傷之前

×師×連×排排長　唐漢林

（抵抗三日刋第十六號）

『奉命之日忘其親，臨敵之時忘其身。』——戚繼光我們從××出發到達××鎭，師長召集幹部訓話，很注意地對我們說的。八月十五日深夜十二點由××登車出發，上面限四十八小時到達××。因爲時間短促，行進間且不許停車造飯，使得我們兩日夜的廠車生活，都是拿大餠饅頭來塞滿肚皮，日晒夜露。還有在別處所得不到的，就是從機車上所飛出來的煤灰，使得每個人的面部都似化裝好了的張飛！皎潔的月夜，機車的轟聲，衝破了靜寂的原野，夾道成陰的綠楊，被車風激起了波浪。

車到××，正敵機來襲，我們卽下車向兩部散開，同時用高射砲以及高射機關槍向敵機射擊。敵機雖有九隻，亦無法施行其殘酷之轟炸，約十餘分鐘始悻悻飛去。此種遭遇，我們在『一二八』之役已見慣的，故雖敵機來襲，我們還是泰然。

夜又來佔領人間，蔚藍的天空漸漸地灰起來，由淡而漸深，以至黑到連地面上的物件都不大照得清楚。月未升，天已黯，我們已集中出發了，沿着向××去的公路前進。弟兄們都很自然地肅靜，鞋底礎着路面的石子發出很有步調的沙沙聲。行登隴際，展視前後的行列，在星光下顯出長長的一條黑色的如游行的巨蟒將平坦的大道吞滅了進去。這一條長的行列就是我們共患難死生的戰友，這次能得有機會爲國家効死，不禁心神暢快，大有橫戟賦詩之概！可惜我不是詩人！

月升了，每個人深長的陰影伸展在路的另一面，脚的移動，身子的上下，很明顯地隨着隊伍，這是中華民族復興的靈魂，是爲求得自己的生存在前進！夜風吹來，已有很重的凉意，槍身上反射出來的寒光，愈使得周圍的景象嚴肅。這時候隆隆的砲聲，和一閃閃的火光，也同時傳映入每個戰士的眼簾，使得更加興奮，熱血更加沸騰，步聲也重而加速。

××舊地重臨的××，『一二八』在這裏流了不少先烈的血，而今碧草如茵，殘暴的敵人又在這地方來重施淫威。房屋倒坍很多，被炸死的人，屍體橫縱，血肉模糊地躺在殘垣之中，這是日本獸行的遺跡。

八月十九日二十點後，我們又前進了。××方面的火光也更看得清楚，機關槍聲更加來得清脆。月已西沉，星也暈黯，燒坍了的房子，還有很大的火焰，磚燒得像通紅的火炭，冒着火焰。踏着紅磚，向困守在××路底的敵人衝過去，砲也協同着向敵人射擊。槍聲之緊密，賽過辭歲的爆竹，我們的坦克車也活動起來。我們的伙伴也在開始作壯烈的犧牲，弟兄們接二連三地倒下，衝上前去的都一層層的倒下，倒下再爬起來向前衝。

家裏民十七年就由鄉下搬到上海，『一二八』之役，正住在虬江路，因此遭到空前的浩劫，一把火燒得是『片瓦無存』，逃出來的僅僅幾個人。那時我在×××師服務，參與了上海的抗戰，不能回到家裏去看一下，事後曾與母親說過幾次，又搬到××。當我們將××路××路的敵人打退，前進到××路小菜場時，我已看見自家的大門，趁機回到家裏，母親逃難了。六十多歲的老母，在兵荒馬亂的現在，單獨逃難，想起來怎不痛斷肝腸？家裏還有一兩個看守東西的人，東西一點也未搬，聽說是日本人不准搬。我這時候還能顧得家嗎？祇好叫他們趕緊的逃走，我也卽刻離開了家，帶着弟兄們向××路攻過去。這一天的火燒得頂兇，南風把火勢更加助長起來，烟霧迷漫，弟兄們都燻得涕淚橫流，好比中了毒氣，迫得沒有辦法，祇好從佔到的幾條街撤回來。再轉到×××的時候，我的家裏已經衝出了一股股的濃烟。

我們的士氣，誰都承認是旺盛的，戰鬥力誰都是說強大的，但是血肉之軀，怎敵得砲彈的殘殺？所以，可以說我們這次的犧牲有許多的時候是浪費了的。就以我們來說，××路的房子是才燒完了沒有熄火，滿地瓦爍，焦樑，敗墻，敵人憑着以高臨下的态態，用重機關槍及輕機關槍守住路口。照這樣的陣勢，照說是應該多用砲火破去他的重機關槍，及高的據點，然後再以步兵佔領之。然而我們祇用步兵，就在光禿禿的柏油馬路上衝過去，你說這豈不是浪費嗎？可是話又說回來啦！中國因爲砲火的力量不充足，是不得不如此作壯烈的犧牲，以喪敵人之膽。所以我也在這種原則之下，被敵人砲彈打倒了墻而壓傷，同時還有十幾位弟兄也被壓在墻下。我受傷時已經是廿二日上午四點多，經過團長的許可，我由××路禮拜堂下火綫，到綳帶所時天已黑了，只見××路××路一帶的火光，炙紅了半邊天。

我除了敍述些關於這次本身臨敵的事情以外，我不會說什麼漂亮的話。不過我也有一點感覺：照民衆這樣的熱心愛國，民族是有希望的。若以殺不盡的漢奸來說，有點使人痛心；這殺不盡使人痛心的漢奸，有人說只要有廣大的嚴密的民衆組織就可以避免。但是我不明白，爲什麼不把廣大的民衆嚴密的組織起來呢？

全國青年會軍人服務團的同志，叫我把作戰的經過寫一些出來，當時我回他說不會寫——實際上是不會寫——而他說我客氣，並且還說倘若都像我這樣，我們中華民族英勇抗戰的精神不會使世界人士知道。他這話對我個人，實在言重了，然而對全般說起來，倒是一件很需要的事。

本來拿槍桿的人，突然間來捉筆構思，確實是件不得勁兒的事。可是已經答應了，還能繳白卷嗎？所以我也不計工拙地寫些，好在我本不是寫文章的人。

傷兵醫院羣像

蔡上女士

（辛報，九月十九日）

D字

年紀很輕，廣東人，左臂穿過二彈，骨斷了。失血過多使他的臉色青黃，眼張得頂大，失神地看着前面。進過手術室，從腰間架起一個鐵絲架子，把左臂曲抬着，活像一個D字。醫生不許他睡下，讓他活動活動，因爲怕鹽水針沒有用。

「我這手臂會鋸去嗎？小姐！」每當看他坐着數分鐘外，我就去扶他起來在院子裏走走，那時他準又問我這句話。

「醫生說可以復原的，你將來仍舊好打日本兵呢。」我爲他的這種忠勇的興奮感動極了。

「謝謝你同醫生，我還能够去殺小鬼，眞高興。」

中飯，他多吃了半碗稀飯。

高連長

院裏有一間特別房間，是預備重傷的官長住的，現在有一位高連長在。

肩頭爲砲彈鐵片深入，手部大腿部亦傷。雖然重傷，從不吟呻一聲，兩目炯炯地，不大開口，典型的北方中年人。手傷了，洗臉，漱口，吃飯都要我們代勞。

「看護小姐，請你叫一個工友來。」那是他要解大小便，我們知道他就是這樣一個不隨便說話的人。

他要看報，我們遵醫生命不給他看，他總是說：「求求你，小姐，你講一點戰情給我聽！我是有守土之責的軍人，我不能悶死在這病院裏！告訴我一點前方的消息吧，算起來這四天我們該把敵人趕出吳淞口了，我們要死在東京去。」

「高連長，你多多休息，不久就會好起來，那時候你又可以上前線去了。這幾天我們是節節勝利的，你放心。」這是醫生教我說的，我做了一次留聲機。

今天照過X光，到手術室取出彈片，下午他倒安靜地睡着了三小時，醒來，就問我：

「我幾時可以出院？」

右腿沒有了

「醫官，我底腿骨斷了嗎？」純粹的山西話，從那個大個兒的口裏發出來。

「等照過X光再告訴你。」祖醫師也裝不知道，其實連我這門外漢都看出他的右腿比左腿短了些，骨，無疑是斷了。而且，救治時候過遲（受傷已三天），傷口都在出膿，恐怕得截去才有救。照X光，決定了截到膝蓋骨下面。

「到手術室給你治，別害怕！」我要他別害怕，我底心却爲他底不幸在亂跳着。

送進手術室後，上蒙藥，開刀，我沒有見。過了三十分鐘，工友從手術室後門提出一隻血肉淋漓的人腿來，那紅的，白的，黃的，露出的骨，我不禁作了一次噁心。

醒來。他發覺自已截了腿，大哭大叫：

「醫官小姐，謝謝你底好心。可是我底右腿沒有了，好起來也是個廢人，再不能去打日本人啦。

你不用服侍我罷！」

（筆者寫完這段，此人已因血中毒而死）

軍人魂

團附進院，有一個勤務兵陪着他，這是較高的軍官的特權。他是二十六歲，湖南人，傷在左臂，腰間，不算重。脾氣很急，說一句話就得給做。醫生遲了一點來，他也要說：「你爲什麼遲來？難道你不希望我們快一點好了去殺敵嗎？」

護士，不用說他簡直可以罵。

到院兩天，勤務兵病了，瀉肚子，大概是喝了生水，很疲乏黃瘦了。團附喊他，他慢慢走進來，手摸着肚子。

「什麼鬼樣子！還配當兵嗎？」團附發怒了。

「團附，我拉肚子不舒服。想想我做小生意，滿好過日子，當什麼兵？像你團附，好好的父母雙全的一個讀書人，憑空進了軍隊，現在這樣受傷。等團附好了，我們回鄉去吧。」

「你這漢奸不如的東西」，他坐了起來，在包裹亂找，我一眼看見他抽出一把佩劍。我趕緊對勤務兵揮手要他走。

團附在牀上跳起，我伸手給他攔住了。我說：

「你應當好好地安睡，生了氣不容易收口的。」

「小姐，你不知道，這東西多喪氣！我要殺了他，殺敵是軍人的天職，受傷也是我們的本份，回鄉去等做亡國奴？這佩劍，是校長臨別贈給我們的『軍人魂』，軍人怕死，我要殺了他給『軍人魂』血祭」！

恰好醫生走來，硬把他又按下去睡了。

挨餓的人

頂上到下頷纏着紗布，頸上也都是紗布，紗布滲出一滴一滴的血水痕，面部半邊腫得把臉形也變了。子彈從左耳下進去，右下頷下面出來，食管穿着兩個洞，食物是要受阻礙的。

「我受傷了三天，趁夜晚向自己的陣地爬，到昨夜才遇到救護隊。」河北人，用疲倦極了的低聲說。

「你在那兒受傷？」登記員問。

「××司令部，那天夜晚我們進攻，他媽的司令部，對我們一排排的機關槍小鋼砲儘放，沒法，連長叫：『滾進！向前衝！』我正在滾，子彈就鑽進了我底頸子。」他停了一會，「三天我沒有喝一口水，我餓得很！」

「我先拿開水給他喝。他嚷痛得厲害，讓他睡下，我拿湯匙一匙一匙倒進他底嘴裏，他說少痛一點。於是小廚房送了鷄蛋牛奶來，仍讓他睡着喝。他老是說：「這樣湯湯水水的，傷口不死，也得餓死，醫官，我要住這兒多久？」

寫信

直到今天，我才在傷兵中發現第一個江蘇籍貫的人。個兒不頂高，眉眼也還淸秀，換上了醫院的白衣袴，簡直看不出是血戰歸來的勇士。右腕傷了，吊帶掛在頸上，左手，被子彈打去了一個小指，無名指上却戴着個金戒指。

他說，他是去春投的軍，現在是個少尉排長。離家的時候，家裏就剩結婚未滿一年的妻同沒出世的孩子。西安事變鬧拔陝西，總以爲不會回來了，給他底妻去了一封絕命書。等回到南京，妻的來信說預料他一定勝利，希望他能回去看看未見面的兒子，然而告假沒准，即升做了排長。

「好容易我回到江南，滿希望有個機會回去看看家小，誰知又受了傷。——看護小姐做做好事，我有十二塊錢存在賬房裏，叫茶房給我買點信封信紙郵票。再多謝你給我寫。」他說着抬起了右手，「可憐我底手不能動，你行行好！」

我答應了他，祇要醫院允許，我總給他寄出這封信。他告訴了我他家裏的地址，又趕緊說：

「我底妻叫葉愛蓉，你不要寫做我的名字，因爲她不喜歡這樣的。地址上請你加兩字『洪宅』吧！」

畢竟是江蘇人，這麼體貼溫存的。

三角巾

「原來是老表！」一個湖南護士說。

右下臂傷，三角巾絡在頸上，軍服的右袖給絞了，右襟一大片血跡。到院來，衣服不好脫，爽性代他剪了。南昌人，他說：「日本鬼子比共產黨可惡得多！」他曾剿過匪來。

子彈在肉裏，右下臂紅腫異常，而且很燙手。照過X光，確定子彈位置，開刀。

小臂上取個子彈，手術室的醫生看來眞是「小事一件」，戴上手套，輕捷地就動了手——也不知是麻藥上得太少，抑是沒上麻藥，受傷人竟是大聲地嚷起痛來：

「哇呀……啊哦……哎喲喲……」隔壁聽着，不大像人的呼聲，是一種直着嗓子的號。

「打倒……日本帝國……主義！……打倒……日本……帝國主義……打倒日本……」過了一會，切齒地帶出這句話。這是「冤有頭債有主」的切實地認淸敵人，決不是普通遊行時的口號可比。

手術室裏那位白帽白袍白口罩白手套的孝子式的醫生不禁低低說：「這很對！」

報告營長

又是一個連長，有勤務兵伴來。

彈從右後背穿肋骨進去，在左前胸出來，傷了肺，心也帶傷了。失血過多，進院來時像一個蠟人。給他打鹽水針，强心劑，才似乎好一點。

「這院裏還有我連弟兄嗎？」問勤務兵。

「本連有兩個弟兄，昨天來的；營長也來了這兒。」

「營長傷的怎樣？」

「腿上掛彩，很輕。」

有人想給連長輸血，可是本院沒有輸血器械；而且，心臟破了，輸血也白費。

醫生知道他不行了，問他有什麽話要留下。

「醫官！我知道我不會好了。我沒有什麽話留給家裏。孩子的將來反正有我底妻子管，祗給濟南我家裏去一個電算了。」喘息了一會。「可是，我得託你老一件事，就是代我報告營長：我死的很慚愧，沒能帶我連百五十人打到東京去。希望營長早日傷愈出院，打倒敵人，收復失地！」

連長死去，紅十字總會買具百廿元的棺木殮了，勤務兵哭了一天。營長在病牀說：「日本兵又斫了我一隻手。」

出院

今天六人可以出院。

打電話去×××××後方辦事處接洽，一會兒派了一輛卡車來。

六個重獲健康的人，穿上新漿洗過的軍服，笑容滿面，雄赳赳地列隊走到院子裏聽候點名。後面走來二十多個不該出院的傷兵，圍着這六個，你一句我一句吵得一聲也聽不淸：

「多高興……又上前線去哩！」

「喂，老鄉，少殺幾個日本鬼子，留一點給我們。」

「醫官又不給我走，眞忙得慌！」

「你們眞是運氣！」

醫生走來點名，分開了其他的傷兵，逐個喊去：

「×××！」

「有！」一個立正，舉起了右手，有力的應聲。傷兵中的「D字」在自已看臂架子。

車子走了，傷兵羣還在鐵門條上向外張。

飛將軍訪問記二則

其一

（立報，九月廿七日）

細雨霏霏的一天下午，記者迎着秋風，到醫院里探望殺敵負傷的空軍健兒祝鴻信，從前各報上登的名字是祝鴻倍，據他自己說，這是錯誤的。

他睡在病牀上，好像很無聊，見記者來，拖着鞋跳下牀來，很高興。他的精神已恢復，纏着綳帶的左臂也可以自由運用了。

他微笑的說：「我的手已不痛了，現在有幾處傷口沒有全好，再過三星期可以出院……出院後自然先到南京，然後再歸隊。」他一邊說一邊擺動着那隻受傷的手臂，像操縱着「機桿」的樣子，臉上現出高興的神情。

起初他的傷勢很重，在昏迷狀態中，所以關於他轟炸敵軍陣地和負傷經過，始終不會講過。現在精神好了，他有系統的談着光榮的戰史：

「八月十四早晨，我們幾十架飛機，飛到上海來殺敵，這是展開上海空戰的第一天。敵人一點也沒有準備，連驅逐機也沒有飛起來，我們安然完成任務，從容的回去。

「下午二次來襲，因爲霧重，我們在上海附近散開，各自前進。我們的一架是輕轟炸機，我在前座操縱，後座就是任雲閣。我們的目標是公大紗場敵飛機場，當我們找到了目標後，發現兩架敵人的驅逐機趕來，我們向目標丟下兩枚炸彈，便預備好機關槍，把機身升得比前面兩架敵機高，準備着厮殺。不料在我們上面的雲中，突然發出機關槍聲，我覺得左臂失去了操縱的能力，不能掉頭應戰了。不得已我將機頭向前傾，突然下降，敵機並沒有追來，大概以爲我們被打落了。

「左臂的鮮血被風吹灑在面上，我知道已受傷了。看看任雲閣，他已伏在後面，不能動彈。我檢查着機身，並沒有重傷，只有左翼中了一彈，我用右手駕駛着飛回歸途。假使機身有了損毀，我早已決定把飛機掉回頭去，連人帶機一起犧牲在敵人的軍艦上。

「飛到眞茹無綫電台附近，我發覺機身向左傾斜，我知道要飛回根據地，危險性甚大，所以決定在虹橋機場降落。

「飛機停在機場後，我呼喚着任雲閣，他已經失了知覺，胸部湧着血，這時我也暈倒了。」他一口氣說完了，變得很興奮。

最後從他的自述中，知道他是空校三期畢業生，九一八以前在瀋陽航空教練班裏學習飛行，那時是廿歲，現在他廿六歲了。

談到他的家庭，他說：「我是熱河的阜新人，父親母親和弟弟還住在那裏，但已經兩年不通消息了。」說到這裏，他呆住了，含着兩包眼淚。但跟着他又苦笑着安慰自己說：「收復東北的時候，母親們就有消息了。」

其二

（新聞報某日登載）

連日擊落敵機五架的空軍勇士呂基淳，六日晨在太湖空戰中，腿部中敵彈受傷，現在某處診治，子彈已取出，兩週可全愈。記者往訪，據談：六日晨七時悉敵機五架襲京，乃偕三驅逐機迎擊，在太湖上空遭遇，見敵共來轟炸機六架，驅逐機三架，我敵相遇甚近，敵機轉折圖逃，當有重轟炸機一架，被射落。嗣三機來圍，本人乃急上升，隱秋雲中，擬再射另一機。孰知甫離雲層，即有兩敵機環伺左右，方欲轉身引退，而敵彈已穿機身傷我腿部，余忍痛飛回航站，安全降落。幸經過良好，二週後即可重行殺敵矣。又一日擊落敵機四架之樂以琴君，時適來探望呂君，據云，前晚隨隊到滬轟炸，毀兩敵艦，燃燒甚烈。敵雖有高射炮驅逐機，無我等何。二君言時，眉飛色舞，氣貫長虹，眞不愧新中國之紅星武士。

敵機轟炸松江餘生記

陸筱丹

（宇宙風逸經西風聯合旬刊第三期）

爲着杭州的學校將近開學，而火車因戰事關係，屢屢脫班，所以想趁早幾天動身到校。九月八日，早上天氣陰暗，七時半由霞飛路寓所坐車赴西站。到達西站時，已是人山人海的搭客和難民，衣箱，包袱，塞在馬路的兩旁。秩序是由市警察及公共租界巡捕維持的。

我在車站後面馬路等着掛發賣滬杭車票的時候，結識了兩位朋友：一位是姓賀的，是在×××學校當技士；一位是姓廖的，上海一間紙盒廠的少東，相談頗投機。當發賣車票時，即和姓廖的擠入隊伍，預備買票，可是逐步擠去，等了四十多分鐘，還未買到票子，而在我們前面等候買票的，尚有一二百人。自思今晨車票無論如何不能買着的了，那知這位姓賀的早等得不耐煩，試憑着他機關的符號，闖入車房，代我們將票子買好，再招呼我們同攜行李入站。

坐在我對面就是姓賀的，個子頗大，杭州人，卅歲左右，是最健談的，說話中十有五六夾着幾句英文在裏面，表示他學貫中西。後來承他告訴我，才知是燕京大學畢業的，逢人人都搭上三四句，以示他手段圓滑。

坐在我隔座靠窗姓廖的是個老實年青的小商人，雖然表面裝得甚懂世故的樣子，言語間却十分天眞。

隔過兩個座位，面孔對着我的，是一個穿着筆挺白嗶嘰西服的中年紳士，上唇留着××××（外國男明星名）的小髭；當一個穿黑長衫的老頭兒帶着他的小女兒要坐在他的隔座時，希望他能够向內讓一些，使他的小女兒能够一同坐的時候，那位紳士竟潑口大罵說這座位只限定兩人坐的，如果要座位，爲什麼不早些來呢？老頭兒被罵得不敢回嘴，只得讓他小女兒坐了，自己却坐在座上的扶手上。

紳士的斜對面，是一位摩登女子，高跟鞋，蓬頭髮，穿着紅黑相間的旗袍，和她的丈夫（？），指着窗外的難民，不知說些什麼。

車到新龍華的時候，搭不着上一班車而在月台上守候的難民，蜂擁而上，大多數是從車窗口衝入的。隔座的窗開着，就被衝入一家六口；男的是一商業店員，一妻，三孩，和抱着吃奶的小孩。瞬時車廂行人道上，全被擠滿了難民，包裹，衣箱等物。車開時，車輪上的彈簧鋼板，被壓得吱吱作響，可見車上載重逾量了。

未到松江車站前，天色更爲陰鬱了，雨點已疏疏地散播在空中；我想如果下雨的話，那末，經過石湖蕩要步行的時候，豈不要被淋成落湯雞？幸虧到站時雨點已經止了；拿出錶來一看，正是十二點二十分，肚子餓了，想吃些麵包充饑。同時火車頭已調到後面，改拖爲推；因爲在石蕩湖附近是不能調頭的。正引手取麵包時，突然車上有人大叫道『飛機來了！』接着不到一秒鐘，全車大亂。個個神經緊張，有些搶着包裹就跳；有些單身跳下飛跑，頭都不回；小孩子大哭，叫爺喊娘。那時窗口似乎太少，個個拚命爭着向車廂外跳下。我和那姓賀的大聲叫着他們不要亂跑，因爲他們大都穿白衣裳，被陽光一反射，却是明顯的目標。叫了幾聲，毫無反響，飛機螢螢的響聲，却越來越近了。坐在我旁邊靠窗側的那姓麼的，提着一只小皮箱，跳下火車狂奔，一轉身就跑得不知去向。

這時車上只剩下五六個人。我知道事急了，馬上將兩皮箱取下，一只放在行人道上，座位之側，將人家遺下的鋪蓋箱子，放在座位上，將窗關閉了。可是那姓賀的却反對完全關閉，所以留着全窗五分之二開着，誰知那一塊空隙却是將他擊中那顆機關槍彈的道路呢！我立即鑽入座下斜臥着，並移動另外一皮箱在前面擋住，心想此次萬一炸彈投中在我頂上，那是必死無疑；但是如果炸彈投在附近，則我上下左右前後都有障礙物保護，炸彈的鋼碎片，不至於會碰到我分毫。說時遲那時快，飛機的聲響，已迫近頭頂了，突然——索——轟的一聲，接着機關槍咯咯不絕地響着，車廂裏面的電風扇，燈泡，玻璃窗，和着震壞的木板亂飛。窗外受傷的無數難民，呻吟呼救，哀哀悽悽地哭喊着，遠遠地還聞到難民奔走的步聲和飛機上的機關槍掃射聲。身旁那位姓賀的慘然對我叫道：『老陸，我腿上受傷了，你必得救救我呀！你有沒有受傷？』我說：『我沒受傷，我必定救你的，我帶了紗布和棉花在皮箱裏，等一下敵機去後，當替你包紮。……』話還未說完，那一家六口類似店員的，也哼着：『先生，求你救救我呀，我的腰部受傷了！』接着又哼個不停。我忙道：『我救你的，我沒受傷，你放心好了。』飛機接着又來轟炸了，接着轟，轟的二聲，落在前一個車廂上，難民受傷呼痛之聲不絕。一只被炸斷血淋的小腿，從窗口飛入，木然的落於行人道上，汚血四射；接着又是一陣機關槍掃射的聲音。姓賀的叫道：『你看我臂部上一大堆的血，唉！我受傷了。有一個傷口，必定是機關槍的子彈了；我爲什麼不聽你的話，將窗關密？唉！我的妻子在上海，懷孕已六個月了母親還在杭州，如果我死了，她們不知怎樣好了？』我安慰他道：『不要心慌，我想只是被炸彈的小片子打入去，不要緊的。』他道：『老陸，我的頭部太不安全，讓我的頭部伸入你的座下好不好？』於是他將頭伸入，枕在我兩膝之間。我看他冷汗直流滿額，嘴唇毫無血色，口中喃喃不絕，亂呼：『上帝救我出險！』『上帝將日本飛機滾蛋！』『上帝保佑我！』『God bless me!』

飛機聲音又近了，我想這次航空獎劵會中獎了吧。炸彈響後，聽見一件高大的建築物倒下了，彷彿是水塔，車子却被牠震起，跳了一跳。我想這次又中了一次末獎了。隔不遠又聽見一婦人大呼：『阿彌陀佛，觀世音救苦救難菩薩！』不止，雜以姓賀的『上帝×××！』飛機還在低空盤旋，車外受傷人的哭聲更慘。那姓賀的夾在我膝上，額上的冷汗將我的黃斜短袴弄濕了，他也不叫上帝了。低聲地問我：『現在可以出去了麽？』我道：『尙未到時候，你聽，飛機的聲音不是還在車上麽？』果眞，在機關槍聲音不斷裏，又連投了四五個炸彈，幸而都炸在列車後邊的幾輛。

敵機共拋下炸彈十七枚，即以爲達到了他們的任務（轟炸無抵抗之難民）飛去了。我聽見飛機聲音漸小，即蛇行至窗口，看一下牠們是否飛去。果然，飛機已漸飛離松江了，於是反身叫那姓賀的火速下車。我先由窗口跳下去，先看一下，天空飛機果然遠了，才幫助那姓賀的下車，半挽半扶的和他蛇行入車站附近的草地上伏着。只見車站上的天橋水塔月台等均已炸毀，兩輛客車正在燃燒中，男女老幼受傷的，及斷臂去脚的死屍，遍地皆是，血跡血水隨處飛流，腥氣撲鼻。斷磚焦木，破鐵碎屍，混在一起，紅的黑的，赭的灰的，分辨不出是什麼東西。車站後面小塘裏，浮沉着幾個血屍。那個在車廂裏神氣活現的西裝紳士，在塘裏爬起來，混身汚泥血跡，遠看極似一只大爛蛤蟆。據他說是給炸彈炸傷足部，才滾入泥塘中的。我見敵機已去，即趕緊跳上車廂，將自己的兩件行李檢出，剛預備出去看足邊姓劉的小店員時，外邊受傷的大叫：『飛機又來啦！』我一聽見，馬上將兩件行李向窗外一投，遂即跳下，向空中一看，敵機毫無。恐怕是一般難民看見飛鳥經過，疑是敵機，刼後餘生，草木皆兵了。

我提着兩只沈重的皮箱和姓賀的入鎭，沿路有一小工模樣者手抱一小孩，飛向車站奔去，口中狂呼：『唉！唉！我的行李呢？』想來是飛機未轟炸時奔入車站，見飛機去了，再回車站取行李的。路上還有許多人，滿身汚血，倒在路側，沒人救護。

有一身穿草綠色中山裝的胖子，頭戴鋼盔，一步三搖，施施而來；後面又跟着幾個帆布床扛工，探頭探腦，向我們問訊：『重傷者幾個？』承他告訴我們醫院地點；姓賀的不願被扛，由我扶着，勉強步行到醫院求醫。

松江的後方醫院是在×××，由學校改成，可容數百人。到醫院時，被運到醫院重傷難民尚少。我設法請了一位醫生爲姓賀的診治，消毒及止血，子彈入臀部甚深，要照過X光後，才能決定彈片的地位。

安置好姓賀之後，我卽馬上打電報回家，報告平安，並代姓賀的打一電至杭州與其母親。

不到半個鐘點，醫院裏早塞滿了好幾百輕傷的重傷的難民，血水淋漓，滿口叫醫生救救他們，眞是慘不忍睹。醫生和看護也忙得東跑西跑，棉花紗布又告缺乏，趕緊將用過了的紗布洗淨烘乾了再用。大多數難民的創口，是傷在背後腿及臂等部份的。想來是炸彈爆發及機關槍掃射時，他們正在逃走，不料却中了炸彈的碎片子或槍彈。

一個一歲左右的小孩子，滿身污泥血跡，頭部面目被炸得糢糢糊糊，小口還哇哇的亂叫。據將他救回來的扛工說，是從車站軌道傍救回的，他的父母，已不知生死。

那位在車廂中的摩登女子，却在此地發現了。她的小腿，大腿，腰部都受了重傷，手臂給機關槍穿過，足上還穿着一只脫離高跟的皮鞋，昏迷未醒。

一鄉婦躺在草蓆上，左手掌部全被炸去，碎了的筋，骨，肉，混着湧出的鮮血，見者酸鼻。可是她右手還緊抱着一嬰孩，露着奶子喂他吃。

病室中充滿了悲慘呼號痛哭之聲；耳所聞，目所見，莫非痛極亂呼，死亡悲哀。日人之狠毒橫蠻，實令人髮指。

因為姓賀的是在×××學校的高級職員，這次回杭州是有相當使命的，我即代他通知當地政警當局，請求他們設法迅速用汽車送他至上海醫治。惟當地沒有汽車，幸而後來多方商談，他們即派警察在公路上截下了三輛從西至東，途徑松江的小包車。當時我本不想返滬的，擬在松江候車赴杭；但姓賀的死命的將我拖住，不放我離開他一步，遂毅然陪同他上車返滬，送他入了××醫院，辦好了手，續後纔雇車回家。

此次日機十一架，係從上海方面飛去，本已飛過松江，但又折回轟炸，共投下炸彈十七個，內中燃燒彈數個，並以機關槍亂行掃射。死傷約六七百人，多是無辜的難民，車廂燒毀六輛，炸毀四輛。車站，月台，水塔，天橋，路軌均炸壞。生還而毫無受傷者祗五六十人。但能安全而行李沒有損失，且能當日返上海的，只有我一人而已。

上海抗戰全史

第二編

(中華民國二十六年九月份)

民國二十六年十一月初版
每冊實價六角五分

編者 憾廬

經售處 各大書店